I0762419

El canto de las sirenas

Chris Hayes

El canto de las sirenas

Cómo la atención se ha convertido en nuestro bien más amenazado

Traducción de Álvaro Marcos

taurus

Papel certificado por el Forest Stewardship Council®

Título original: *The Sirens' Call*

Primera edición: enero de 2026

Printed in Spain – Impreso en España

ISBN: 978-84-306-2804-9
Depósito legal: B-19.617-2025

Compuesto en Arca Edinet, S. L.
Impreso en Unigraf
Móstoles (Madrid)

TA 2 8 0 4 9

ÍNDICE

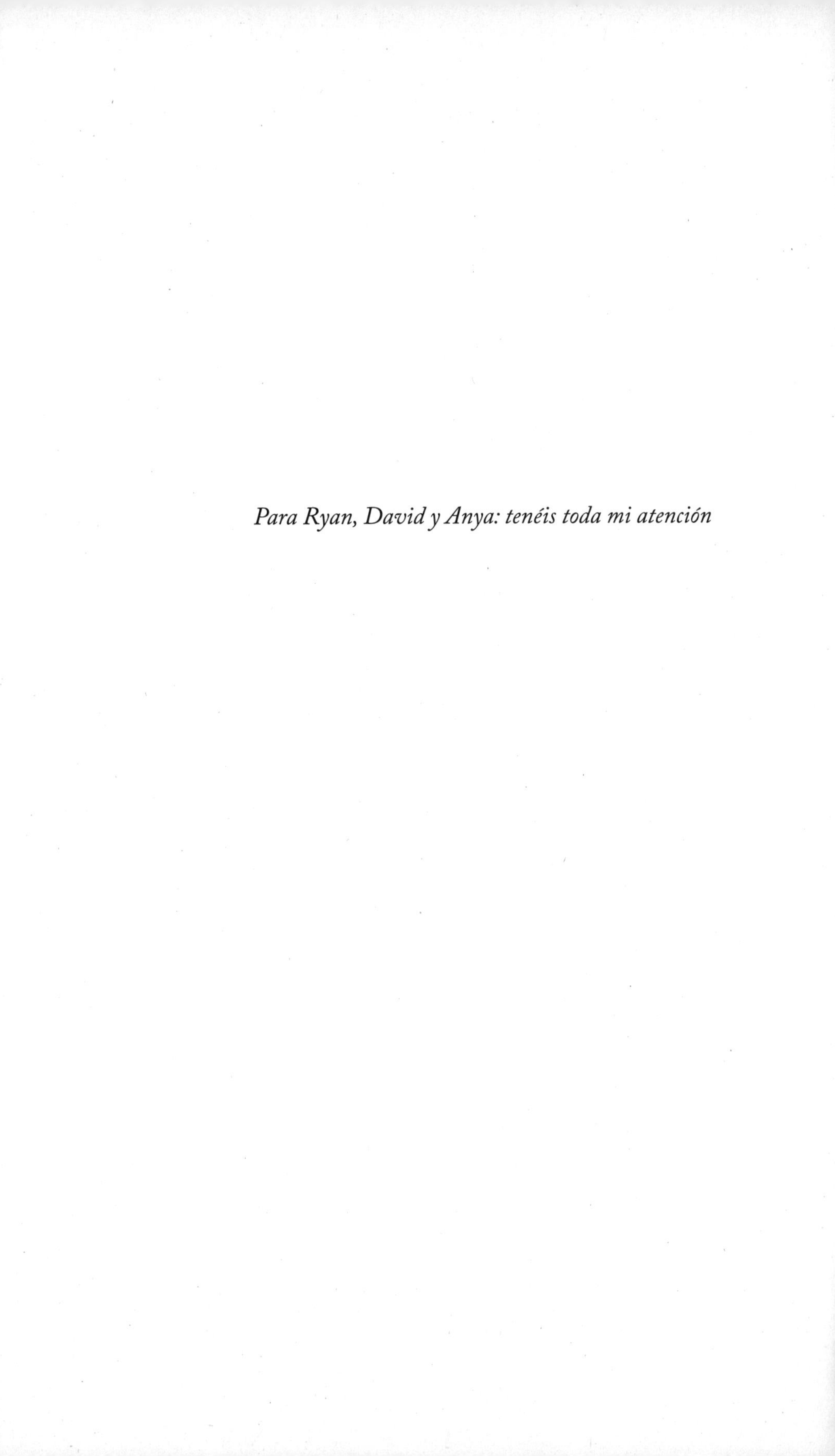

Para Ryan, David y Anya: tenéis toda mi atención

EL CANTO DE LAS SIRENAS

CAPÍTULO 1
EL CANTO DE LAS SIRENAS

Comencemos por un episodio del viaje de Ulises. En el duodécimo libro de la *Odisea*, cuando nuestro héroe está a punto de partir de la isla gobernada por la diosa Circe, esta le da un consejo crucial para sortear los peligros que le aguardan en la siguiente etapa de su viaje.[1]

«Escucha lo que voy a decir y consérvete un dios su recuerdo», le dice con severidad:

> Lo primero que encuentres en ruta será a las Sirenas,
> que a los hombres hechizan venidos allá. Quien incauto
> se les llega y escucha su voz, nunca más de regreso
> el país de sus padres verá ni a la esposa querida
> ni a los tiernos hijuelos que en torno le alegren el alma.
> Con su aguda canción las Sirenas lo atraen y le dejan
> para siempre en sus prados; la playa está llena de huesos
> y de cuerpos marchitos con piel agostada.

A continuación, Circe propone a Ulises un plan: que tus hombres se taponen los oídos con cera para que no puedan oír a las Sirenas y que te aten al mástil del barco hasta que hayáis logrado cruzar y poneros a salvo. Ulises sigue las instrucciones al pie de la letra. Cuando el canto de las sirenas llega a sus oídos, el héroe no puede evitar hacer gestos a sus hombres para que lo suelten, de modo que pueda seguir su llamada, pero estos, acatando sus órdenes previas, ignoran sus reclamos hasta que el barco se aleja lo suficiente del sonido.

Esta imagen —Ulises amarrado al mástil, luchando contra las ataduras a las que él mismo se ha sometido sabiendo lo que lo aguardaba— es una de las más potentes del canon occidental. A través de los siglos, se ha convertido en una metáfora de muchas cosas: la lucha entre el pecado y la virtud —entre las tentaciones de la carne y la fuerza de voluntad para resistirlas— o el combate interior del adicto que tira las pastillas por el retrete aun sabiendo el mono que le sobrevendrá y que después suplicará por más droga. Es una imagen que ilustra la pugna freudiana entre el *ego* y el *id* (el «yo» y el «ello»): entre lo que deseamos y lo que sabemos que no debemos y no podemos tener.

Todas las representaciones visuales de las sirenas mitológicas con las que me he topado resultan siempre, a falta de una palabra mejor, «sexis». Seductoras. De Shakespeare a Ralph Ellison, a lo largo de la historia de la literatura, las sirenas suelen constituir una metáfora del atractivo sexual femenino.[2] En el *Ulises* de James Joyce, el personaje de Bloom dice del hombre que se ha acostado con su mujer que lo ha hecho «rindiéndose a los encantos de la Sirena y olvidando los lazos del hogar».[3]

Así las cosas, puede resultar extraño intentar conciliar el significado original de la palabra «sirena» con el uso que le damos hoy para describir el intrusivo ulular del dispositivo de aviso que portan ambulancias y coches de policía. Pero existe una conexión entre ambos; una conexión profunda, de hecho, que sirve de guía a este libro y que resulta fundamental para entender la vida en el siglo XXI.

Si uno permanece el tiempo suficiente en una esquina de cualquier ciudad del mundo, terminará por oír algún vehículo de emergencia pasando a toda velocidad. Cuando se está en un país extranjero, ese sonido se imbrica con el propio paisaje sensorial de un lugar desconocido que nos genera extrañeza. De hecho, estemos donde estemos, la llamada nos resulta a un tiempo ajena y familiar. La extrañeza se debe a que las sirenas suenan de forma ligeramente diferente en distintos países, ya que su sonido puede ser más o menos prolongado y variar en tono y timbre. Aun así, no importa que no hayamos oído antes el de una sirena determinada: captamos su propósito al instante. Aunque estemos rodeados de una lengua que quizá no hablamos y de una comida que nunca hemos probado, la sirena irrumpe como algo universal. Existe para captar nuestra atención. Y lo consigue.

La sirena, tal y como la conocemos, fue inventada en 1799 por el erudito escocés John Robison,[4] una de esas figuras de la Ilustración que se interesaban por todo, desde la filosofía hasta la ingeniería. En un principio, Robison diseñó el dispositivo como un instrumento musical, pero la idea no fructificó.[5] Lo que conocemos como sirena no alcanzó su forma y función actuales hasta finales del siglo XIX. Fue en la década de 1880, cuando un ingeniero e inventor francés —que antes había creado ya barcos eléctricos, casi silenciosos y que llegó a bautizar a su barco como *La Sirène*— comenzó a emplear sirenas eléctricas para prevenir accidentes de navegación.[6] En poco tiempo, esta tecnología se adaptó a vehículos terrestres como los camiones de bomberos, que sustituyeron por sirenas las ruidosas campanas que habían utilizado hasta entonces para abrirse paso.[7]

Tanto las sirenas de la tradición popular como las del paisaje urbano atraen nuestra atención contra nuestra voluntad. Y esa experiencia, la de sentir nuestra mente capturada por ese lamento intruso, se ha convertido en una especie de estado permanente: nuestro destino en la vida. Nunca nos libramos del canto de las sirenas.

La atención es la sustancia de la vida. En cada momento de vigilia estamos prestando atención a algo, ya sea por decisión propia o porque algo o alguien nos han instado a hacerlo. Esos instantes de atención se van acumulando y, en último término, conforman una vida. «Mi experiencia —escribía William James en *Principios de psicología* en 1890—, consiste en aquello a lo que acepto prestar atención».[8] Sin embargo, cada vez crece más nuestra sensación de que esa experiencia no es fruto de nuestras decisiones, y la ubicuidad de esa sospecha representa una especie de ruptura. El dominio que ejercemos sobre nuestras mentes se ha resquebrajado. Nuestra vida interior se ha transformado de una forma sin precedentes en casi todos los países y culturas del mundo.

Cada mañana, me siento en el sofá con mi preciosa hija pequeña. Tiene seis años y puedo sentir su dulce y suave aliento en mi mejilla mientras se acurruca junto a mí con un libro y me pide que le lea antes de ir al colegio. Su atención es pura e incorrupta. No hay nada igual en esta vida. Y, sin embargo, durante esos instantes, yo siento el impulso casi físico de mirar el dispositivo atencional que llevo en el bolsillo. Dejo pasar la tentación con un pequeño esfuerzo. Pero el aparato sigue latiendo allí dentro como si fuera el anillo de Gollum.

Mi capacidad para resistirme a su reclamo significa que sigo vivo, que soy un ser humano completo. Pero, en los momentos en los que sucumbo a él, me pregunto, avergonzado, en qué me he convertido exactamente. Vuelvo una y otra vez a la frase de James, «aquello a lo que acepto prestar atención», porque la palabra «acepto» tiene un peso enorme en dicha formulación. Aunque la demanda de nuestra atención venga de fuera, James creía que, en última instancia, podemos controlar dónde la depositamos, que, al «aceptar» prestar atención a algo ofrecemos nuestro consentimiento. James estaba bastante obsesionado con la cuestión del libre albedrío: si en efecto existía y cómo funcionaba. Para él, el «esfuerzo de atención» —decidir hacia qué dirigir nuestros pensamientos— constituía «el fenómeno esencial de la voluntad».[9] Que ambos, atención y voluntad, eran una misma cosa. No es de extrañar por tanto que me sienta alienado de mí mismo cuando el dispositivo que llevo en el bolsillo me obliga, en apariencia, a actuar en contra de mi propia voluntad.

La sirena de una ambulancia puede ser una molestia en un paisaje urbano ruidoso y aglomerado, pero al menos atrae nuestra atención con un fin social. Las sirenas de los mitos griegos llaman nuestra atención para acelerar nuestra propia destrucción. Al recurrir a la cera y al mástil, lo que Ulises hacía en realidad era tratar de gestionar de forma proactiva su propia atención. Por dramático que resulte ese pasaje homérico, para nosotros, lectores de la era de la atención, tiene una dimensión casi mundana. Porque vivir en el mundo de hoy, ya sea en línea o sin conexión, implica retorcerse sin cesar en el mástil mientras luchamos por el control de nuestro propio ser contra los incesantes cantos de sirena de las personas, los dispositivos, las corporaciones y los actores malévolos que intentan capturarlo.

Ese es en esencia el mundo que hemos construido para nuestras mentes. Bueno, tal vez no «nosotros», ya que nuestra capacidad de agencia en la construcción de las empresas y las instituciones de la era de la atención es objeto de considerable debate. La combinación de nuestros instintos biológicos más profundos con el genio iterativo del capitalismo global tiene como consecuencia que estemos sometidos a un proceso interminable de experimentación; un proceso en el que algunas de las mayores corporaciones de la historia de la humanidad gastan miles de millones con el fin de averiguar qué ansiamos y cuánto más pueden vendernos. Contemplada desde el interior de nuestro propio ser, la atención es lo que constituye nuestro propio yo, pero desde la perspectiva de entidades externas a nosotros, la atención es como una pepita de oro en un arroyo o una bolsa de petróleo bajo una roca.

Mi vida profesional hace que estas cuestiones me inquieten especialmente, pero creo que todos las padecemos en una u otra medida, ¿no es así? La experiencia alienante de sentirnos divididos y distraídos a pesar de nosotros mismos, de estar «aquí» pero no estar «presentes». Apuesto a que uno podría ir a cualquier ciudad o pueblo y pasarse día y noche preguntando a los desconocidos que pasen por allí y no encontraría a nadie que afirmara que su capacidad de atención es demasiado grande, que se concentra con demasiada facilidad y que desearía tener más distracciones o poder pasar más tiempo mirando pantallas. Al igual que el tráfico, nuestros teléfonos son ahora una fuente universal de quejas, la clase de experiencia compartida que permite entablar conversación en la peluquería o en la cola del supermercado. Aunque al principio las voces que trataban de advertirnos de que los gigantes empresariales de la tecnología nos estaban ofreciendo un trato fáustico eran voces lejanas y marginales, ese coro ha crecido hasta conformar hoy algo parecido a un consenso generalizado: las cosas van mal, y las tecnologías que usamos a diario son la causa. Con su gorjeo constante, nuestros teléfonos nos están matando.

Aun así, antes de aceptar sin más este argumento y de proseguir con nuestra investigación, quizá merezca la pena analizar con más detenimiento esa intuición popular que parece estar cristalizando rápidamente. Porque, ¿acaso no se ha repetido siempre el mismo ciclo? ¿No tendemos siempre a pensar que las cosas van a peor y que es por culpa de las nuevas generaciones? ¿Que la nueva tecnología de turno (ya sea la imprenta, la máquina de vapor, etc.) es la causa de nuestra ruina?

En el *Fedro* de Platón, Sócrates despotrica largo y tendido —en un tono a medio camino entre lo persuasivo y lo absurdo— sobre los peligros que entraña la nueva tecnología de… la escritura: «Esto producirá olvido en las almas de quienes lo aprendan, pues, por confiar en la escritura, dejarán de ejercitar su memoria y recordarán de forma externa, por marcas extrañas, y no desde su interior y por sí mismos. No has encontrado entonces un remedio para la memoria, sino para el hecho de recordar».[10]

En retrospectiva, se puede afirmar que la escritura fue un avance muy positivo para el desarrollo humano, aunque uno de los más grandes pensadores de todos los tiempos recelara en su día de ella del mismo modo que muchos recelan hoy de los videojuegos. De hecho, y a pesar de las críticas legítimas a las redes sociales y a las pantallas y la conectividad omnipresentes, a veces parece que lo que subyace a tantas advertencias funestas es una suerte de histeria neurótica, vinculada al entorno familiar. En la actualidad existe todo un subgénero de libros con consejos para padres, así como de aplicaciones de software de bloqueo de dispositivos, orientado a gestionar el «tiempo de pantalla» y el peligro mortal que nuestros dispositivos implican para el desarrollo cerebral de los niños. A una escala social más amplia, estos miedos han adquirido la virulencia de un verdadero pánico moral. Así, en 2009, el *Daily Mail* alertaba a sus lectores de que «El uso de Facebook podría aumentar el riesgo de padecer cáncer».[11] *The New York Post*, por su parte, advertía de que las pantallas son «heroína digital» que convierte a los niños en «yonquis psicóticos».[12] «Los adolescentes que usan las redes sociales pasan de ser tontos a ser peligrosos», advertía a su vez la cadena CBS.[13] *The Atlantic* era solo uno de los muchos medios que se hacía la pregunta: «¿Han destruido los *smartphones* una generación entera?».[14] En 2024, el psicólogo social Jonathan Haidt publicó *La generación ansiosa*, donde sostenía que el acceso ubicuo a los teléfonos inteligentes ha condenado a toda una generación de adolescentes y niños a padecer niveles nunca vistos de depresión, ansiedad y autolesiones. Aunque algunos académicos especializados en el tema criticaron a Haidt por sus sesgos y exageraciones, el libro fue un éxito de ventas arrollador, y numerosos padres y colegios de todo Estados Unidos empezaron a coordinar esfuerzos para mantener los teléfonos fuera de las escuelas, tal y como se instaba a hacer en el texto.[15]

Algunas de las descripciones más graves y escalofriantes de las consecuencias que comporta la era de la atención proceden de los ingenieros que han contribuido a desarrollarla. El exitoso documental de Netflix *El dilema de las redes sociales* se basa en gran medida en el testimonio de antiguos trabajadores destacados de Silicon Valley (como el exempleado de Google Tristan Harris) para advertir de la naturaleza insidiosa de las aplicaciones que minan nuestra atención. En esta misma línea, Sean Parker, creador de Napster y uno de los primeros inversores de Facebook, se describe a sí mismo como un «objetor de conciencia» en lo que respecta a las redes sociales: «Solo Dios sabe lo que están haciendo con los cerebros de nuestros hijos», ha dicho.[16] No es el único que opina así. Un artículo de *The New York Times Magazine* de 2018 rastrea lo que su autor denomina el «oscuro consenso sobre pantallas e infancia» que existe entre los ingenieros de Silicon Valley que contribuyeron a diseñar los mismos productos que ahora prohíben usar a sus propios hijos. «Estoy convencido —declaró un antiguo empleado de Facebook a *The New York Times* en 2018—, de que el diablo vive en nuestros teléfonos móviles y de que está causando estragos en nuestros hijos».[17]

Aunque tiendo a estar de acuerdo, a menudo también me pregunto hasta qué punto nuestros debates sobre los males causados no son un clásico ejemplo de «pánico moral». Este término fue acuñado en 1972 por el sociólogo Stanley Cohen en su libro *Demonios populares y «pánicos morales»*, un estudio sobre la histeria social causada por diferentes manifestaciones de la cultura juvenil (como las tribus urbanas de *mods* y *rockers*) en el Reino Unido durante los años sesenta. «De tanto en tanto, las sociedades parecen estar sujetas a periodos de pánico moral», escribe Cohen. Algún grupo o tendencia cultural «emerge para definirse como una amenaza para los valores e intereses sociales; los medios de comunicación lo presentan de forma estilizada y estereotipada; periodistas, obispos, políticos y otras figuras biempensantes se encargan de erigir las barricadas morales; mientras expertos socialmente acreditados pronuncian sus diagnósticos y soluciones».[18]

Puede observarse el mismo patrón familiar cuando el objeto de la controversia, en lugar de una tendencia o grupo cultural, es una nueva tecnología: el rapto de asombro y entusiasmo iniciales que no tardan en devenir temor y pánico. La tecnología de impresión barata que se desarrolló a finales del siglo XIX y que dio lugar a los libros y novelas de bolsillo provocó que un crítico censurara a un editor de este tipo de publicaciones por «envenenar a la sociedad [...] con sus historias obscenas y su ejemplo impuro [...] una úlcera moral, una mancha de peste, un leproso que debería ser tratado como los leprosos de antaño, a los que se desterraba de la sociedad y a los que se les ordenaba gritar "¡impuro!", como advertencia para salvar a los demás de la peste».[19] En 1929, cuando la radio empezó a convertirse en el medio comunicación dominante en Estados Unidos, *The New York Times* se preguntaba: «¿Causa enfermedades el ruido de la radio?» e informaba a sus lectores de que existía «un acuerdo general entre médicos y científicos de que la llegada de la radio ha producido un gran número de enfermedades, en especial derivadas de problemas nerviosos. El sistema nervioso humano necesita reposo y no puede funcionar todo el tiempo a ritmo de jazz».[20]

El brillante ilustrador Randall Munroe, creador del webcómic *xkcd*, recoge estas ansiedades en una suerte de cronología titulada «El ritmo de la vida moderna», en la que muestra la histórica inquietud y las críticas que han suscitado siempre el desarrollo de la modernidad industrial y, en particular, la velocidad de la comunicación, la proliferación de información de fácil acceso y el impacto que todo ello tiene en la mente humana. La tira comienza con un artículo del *Sunday Magazine* de 1871, cuyo autor se lamentaba del hecho de que «el arte de escribir cartas se está extinguiendo rápidamente [...] Disparamos multitud de notas rápidas y cortas, en lugar de sentarnos frente a una hoja de papel de verdad para propiciar una buena charla».[21] Munroe cita a continuación a un político que, en 1894, se quejaba a su vez de la disminución de la capacidad de atención y de que, en lugar de leer, la gente se conformara con un «resumen de un resumen» y con «sumergirse en [...] muchos temas y recopilar información de forma [...] superficial», de modo que se perdía «el hábito de enfrascarse en las grandes obras». Y mi favorita, una nota aparecida en 1907 en el *Journal of Education* que deplora los nuevos hábitos modernos «de reunión familiar, en silencio alrededor del fuego, cada miembro de la familia con la cabeza enterrada en su revista favorita».[22]

Leídas hoy, estas advertencias suenan divertidamente hiperbólicas, pero hay dos formas de enfocar los avisos y los duelos incesantes por lo que la modernidad nos ha arrebatado. Una es considerarlos como algo pintoresco: siempre habrá un grupo de personas que se asusten por los efectos de cualquier nueva tecnología o medio de comunicación, si bien, con el tiempo, esas personas descubrirán que todo está bien, que el auge de las revistas, por ejemplo, no pudre el cerebro de los niños ni destruye el tejido de la vida familiar.

No creo que ese enfoque sea el acertado. Más bien me inclino a pensar que las quejas y preocupaciones sobre la aceleración de la tecnología y los medios de comunicación son en general pertinentes. Cuando se inventó la escritura, supuso una amenaza real para todo tipo de formas antiguas de pensamiento y comunicación. Lo mismo ocurrió con la imprenta y la alfabetización masiva y, más adelante, con la radio y la televisión. Y cuanto más reciente es una tecnología, cuanto más caliente la sentimos al tacto, más nos quema.

La propia experiencia de lo que llamamos «modernidad» es la de un mundo cuyo ritmo de vida, volumen de información y fuentes de estímulo son cada vez mayores. Cada tramo de esta curva ascendente provoca vértigo. Cuando Henry David Thoreau se retiró a Walden Pond en el verano de 1845, lo hizo precisamente para refugiarse de esa experiencia: de la omnipresencia avasalladora de la modernidad y el modo en que esta puede nublar nuestras facultades. Sobre las supuestas mejoras de esa modernidad, Thoreau decía: «hay una ilusión sobre ellas: no siempre hay un avance positivo [...] Nuestras invenciones suelen ser hermosos juguetes que distraen la atención de las cosas serias».[23]

Para comprender con claridad lo que significa ser humano en nuestra época concreta, es necesario preguntarse en cada momento qué es nuevo y qué no lo es, qué está impulsado por alguna tecnología o innovación novedosa y qué es inherente a la propia sociedad humana. Por ejemplo, no es un fenómeno nuevo que las masas crean cosas que no son ciertas. La gente no necesitaba la «desinformación» de Facebook para quemar brujas o perpetrar los pogromos, pero tampoco puede ponerse en duda que la comunicación global instantánea y sin fricciones actúa como un acelerador de esa desinformación. Tampoco es nuevo nuestro deseo de ocupar la mente cuando estamos ociosos. Si buscamos imágenes de tranvías y metros de principios del siglo XX, veremos vagones repletos de hombres con traje y sombrero leyendo el periódico, tan absortos en su lectura como los modernos pasajeros en sus teléfonos. De nuevo, sin embargo, tampoco cabe duda de que la relación que tenemos con nuestros teléfonos móviles es muy distinta a la que los viajeros del tranvía tenían con sus periódicos.

En su libro sobre la economía de la atención, *El valor de la atención. Por qué nos la robaron y cómo recuperarla*, el escritor Johann Hari aborda en parte este debate con Nir Eyal, autor a su vez de *Enganchado: Cómo construir productos y servicios exitosos que formen hábitos*. Eyal argumenta que los ataques a las redes sociales son una versión actual del mismo pánico moral que a mediados del siglo XX afectó por ejemplo a los cómics. Estos últimos suscitaron debates tan acalorados en Estados Unidos que llegó a discutirse en el Senado sobre los supuestos efectos de su lectura en la juventud del país. Para Eyal, las advertencias sobre los peligros de los teléfonos móviles y las redes sociales son réplicas «literales de las advertencias de los años cincuenta sobre los cómics», cuando la gente «acudió al Senado para denunciar que los cómics estaban convirtiendo a los niños en [zombis] adictos y secuestrados. Es lo mismo, literalmente [...] Y hoy pensamos que los cómics son completamente inocuos».[24]

Al final, resultó que los cómics no comportaban semejante amenaza, por lo que aquel pánico nos parece estúpido en retrospectiva. Pero se trata de dos cuestiones diferentes, ¿no es así? Junto a la cuestión de qué es nuevo y qué no lo es, está la cuestión más profunda de qué es perjudicial y qué no lo es. Es fácil confundir ambas cosas. Cuando el tabaco se puso de moda por primera vez en Europa, hubo quienes dieron la voz de alarma. Ya en 1604, el rey Jacobo de Inglaterra denunció el nuevo hábito como «odioso a la vista, desagradable al olfato, perjudicial para el cerebro, peligroso para los pulmones y, por su humo negro y apestoso, lo más parecido a los horribles vapores estigios de la ciénaga infernal y su pozo sin fondo».[25] Por muy histérico y mojigato que sonara en aquella época, su alegato era cierto al cien por cien. Hace poco vi el increíble documental de Peter Jackson sobre la grabación del *Let it Be* de los Beatles y no pude evitar distraerme y ponerme nervioso contemplando la infinidad de cigarrillos que se fumaban en cada sesión. En 1969, cuando los Beatles estaban grabando el que sería su último álbum, ya existían importantes estudios que demostraban que el tabaco era perjudicial para la salud.[26] Habrían de transcurrir todavía treinta años para que la cultura, las leyes y las normativas se volvieran de forma decidida contra el tabaco y su consumo comenzara a disminuir hasta desaparecer de la mayoría de los espacios públicos.[27]

Cabe preguntarse si, dentro de cincuenta años, cuando la gente vea imágenes de nuestra época, con todo el mundo escroleando en las pantallas de sus teléfonos móviles, sentirán lo mismo que siento yo cuando veo a Ringo Starr fumando un cigarrillo tras otro. ¡Deja de hacer eso! ¡Te va a matar! De hecho, el cirujano general de Estados Unidos ha llegado a pedir que las redes sociales muestren un aviso obligatorio sobre los riesgos que implican para la salud mental, similar a las etiquetas de advertencia de los paquetes de cigarrillos. Investigadores especializados en el campo de la salud mental de los adolescentes han respondido que los datos existentes no justifican una medida tan drástica.[28] El debate sobre nuestras vidas digitales, al menos tal y como se refleja en la esfera pública, se reduce en esencia a esto: ¿este mundo de tecnologías digitales globales y omnipresentes a las que estamos perpetuamente conectados se parece más a los cómics o a los cigarrillos?

Lo que quiero exponer aquí es que la escala de la transformación que estamos viviendo es mucho más vasta e íntima de lo que creen incluso los críticos más asustados. En otras palabras: el problema de las críticas actuales a la economía de la atención y las redes sociales es que (con algunas notables excepciones) no van tan lejos como debieran. La retórica propia de las condenas morales subestima el grado de mutación que estamos experimentando. Por muy tentador que resulte echar la culpa a los teléfonos, estos son tanto un síntoma como una causa, el producto natural de un conjunto de fuerzas que están trastocando la textura de nuestra vida. La economía de la atención no es una suerte de nueva droga nociva que se impone a la población, ni una forma de intoxicación adictiva con efectos negativos masivos; ni siquiera un novedoso y perturbador formato de medios de comunicación con amplias implicaciones sociales. Es algo diferente y más profundo. Mi argumento es que el rasgo definitorio de esta era es que el recurso más importante, nuestra atención, resulta ser al mismo tiempo aquello que nos hace humanos. A diferencia de la tierra, el carbón o el capital, que existen fuera de nosotros, el principal recurso de esta época está incrustado en nuestra psique. Para extraerlo, hay que penetrar en nuestras mentes.

Todos comprendemos de manera intuitiva el valor de la atención, al menos internamente, porque aquello a lo que prestamos atención es lo que constituye nuestra vida interior. Cuando nos la arrebatan, sentimos la pérdida. Pero la atención también es sumamente valiosa en el exterior, en el mundo. Está en la base de casi todo lo que hacemos, de las relaciones que entablamos y de nuestra forma de actuar como trabajadores, consumidores y ciudadanos.

Un pequeño experimento mental puede ayudarnos a ilustrar la cuestión. Imagina que mañana decides presentarte a las elecciones municipales. Después de buscar en Google para saber qué papeles tienes que presentar, cuántas firmas necesitas y cuáles son los plazos, tendrás que averiguar dos cosas esenciales: cómo recaudar dinero y cómo lograr que los votantes sepan quién eres. Lo más probable es que recurras a tus redes sociales para acometer ambas tareas y llegar a vecinos, amigos y familiares. También puedes organizar actos, dar discursos en una esquina de la calle o acudir al mercado local, a la bolera o a los andenes del metro para estrechar manos y presentarte a la gente. Necesitarás un equipo, un mensaje, carteles de campaña, posiciones sobre determinados temas, etc. En cualquiera de los casos, lo que necesitas para ganar es atraer la atención de los demás. Ese es el requisito básico de cualquier campaña exitosa.

O pongamos que quieres montar un negocio. Durante la pandemia has desarrollado una receta especial de galletas de chocolate con un toque picante de chile habanero que le encanta a todo el que la prueba. Para comercializarla tendrás que lidiar con un montón de obstáculos logísticos que te mantendrán muy ocupado: constituir una sociedad, adquirir el equipo adecuado; tal vez también, conseguir un préstamo para poner en marcha el negocio. En última instancia, sin embargo, acabará en el mismo punto que una campaña política: ¿cómo hacer saber a la gente que vendes galletas? ¿Cómo llamar su atención? La respuesta a esta pregunta es la clave de una gigantesca variedad de empresas humanas modernas, desde conseguir trabajo hasta lograr una cita.

La atención es una especie de recurso: posee valor y si puedes apoderarte de ella, te apoderas de ese valor. Esto es así desde hace mucho tiempo. Líderes carismáticos y demagogos, artistas del espectáculo, predicadores, grandes vendedores y publicistas, hombres y mujeres santos al frente de congregaciones de discípulos... todos ellos han utilizado el poder de la atención para acumular riqueza y poder. Lo que ha cambiado es la importancia relativa de la atención. La batalla por controlar aquello a lo que prestamos atención en cada momento lo estructura todo, desde nuestra vida interior (a quién y qué escuchamos, cómo y cuándo estamos presentes para nuestros seres queridos) hasta nuestra vida pública colectiva (qué asuntos sociales urgentes se debaten y legislan, cuáles se desatienden; qué muertes se lloran de manera ostentosa, cuáles se olvidan en silencio). Todos y cada uno de los aspectos de la vida humana, en todas y cada una de las categorías de organización de la especie, se están reorientando hacia la captura de la atención.

¿Cómo hemos llegado a esta situación? Hacia finales del siglo XX, muchos países ricos iniciaron el tránsito de una economía industrial y manufacturera a una economía digital. En 1961, seis de las diez mayores empresas por activos estadounidenses eran petroleras.[29] Los activos que controlaban estas empresas (combustibles fósiles) constituían el recurso más valioso del orden mundial de posguerra. Junto a las empresas de combustibles fósiles había también empresas automovilísticas como Ford Motor y gigantes industriales como DuPont.

Hoy, la lista Forbes de las mayores empresas estadounidenses está dominada por bancos y empresas tecnológicas: Microsoft, Apple, Alphabet (la matriz de Google), Meta y Amazon.[30] El centro de la actividad económica ha pasado de las empresas que manipulan átomos a las que manipulan bits. Tendemos a pensar que el auge de esta nueva forma de producción económica depende de la información y los datos. La frase «los datos son el nuevo petróleo» se ha convertido en una especie de mantra de nuestra época: quienes controlan los grandes depósitos de información son los señores de nuestro tiempo.

Este punto de vista no es del todo erróneo —la información es de vital importancia—, pero falla a la hora de identificar aquello más distintivo y alienante de la era en la que nos hemos adentrado. La información es lo contrario de un recurso escaso: está en todas partes y cada vez hay más. Es generativa y copiable. Piensa por un momento en tus datos personales, en la información sobre quién eres y qué te gusta. Puede que haya decenas de empresas que posean esa información, o quizá sean cien, o mil. Aunque eso pueda tener efectos en tu vida —en la publicidad que recibes, por ejemplo— en realidad no sabes quién posee esos datos y, desde un punto de vista funcional, no importa. Pero la atención es diferente: si alguien tiene tu atención, es mejor que seas consciente de ello, pues, a diferencia de la información, la atención no puede replicarse, no puede estar en varios sitios a la vez.

Si pongo una mesa de picnic en mi patio y mi vecino me roba la idea y pone una mesa de picnic en su propio patio, mi experiencia no se ve muy afectada. Pero si mi vecino me roba la mesa de picnic, la cosa cambia bastante y mi vida empeora. El brillante jurista Lawrence Lessig utiliza este ejemplo para ilustrar la diferencia entre propiedad intelectual y propiedad física, pero también sirve para explicar la diferencia entre información y atención.[31] La información es la idea de la mesa de picnic; la atención es la mesa de picnic real.

A lo largo de este libro hablaré más acerca de la relación entre información y atención, pero, de momento, quisiera fijar bien el axioma de que la información es infinita y la atención es limitada. Y todo valor deriva de la escasez, de ahí que la atención sea tan valiosa.

Si retornamos a la cuestión de cuáles son las mayores corporaciones de nuestra era, veremos que no se trata exactamente de empresas de información, sino, más bien, de empresas dedicadas a las finanzas y a la captura de la atención. Apple es la empresa a la que puede atribuírsele la inauguración de la era de la atención, con la presentación del iPhone en 2007. Por su parte, Microsoft gestiona el sistema operativo al que cientos de millones de personas dedican su atención cada día, además de poseer otro gran imán atencional, la consola de videojuegos Xbox. Alphabet es responsable de YouTube, así como de la mayor red publicitaria de internet, Google, que se beneficia asimismo de nuestra atención. Meta y la empresa china de redes sociales Tencent (propietaria de WeChat, la mayor red social de China) se dedican igualmente a monetizar la atención de sus usuarios.

En la lista de las mayores empresas del mundo hay que incluir también a Amazon, líder mundial del comercio minorista online fuera de China. Llamar a Amazon empresa «minorista» tergiversa sin embargo la fuente de su poder. Amazon es una empresa dedicada a la logística y a la captura de la atención. Que los productos que vende son algo secundario, es algo que podemos comprobar cada vez que buscamos algo en Amazon y nos encontramos con docenas de versiones casi idénticas, todas ellas producidas por empresas de las que a menudo nunca hemos oído hablar y en lugares que no podríamos ni nombrar. Empresas que compiten sobre todo por el espacio de atención que ofrece la sección superior de los resultados de búsqueda, un espacio que Amazon posee. A menudo, Amazon estudia qué productos dominan ese espacio de atención y comienza a producirlos ella misma, eliminando al intermediario.

Amazon es el ejemplo más palmario de cómo, en la era de la atención, hasta la venta de productos tiene más que ver con captar la atención de los consumidores que con la fabricación de los propios productos. En la era industrial, el modelo publicitario básico consistía en que una empresa desarrollaba un producto o servicio y luego trataba de anunciarlo y comercializarlo, captando la atención del consumidor como forma de dar a conocer su mercancía. Pero existe otro modelo, presente también desde los inicios de la era industrial, que podríamos llamar el «modelo vendehúmo». En este modelo, la captura de la atención y el marketing son la parte más importante del negocio, el producto es una ocurrencia tardía y, de hecho, a menudo directamente fraudulenta.

A medida que aumentan los ingresos mundiales y se amplían la variedad y opciones de consumo, la competencia por la atención se torna cada vez más feroz. Estamos asistiendo a un rápido cambio de uno a otro modelo, de modo que, en muchos casos, la capacidad de captar la atención del consumidor es más importante que el propio producto o servicio ofrecido.

En los albores de la era de la globalización, con la expansión del capital mundial tras la Guerra Fría y la rápida reducción de las barreras comerciales, Naomi Klein publicó su clásico *No Logo*. Allí sostenía que la nueva versión del capitalismo, que externalizaba cada vez más la producción a China y al Sur global, implicaba una progresiva atenuación de la relación entre marca y producto. «Como muchos de los fabricantes más conocidos de hoy en día ya no producen ni publicitan productos —señalaba—, sino que los compran y les ponen su marca, viven con la necesidad de encontrar nuevas maneras de crear y fortalecer la imagen de sus marcas [...] Lo principal que producían estas empresas no eran cosas [...] sino imágenes de sus marcas. Su verdadero trabajo no consistía en manufacturar sino en comercializar».[32]

Se trata de algo tan ubicuo en el capitalismo contemporáneo que ni siquiera lo advertimos. Y en la era de la atención, esa transformación se ha llevado a su conclusión lógica. Los consumidores tenemos nuestros hábitos, que son muy duraderos: tenemos el jabón que nos gusta, nuestro papel higiénico favorito, la comida del perro, la pasta de dientes, y así sucesivamente, hasta la marca de coches que solemos comprar. Solemos decirnos a nosotros mismos —si es que llegamos a decirnos algo— que esa lealtad es para con el producto. De vez en cuando, sin embargo, alguna catástrofe o perturbación nos recuerda lo indiferenciados que son los «productos» que hay detrás de las marcas.

En 2007, una empresa canadiense de alimentos para mascotas llamada Menu Foods tuvo que retirar sus productos del mercado después de que algunos de ellos se contaminaran con una sustancia química llamada melamina. Los perros y gatos que consumieron esa comida enfermaron y, en algunos casos, llegaron a morir como consecuencia de la intoxicaxión.[33] Por si fuera poco, no tardó en salir a la luz que, a través de su fábrica en China, origen de la contaminación, Menu Foods abastecía a casi todas las marcas de comida para mascotas de Estados Unidos. La práctica totalidad de los grandes conglomerados de la industria alimentaria, desde Colgate-Palmolive hasta Procter & Gamble, vendían comida procedente de la fábrica de Menu Foods, por no hablar de casi todos los productos de marca blanca a la venta en cadenas de supermercados como Safeway o Kroger.[34]

En otras palabras, el producto era muy parecido con independencia de cuál fuera la marca de comida para mascotas que uno compraba. «En total, la retirada de Menu Foods afectó a productos que se habían vendido al por menor bajo 150 nombres diferentes», escribe Barry Lynn en su libro sobre el capitalismo monopolístico moderno. «Quizá lo más inquietante, sobre todo para los dueños de mascotas que habían estado gastando su dinero en un producto de primera calidad, fue que la retirada reveló que marcas caras y de gama alta como Iams y Hill's Pet Nutrition Science Diet salían exactamente de las mismas líneas de envasado de Menu Foods que las latas etiquetadas con nombres como Supervalu o Price Chopper».[35]

¿Qué es una marca? En el nivel perceptivo más básico, no es más que un conjunto de «marcas», identificadores físicos como la línea curva de Nike o las tres rayas de Adidas, en los que el consumidor repara, signos que llaman su atención. Eso es todo. Una marca es una especie de sirena. Si distingues su llamada entre el ruido, si ves sus luces parpadeando al fondo del pasillo del supermercado, es que ha hecho bien su trabajo.

Aunque no lo expresaba exactamente en estos términos, Klein identificó el proceso por el que la economía de la atención se come a la economía real. La mayor parte del valor de empresas como, por ejemplo, Nike, reside en su capacidad para acaparar la atención —en su logotipo reconocible al instante— y no en los conocimientos técnicos o los factores de producción (cadenas de suministro, fábricas, acceso a mano de obra) que las empresas industriales de la época anterior consideraban su principal fuente de valor.

Pero el comercio no es el único ámbito que está impulsado por la extracción de atención. La vida social, la vida pública y la vida política también están dominadas por ella cada vez en mayor medida. En los siglos XIX y XX, el trabajo asalariado y la progresiva urbanización transformaron por completo la lucha por la atención en la política. A medida que la democracia se extendía por una Europa en rápida industrialización, fue conformándose un público de masas propiamente moderno. La opinión pública importaba más que nunca y lo que ese público pensaba venía determinado sobre todo por a qué temas se prestaba atención y a cuáles no, a qué candidatos reconocía la gente y a cuáles no.

Por otro lado, a medida que la sociedad se volvía más compleja, crecía también el número de cuestiones que reclamaban la atención de los ciudadanos. En 1925, el crítico Walter Lippmann señalaba que las obligaciones que los ciudadanos heredaban en el siglo xx eran abrumadoras, incluso en el caso de las personas más cultas e informadas, como el propio autor. «Mis simpatías están con él [el ciudadano] —escribía—, porque creo que se le ha asignado una tarea imposible y que se le ha pedido poner en práctica un ideal inalcanzable. Siento lo mismo, aunque los asuntos públicos son mi principal interés y dedico la mayor parte de mi tiempo a ellos, no hallo tiempo para hacer lo que se espera de mí en la teoría de la democracia; es decir, estar al tanto de lo que está pasando y tener una opinión digna de ser expresada sobre cada cuestión a la que se enfrenta una comunidad autogobernada».[36]

El mismo año en que Lippmann publicaba estas palabras en su libro *El público fantasma*, Europa asistía al ascenso del carismático dictador fascista Benito Mussolini, que liberó a la ciudadanía italiana del oneroso trabajo que se le había encomendado, ofreciendo en su lugar un culto a la personalidad. «Bajo [el] fascismo aparece por primera vez en Europa un tipo de hombre que no quiere dar razones ni quiere tener razón, sino que, sencillamente, se muestra resuelto a imponer sus opiniones —escribía el intelectual español José Ortega y Gasset en *La rebelión de las masas*—. Yo veo en ello la manifestación más palpable del nuevo modo de ser las masas, por haberse resuelto a dirigir la sociedad sin capacidad para ello».[37]

En el siglo xx, la experiencia del ascenso de demagogos carismáticos y de dos guerras mundiales genocidas llevó a toda una generación de intelectuales a preguntarse hasta qué punto eran compatibles con la democracia los medios de comunicación de masas. Aunque dichos pensadores no lo conceptualizaran necesariamente en estos términos exactos, temían la capacidad de los medios de comunicación de masas (a veces, aunque no siempre, en manos de tiranos) para monopolizar con éxito la atención y, por tanto, el control de una nación. ¿Acababa la presencia de estos medios con la conciencia individual que hacía posible la decencia humana? «No es ninguna exageración —escribió el papa Pío XII en 1950— decir que el futuro de la sociedad moderna y la estabilidad de su vida interior dependen en gran parte del mantenimiento de un equilibrio entre el poder de las técnicas de comunicación y la capacidad de reacción del individuo».[38]

De Marshall McLuhan a Neil Postman, la era de la televisión suscitó advertencias terribles sobre el vasto efecto narcótico que el nuevo aparato inducía en un público al que estaba volviendo más estúpido, más aburrido y menos capaz de autogobernarse. «Los estadounidenses ya no hablan entre ellos, se entretienen —decía Postman—. No intercambian ideas, sino imágenes; no discuten con propuestas, sino con buenas apariencias, celebridades y anuncios».[39]

Todo ello, sin embargo, no era sino el prólogo de la era de la atención. La atención nunca ha sido tan demandada, disputada e importante como hoy.

A diferencia, por ejemplo, del petróleo, un compuesto químico enterrado bajo la superficie, la atención no puede separarse de lo que somos y de lo que significa estar vivo. De hecho, la atención es la necesidad humana más fundamental. Al nacer, los miembros de nuestra especie estamos totalmente indefensos. Solo podemos sobrevivir con atención, es decir, si otro ser humano se ocupa de nosotros. Esta atención no basta para mantener a un bebé, pero es la precondición de todo cuidado. Si se lo desatiende, perecerá. La atención nos construye y nos forma; la falta de cuidado nos destruye. He ahí nuestro destino humano compartido e ineludible. Hoy, sin embargo, nuestras estructuras neurológicas más profundas, los frutos de nuestra herencia evolutiva y nuestros impulsos sociales se desenvuelven en un hábitat diseñado para depredar, cultivar, distorsionar o destruir aquello que nos hace humanos.

Qué vidas protegemos y cómo lo hacemos depende en última instancia de a qué muertes prestamos atención. Si mañana se estrellaran diez aviones de pasajeros, por ejemplo, todas las compañías aéreas se quedarían en tierra. Pero durante los años de la COVID-19 llegamos a tolerar un número equivalente de muertos un miércoles de invierno cualquiera. Si Al Qaeda enviara escuadrones de asalto a residencias de ancianos para retransmitir en directo cómo los asesina, nuestra respuesta social sería, como mínimo, creo poder afirmar, mucho más enérgica, acalorada y expeditiva de lo que fue nuestra respuesta colectiva a las muertes a gran escala causadas por un virus invisible que actuaba a puerta cerrada y lejos de las cámaras de los teléfonos.

De hecho, el mayor reto al que se enfrenta o se ha enfrentado jamás la civilización humana, el calentamiento del planeta debido a la propia actividad de nuestra especie, resulta en gran parte tan difícil de resolver porque escapa a las facultades de atención. «Siempre ha sido un problema —me dijo una vez el legendario escritor y activista climático Bill McKibben— que la cosa más peligrosa del planeta [el CO_2] sea invisible, inodora, insípida y que en realidad no te haga nada directamente».[40] Hasta que sea demasiado tarde.

Por experiencia, sé muy bien lo caprichosa que puede ser la atención del público. Desde hace más de una década, presento un programa de una hora de duración en la cadena estadounidense de televisión por cable MSNBC. Mi formación es en periodismo escrito, pero mi función principal como presentador televisivo consiste en sostener la atención de los telespectadores dentro de un margen de audiencia que permita que el programa siga en antena. Esa es mi primera obligación como profesional, previa a cualquier otro cálculo de nivel superior.

Cuando estás en una posición tan delicada —que siempre parece al borde del desastre— desarrollas una percepción casi sensorial de las vibraciones de atención de la audiencia, de manera parecida a como un surfista aprende a acompasarse a los tiempos de una ola: a cómo esta crece y cuándo rompe.

Por poner un ejemplo bastante reciente: cuando Rusia invadió Ucrania, en el programa cubrimos la invasión como noticia urgente y sin pausas publicitarias. Al cabo de unos días, empezamos a hacer pausas. Después de varias semanas, comenzamos a cubrir otras noticias mezcladas con la guerra en Ucrania, aunque seguíamos abriendo con ella. Al cabo de un mes empezamos a abrir con otras noticias. A los cuarenta y cinco días del comienzo de la invasión, de vez en cuando hacíamos un programa que no tenía nada que ver con la guerra. Un año después del inicio de la invasión, podíamos pasarnos semanas o meses enteros sin cubrir la guerra. La atención estaba quemada.

Lo que estoy describiendo no es específico de la guerra en Ucrania. Muestra el ciclo de vida natural de cualquier acontecimiento noticioso. Dependiendo de la importancia del acontecimiento, ese ciclo puede ser bastante corto (ser noticia durante unas horas y desaparecer) o durar varios meses.

La dinámica de estos ciclos, su amplitud, su duración y el tipo de suceso que puede desencadenarlos son cuestiones extremadamente complejas a las que dedicaré bastante espacio en las páginas siguientes. Pero si hay algo que he aprendido durante esta década en antena es que dependen en esencia de la atención de la audiencia y responden a ella.

Aunque esto último puede parecer obvio, en realidad se trata de una afirmación algo controvertida. De hecho, mucha gente tiene la idea (con la que me topo a menudo) de que los ciclos de noticias y la atención de la audiencia se dirigen en gran parte desde arriba. Que son los medios de comunicación corporativos los que deciden a qué debe prestar atención la gente y los que, mediante su catálogo de trucos para atraparla (como, por ejemplo, el empleo de rótulos llamativos tipo «ÚLTIMA HORA»), dirigen esa atención hacia las noticias elegidas.

Aunque esta crítica suele asociarse al lingüista y crítico social Noam Chomsky, no es solo una crítica de izquierdas. Quienes en Estados Unidos desconfiaban del gobierno ucraniano y de la OTAN, o apoyaban directamente la invasión rusa, consideraron que la repentina atención dedicada a la desesperada situación de Ucrania era parte de una oscura conspiración a gran escala. Los presentadores de Fox News calificaron de «artimaña» las advertencias de Estados Unidos sobre una inminente invasión rusa y se preguntaron en antena si se trataba de un intento de «desviar la atención de lo que hizo Hillary Clinton y de lo que sabemos que es un completo engaño en lo que respecta a esta investigación sobre Rusia».[41] Tucker Carlson dijo en su programa: «La mañana en que Rusia invadió Ucrania había muchas cosas diferentes de las que hablar: de la COVID-19, de la criminalidad o de la frontera sur. Ahora ya no. Para alivio de la Casa Blanca, todos esos temas se han olvidado, quizá para siempre».[42]

Puedo decir por experiencia propia que cubrir las noticias, sobre todo en grandes medios de masas como la televisión por cable, consiste en perseguir la atención de la audiencia mucho más que en dirigirla. La mayoría de quienes trabajamos en la industria de la atención convivimos con el miedo a que la gente deje de prestarnos atención, a que nuestros trucos no funcionen, a que nos ignoren. Este miedo genera a su vez todo tipo de efectos y comportamientos negativos, entre los que se incluye la mentalidad de rebaño. Pero mi aprendizaje fundamental, fruto del ensayo y el error, es que la atención es difícil de dirigir, de atraer y de controlar. Las personas cuyo trabajo depende de captarla lo saben muy bien.

Cuando conseguí mi propio programa de televisión, tenía una sensación parecida a la de cuando te compras tu primer coche. Sentía que podía ir a donde quisiera y que, si bien tenía que cumplir con las normas de tráfico, solo tenía que decidir a dónde quería llegar y pisar el pedal. Que podía cubrir lo que me pareciera más importante, cuando quisiera y durante el tiempo que quisiera.

Enseguida aprendí que la cosa no funciona así.

Lo que impulsa un programa de actualidad informativa es la atención. No tiene un motor de combustión interna que lo haga funcionar. Sí, puedes cubrir lo que te apetezca noche tras noche, pero si nadie ve el programa, lo cancelarán, que es lo que casi me pasa a mí.

Tras muchas pruebas y errores, ahora veo la atención del público como algo parecido al viento que impulsa un velero. Se trata de un fenómeno real, independiente del barco, y uno solo puede navegar con éxito si lo aprovecha. No hay que orientar el barco contra el viento, pero tampoco hay que dejar que el viento marque el rumbo: tras decidir a dónde quieres ir (lo que, en el caso de mi programa, atañe a lo que creo que es importante que la gente sepa), identificas en qué dirección sopla el viento y luego, utilizando tus habilidades y las herramientas del barco, vas virando a uno y otro lado para llegar a tu destino utilizando la fuerza del viento.

Creo poder afirmar que esta experiencia me da una cierta perspectiva de cómo funciona la atención. Cada instante de mi vida laboral gira en torno a la pregunta de cómo podemos captar la atención de la audiencia. Pero se da la circunstancia de que la búsqueda constante de la atención ajena ya no es solo cosa de profesionales como yo. De hecho, se ha democratizado hasta incluir a todos los adolescentes armados de un teléfono.

Esta reorganización de las condiciones sociales y económicas en torno a la captura de la atención conlleva, defenderé aquí, una transformación tan profunda como lo fueron en su momento el surgimiento del capitalismo industrial y la creación del trabajo asalariado como la forma principal de trabajo humano. La atención es hoy una mercancía como lo era el trabajo en los primeros años del capitalismo industrial, cuando lo que hasta entonces se había considerado esfuerzo humano se convirtió en un bien de mercado con un precio. La gente siempre había «trabajado» de una forma u otra, pero, a partir de ese momento, ese trabajo pasó a ser un engranaje de un complicado sistema que lo convertía en otra mercancía más. Para muchos, esa transición de «trabajo» a «mano de obra» fue algo a un tiempo penoso y extraño. El trabajador, observaba Karl Marx en sus *Manuscritos de economía y filosofía* de 1844, «no se siente feliz, sino desgraciado; no desarrolla una libre energía física y espiritual, sino que mortifica su cuerpo y arruina su espíritu. Por eso el trabajador solo se siente en sí fuera del trabajo, y en el trabajo fuera de sí».[43]

La idea fundamental de la teoría de Marx sobre el trabajo y la alienación era que se había erigido un sistema social coercitivo para extraer de la gente algo que hasta entonces había sido suyo en un sentido profundo. Sus palabras suenan frescas incluso escuchadas hoy: la sensación de dislocación y de estar fuera de uno mismo, la incapacidad que sentimos para «desarrollar libremente» nuestra energía mental, aun a pesar de la apariencia de libertad y opciones ilimitadas («¿Qué te apetece ver esta noche, cariño?») que nos rodea. Esa sensación de ser un trabajador atrapado en un sistema que no ha construido y del que no puede salir.

El cambio de época al capitalismo industrial requirió lo que Marx describió como «mercantilización del trabajo». El trabajo —lo que hacemos con nuestros cuerpos y nuestras mentes, el producto de nuestro esfuerzo— es algo bastante alienante como para convertirlo en una mercancía. La transmutación del «trabajo» en cuanto «labor» o «cosas que los humanos hacían con fines específicos» en «trabajo asalariado» como un tipo de actividad con un precio exigió una transformación completa de la estructura de la sociedad y de la experiencia cotidiana de la vida humana.

En efecto, para extraer el trabajo de una persona es necesario compensarla mediante un salario, coaccionarla de algún modo o emplear la violencia (el látigo del capataz) para obligarla. Todos estos métodos han sido empleados a lo largo de la historia. Pero la extracción de nuestra atención se lleva a cabo de otra manera. Se puede obligar a la gente a trabajar mediante todo tipo de métodos crueles y opresivos, pero no mediante la manipulación de sus facultades preconscientes. Si alguien te pone una pistola en la cabeza y te dice que caves una zanja, sabes que te están coaccionando. Pero si alguien dispara un arma al aire, tu atención se desplazará de manera instantánea hacia el sonido, antes incluso de que puedas comprender del todo lo que está ocurriendo. La atención puede sernos arrebatada en un nivel puramente sensorial, antes incluso de que intervenga nuestra voluntad consciente. De hecho, en eso consiste el funcionamiento de una sirena.

Considerar la atención como un recurso central y comprender tanto su primacía existencial como su creciente importancia social, política y económica es clave para entender muchos rasgos dispares de la vida en el siglo XXI. La atención es anterior a otros aspectos del habla y la comunicación que asociamos con el poder: la persuasión, la argumentación o la información. Para persuadir, antes hay que captar la atención: «¡Romanos, compatriotas y amigos! ¡Oídme defender mi causa [...]!».[44] Antes de informar, insultar, seducir o cualquier otra cosa, uno tiene que asegurarse de que su voz no acabe silenciada entre el ruido de fondo que constituye el 99,9 por ciento de los mensajes dirigidos a nosotros. La esfera pública consiste hoy en una guerra de todos contra todos por conseguir atención. El comercio es una guerra por la atención. La vida social es una guerra por la atención. La paternidad es una guerra por la atención. Y todos estamos exhaustos de tanto batallar.

Este libro es un intento de hallar la paz.

CAPÍTULO 2
LA MÁQUINA TRAGAPERRAS Y EL TÍO SAM

La atención existe para resolver un problema y ese problema es la información. La cantidad bruta de información sensorial que un ser humano recibe en cada momento es abrumadora. Podríamos sintonizar nuestra atención con cada hoja de cada árbol junto al que pasáramos, con el latido de nuestro corazón, con el tacto de cada dedo o con el sonido de nuestra respiración a través de las fosas nasales. Si todos los estímulos que recibimos en cada momento tuvieran la misma importancia para nosotros, no podríamos funcionar.

En épocas menos complejas, necesitábamos cierta información para sobrevivir: la ubicación de alimento, el color de una baya para determinar si era comestible o el rumor de un arroyo que nos indicaba en qué dirección había agua potable. Sin embargo, tanto entonces como ahora, la información vital siempre corre el peligro de ser eclipsada por el resto de la información que flota en nuestra esfera perceptiva. Si no podemos ignorar el murmullo de las hojas para concentrarnos en el sonido del arroyo, no encontraremos agua. El economista Herbert Simon —cuyo ensayo de 1971 sobre la economía de la atención es una de las meditaciones más perspicaces sobre la atención jamás publicadas— observó mucho antes de la era de las notificaciones constantes de los teléfonos inteligentes que «la abundancia de información significa escasez de otra cosa: escasez de lo que la información consume. Lo que consume la información es bastante obvio: consume la atención de sus receptores».[1] La información es abundante; la atención, escasa. La información es teóricamente infinita, mientras que la atención es limitada. Por eso la información es barata y la atención, cara.

Cribar la información —agruparla en formas procesables coherentes y suprimir la mayor parte en un momento dado— es una parte tan intrínseca de nuestra experiencia del mundo que resulta casi imposible imaginar o describir la experiencia fenomenológica que supondría su ausencia. Un psicólogo con trastorno de déficit de atención agudo describe un mundo sin barreras mentales: «En la comida, una conversación cercana amenaza nuestra capacidad de escuchar a la persona que se sienta con nosotros, por muy interesante que sea lo que nos dice; en la tranquilidad de una biblioteca, el ruido que hace alguien acomodándose en la silla puede interrumpir un hilo de pensamiento. La información desorganizada y no deseada nos llega sin cesar».[2]

«Todos sabemos lo que es la atención», proclamó William James en sus *Principios de Psicología* en 1890.[3] En cierto modo, tenía razón. Entonces y ahora. La atención es tan consustancial a nuestra experiencia que apenas necesitamos dedicar tiempo a explicar qué es. Si le dices a alguien que preste atención, entiende lo que quieres decir. Si te hacen una pregunta y no respondes y dices: «Lo siento, estaba distraído», todo el mundo entiende lo que quieres decir. No obstante, James consideró útil aportar su propia definición —definición que probablemente no ha sido superada—: la atención consiste en «que la mente tome posesión, en forma clara y vívida, de uno entre los que parecen ser varios objetos simultáneamente posibles, o trenes de pensamiento. De su esencia son la circunscripción, la concentración de la conciencia. Entraña hacer a un lado ciertas cosas para ocuparse con más efectividad en otras».[4]

Sin embargo, la propia familiaridad de la atención puede ocultar su enorme complejidad. Tan pronto tratamos de precisar con más detalle en qué consiste, muta, se escurre y se transforma. Ya en 1886, mientras William James trabajaba en sus futuros *Principios de psicología*, un filósofo llamado F. H. Bradley publicó un ensayo en el que se preguntaba si la atención era un concepto siquiera mínimamente coherente: «¿Existe alguna actividad especial de la atención?».[5] Hace unos años, un grupo de científicos procedentes de diferentes campos relacionados con la cognición fueron coautores de un artículo titulado provocadoramente: «Nadie sabe qué es la atención». En él argumentaban, basándose en hallazgos empíricos recientes e investigaciones de vanguardia sobre atención visual, que el propio concepto era a la vez incoherente y teóricamente inútil: «uno de los términos más engañosos y peor utilizados de las ciencias cognitivas».[6]

Yo no iría tan lejos, pero es innegable que cuanto más se piensa en qué es exactamente la atención, más compleja parece. Para nuestro propósito, consideremos detenidamente un ejemplo concreto, extraído de la bibliografía científica sobre la atención. Imagina que estás en un cóctel con decenas de asistentes. Llevas ya unas cuantas copas y has entablado conversación con un pequeño grupo de personas que encajan a la perfección en la categoría social propia de los cócteles: no son ni amigos ni completos desconocidos. Entablar una conversación trivial con personas con las que se tiene ese grado relativo de cercanía supone siempre un pequeño esfuerzo, por lo que estás bastante concentrado, con el cuerpo ligeramente inclinado hacia delante para aislarte del barullo que te rodea y asegurarte de que puedes escuchar con claridad lo que te dicen tus interlocutores.

En ese momento estás prestando atención de la forma intuitiva que describe James. Los psicólogos suelen comparar este tipo de atención activa con una suerte de foco que podemos desplazar para iluminar a una u otra persona. Aunque en este contexto quizá lo más parecido sea el micrófono que un reportero acerca a los diferentes testigos de un suceso para cubrir una noticia de última hora, dirigiendo la atención del espectador hacia un interlocutor en detrimento de otro.

En esa situación, se hace manifiesto el elemento central que identifica James: una sensación de elección de suma cero. Centramos nuestra atención en la conversación que tenemos delante y no, por ejemplo, en qué camarero de los que portan bandejas con aperitivos de rollitos de primavera con pato tenemos más cerca. Podemos atender a la conversación o abandonarla un momento para localizar dónde están los entremeses. Se trata, como vimos, de «hacer a un lado ciertas cosas para ocuparse con más efectividad en otras».[7]

Esta es la forma de atención que James describe en ese famoso pasaje y la que atañe al primero de los tres aspectos centrales de la atención. Este primer aspecto de la atención es lo que los psicólogos llaman «atención voluntaria». La atención voluntaria es la que entra en juego cuando, por ejemplo, nos sentamos a leer una novela, hacemos un examen o mantenemos una conversación profunda con nuestra pareja. Nos concentramos, escuchamos y dirigimos la linterna de nuestra mente hacia algo o alguien. En el ejemplo del cóctel, prestamos atención voluntaria cuando nos inclinamos para escuchar mejor lo que dice nuestro interlocutor.

Esta forma de atención funciona por negación, en contraposición a la amplificación, en la medida en que lo que nuestro cerebro hace en realidad es suprimir todo lo que no sea aquello en lo que estamos concentrados. En eso consiste la «retirada» que describe James, un proceso necesario para la atención voluntaria.

También es una especie de superpoder. Nuestra capacidad para ignorar estímulos no relevantes cuando enfocamos nuestra atención es tan poderosa que, en el contexto de diferentes experimentos, los participantes son incapaces de, literalmente, ver u oír otros estímulos en extremo extraños y a menudo francamente cómicos, aunque se produzcan delante de ellos. El más famoso de ellos es el experimento del gorila invisible.[8] En esta prueba, los sujetos experimentales ven un vídeo en el que aparecen tres personas con camisetas blancas y otras tantas con camisetas negras, todas ellas en movimiento mientras se pasan sin cesar dos pelotas de baloncesto. Las de blanco se pasan el balón entre ellas mientras circulan entre las de negro, que a su vez se van pasando entre sí otro balón. Es una escena caótica. Los sujetos experimentales tienen que prestar mucha atención a las personas de camiseta blanca y contar cuántas veces se pasan el balón. Para ello, deben concentrarse por completo en los participantes que visten de blanco e ignorar la actividad de los que van de negro.

Cuando, transcurridos treinta segundos de observar a los jugadores del vídeo, se pregunta a los sujetos del experimento por el número de pases que han contado, aproximadamente la mitad de ellos son capaces de responder con el número correcto. Pero lo que no pueden recordar (porque, literalmente, no lo han visto) es la irrupción de una persona disfrazada de gorila que, en mitad del experimento, sale al centro del grupo de jugadores y se golpea el pecho ostentosamente antes de marcharse. El hallazgo clave de este experimento, corroborado una y otra vez, es que cuanto más aumenta la «carga perceptiva», más proclives somos a desarrollar una especie de «visión de túnel».[9] Lo que hace que sea tan difícil que los sujetos participantes registren la presencia de la persona vestida de gorila es la cantidad de estímulos visuales simultáneos que hay que procesar. Los científicos llaman a esto «ceguera por inatención».[10]

Así pues, en eso consiste la atención voluntaria, una capacidad casi sobrenatural para suprimir los estímulos que nos rodean y concentrarnos. Pero volvamos al ejemplo del cóctel. Imagina que estás empleando tu atención voluntaria para escuchar a la mujer que tienes enfrente mientras te explica que ella era muy escéptica respecto a los quiroprácticos hasta que, hace no mucho, empezó a ir a uno que la ha curado de un dolor de espalda crónico. En ese momento, sin embargo, se oye el estruendo de una gran bandeja al caer al suelo y de decenas de copas al hacerse añicos. De inmediato, tú y todos los presentes en la sala giráis la cabeza hacia el ruido y veis cómo una camarera se agacha, avergonzada, para recoger la bandeja de copas de champán que se le acaba de caer.

Como sucede con el ulular de la sirena, la escena sirve para ejemplificar el segundo de los tres aspectos principales de la atención, que los psicólogos denominan «atención involuntaria». Y, al igual que sucede con la atención voluntaria, su dinámica básica nos resulta tan familiar e intuitiva que, a primera vista, pudiera parecer que no precisa mucha explicación. Al fin y al cabo, es algo que experimentamos a todas horas: un ruido estridente, una luz brillante u otro estímulo perceptivo captan nuestra atención e interrumpen nuestra concentración.

Sin embargo, se trata también de un pequeño milagro. Recordemos que la atención voluntaria opera suprimiendo todos aquellos estímulos que no son relevantes para la tarea en la que queremos enfocarnos. Esa capacidad para desatender información no pertinente es la que nos permite contar con eficacia el número de pases en el experimento de baloncesto, pero también lo que hace que ni siquiera reparemos en el tipo disfrazado de gorila.

La profunda paradoja que subyace a la atención es que, incluso cuando generamos esa suerte de túnel, nuestra mente sigue procesando de manera simultánea una gran cantidad de elementos que escapan al foco de nuestra atención. Por eso podemos desviar nuestra atención consciente del objeto en que nos hemos enfocado de forma voluntaria hacia otro estímulo repentino, como el estruendo de una bandeja o el ruido del cristal al romperse.

La necesidad de esto es obvia. No podemos permitirnos estar tan concentrados en algo que eso nos impida percibir el peligro —no podemos, por ejemplo, vernos tan absorbidos por la historia del hombre de las cavernas y la caza como para no advertir el rugido de un león a pocos metros de nosotros—. Para funcionar, necesitamos suprimir la mayoría de los estímulos que llegan a nuestro cerebro, pero también necesitamos controlar esos mismos estímulos y asegurarnos de que ninguno de ellos sea crucial y requiera nuestra atención. Nuestro cerebro debe por tanto fijar un umbral de concentración alto, pero no demasiado alto, de modo que, un poco como en el cuento de Ricitos de Oro, la concentración encuentre un justo medio y mantenga cierta porosidad, de modo que pueda quebrarse en un determinado instante.

Las ciencias cognitivas y la psicología han dedicado muchos esfuerzos a intentar comprender cómo el cerebro es capaz de hacer algo así, aunque lo cierto es que seguimos sin entenderlo del todo. Décadas de importantes descubrimientos experimentales han arrojado luz sobre cómo funcionan la concentración y la distracción, sobre en qué condiciones somos capaces de bloquear las distracciones y sobre qué percepciones pueden procesar rápidamente nuestros sistemas auditivo y visual cuando las reconocen como relevantes para tareas específicas. Pero la forma en que se conjuga todo ello sigue siendo motivo de debate y existen varios modelos opuestos que predicen con diferente eficacia el resultado de diferentes experimentos.

Lo que nos interesa aquí es la distinción entre estos dos aspectos de la atención: voluntaria e involuntaria. En el primer modo, tenemos el control; nuestra mente consciente elige en qué concentrarse y nuestro cerebro utiliza su capacidad para suprimir estímulos irrelevantes. En el segundo modo, nuestra mente consciente ya no tiene el control: nuestra atención se desplaza hacia los márgenes de nuestra voluntad o deseo consciente. Por muy atentamente que estemos escuchando a nuestra interlocutora relatar su experiencia con el quiropráctico, no podemos elegir no oír el repentino estruendo de la bandeja de copas de champán al chocar contra el suelo.

Estos son, por tanto, dos de los tres aspectos de la atención que quiero abordar: la atención voluntaria y la involuntaria. Para explorar el tercer aspecto, volvamos a nuestro cóctel. Después de que todos giren la cabeza hacia la camarera que, mortificada, recoge la bandeja, alguien grita «¡Opa!» para romper la tensión y la gente aplaude y se ríe. La fiesta se reanuda y tú vuelves a centrarte en la conversación más próxima. Esta vez se trata de una mujer que habla de sus intentos, tan desesperados como fallidos, de limitar la exposición de su hija de doce años a las redes sociales.

Una vez más, tu cerebro suprime una cantidad teóricamente infinita de estímulos. Pero entonces, de repente y casi sin querer, escuchas tu nombre mencionado en otra conversación, como si fuera la explosión de un pequeño petardo. Tu atención se desvía hacia dicha conversación y logras captar su final: «No sé de qué va», dice la persona que crees que acaba de pronunciar tu nombre.

Tu interés se despierta y el foco de tu atención se desplaza. Durante un rato, escuchas con disimulo la nueva conversación hasta que la predicadora de las bondades de la quiropraxia te hace una pregunta, momento en el que la capacidad del cerebro para procesar en segundo plano lo que acontece fuera de tu foco de atención te avisa de algún modo de que te reclaman. Vuelves a la primera conversación, te disculpas y confiesas a tu interlocutora que no has oído lo que ha dicho; o bien intentas salir del paso y cambias de tema.

Imagino que casi todo el mundo ha tenido alguna experiencia parecida. Quien no la haya tenido y se muestre reticente sobre lo que acabo de exponer ha de saber que existe un nombre para ello, bien establecido en una vasta bibliografía científica que se remonta a mediados del siglo XX: el «efecto cóctel».[11]

Podríamos considerarlo un ejemplo del segundo aspecto de la atención, la atención involuntaria. Al igual que sucedía antes con la caída de la bandeja y la rotura de las copas, sucede que algo que estaba fuera de tu foco de atención la atrae de repente sin que tú lo quieras. Sin embargo, distinguir tu propio nombre en otra conversación constituye una hazaña perceptiva aún más compleja y asombrosa, tanto es así que, en mi opinión, merece una categoría aparte.

Porque, si lo pensamos bien, ¿cómo puede detectar nuestro cerebro que alguien ha pronunciado nuestro nombre si no estábamos siguiendo esa conversación? La decodificación del habla requiere un alto nivel de procesamiento cognitivo: los sonidos penetran en el oído, luego se evalúan y se convierten en palabras, que a su vez se agrupan en frases de las que se extrae el significado.

En el caso de la bandeja caída, se podría concebir un modelo de atención en el que el cerebro establece una especie de umbral de decibelios por debajo del cual suprime todos los estímulos auditivos; de modo que solo dirija su atención hacia los sonidos que superen ese volumen (un ruido fuerte o estrepitoso, por ejemplo).

Pero escuchar tu propio nombre mencionado en una conversación paralela constituye algo mucho más complicado y sutil. Ese reconocimiento implica que, mientras te concentrabas en una conversación y dejabas de prestar atención a las demás, algún componente de tu cerebro seguía escuchando a hurtadillas el resto de las conversaciones al alcance del oído, como si fuera un centinela, transcribiendo y procesando las palabras de esos intercambios en busca de ciertas palabras clave y, en particular, de tu nombre.

Es una locura. Piensa en la capacidad de procesamiento necesaria para hacer algo así. Tu cerebro consciente está trabajando duro para mantener una conversación, mientras, en segundo plano, tu propia agencia de espionaje mental intercepta el resto de las conversaciones, empleando una lista de palabras clave que hacen sonar algún tipo de alarma interna. Y todo esto sucede en tiempo real, en centésimas o milésimas de segundo.

Casi parece magia. Sin embargo, otra versión de este efecto ha sido confirmada repetidas veces, a lo largo de los años, en varios estudios experimentales.[12] Los fundamentos de este otro experimento son los siguientes: los sujetos se colocan unos cascos que emiten diferentes pistas de audio por cada auricular. A continuación, se les pide que atiendan solo a lo que suena en uno de los oídos y que hagan algo sencillo, como repetir lo que oyen (que suele ser la grabación de algún texto), mientras, al mismo tiempo, en el casco del otro oído (el «desatendido»), se escucha una serie de palabras. Al finalizar, se pregunta a los sujetos por las palabras emitidas por el auricular del oído desatendido. Un importante estudio de 1959 descubrió que «incluso cuando el mensaje no atendido consiste en una lista corta o en palabras sencillas, repetidas muchas veces, en la prueba posterior de reconocimiento no se halla ni rastro de la lista».[13] Lo mismo ocurría si se trataba de números. Los experimentos confirmaban el asombroso poder de supresión que despliega el cerebro humano para hacer frente a la abrumadora cantidad de estímulos a los que está expuesto.

En el marco de ese mismo estudio, sin embargo, el psicólogo Neville Moray trató de averiguar qué estímulo específico podía romper la poderosa capacidad de supresión ligada a nuestro foco atencional. «El único estímulo capaz de romper esta barrera que ha sido hallado hasta ahora —descubrió el investigador—, es el propio nombre del sujeto».[14] Moray llamó a este sorprendente hallazgo la «paradoja de la identificación». «Aunque, aparentemente, el contenido verbal del mensaje desatendido [es decir, el mensaje que suena por el casco del oído que los sujetos tienen instrucciones de ignorar] está bloqueado por debajo del umbral de la percepción consciente, un sujeto puede no obstante responder a su propio nombre».[15]

Este hallazgo obligó a Moray a replantearse cómo funcionaba la atención. Conjeturó que debía de existir algún nivel de procesamiento de la información suprimida, un mecanismo que rastreaba «ciertos patrones, "importantes" para el sujeto» (como el nombre de la persona) y los transmitía hacia arriba en la cadena de procesamiento, aun cuando el cerebro suprimiera las palabras que llegaban a ese oído.[16]

Moray llevó a cabo el experimento en 1959 y el tamaño de la muestra era de solo doce sujetos. Aun así, dicho efecto se ha reproducido de forma fiable numerosas veces desde entonces, confirmando que casi ningún estímulo produce un efecto comparable al del sonido del propio nombre.[17] Moray teorizó que otras palabras «importantes» para el sujeto podían tener el mismo efecto y hay investigaciones que han descubierto que el nombre del cónyuge del sujeto puede producir un tipo similar de actividad cerebral.[18] Tratando de analizar si el efecto se produce por mera familiaridad, los investigadores también han probado a emplear nombres de personas famosas, pero estos no inducen una actividad similar en el cerebro.[19]

¿Por qué el sonido de nuestro nombre resuena en los niveles más profundos de nuestro procesamiento cerebral y desplaza nuestra atención hacia la conversación en la que ha sido pronunciado? ¿Cómo opera en el nivel más hondo de nuestra cognición y en la forma en que canalizamos nuestra percepción del mundo en tiempo real?

Es así como llegamos al tercer y último aspecto de la atención: la «atención social». Si la atención voluntaria y la involuntaria han sido ampliamente teorizadas en el campo de la psicología, el abordaje de la atención social como categoría requiere por su parte una suerte de lente filosófica. La definición directa de atención aportada en su día por William James no contempla el caso en que uno es objeto de la atención de otra persona. No sorprende, dada su visión general del mundo, que fuera Sigmund Freud quien pusiera el aspecto social de la atención en el centro de su comprensión de la psique humana. En el relato de Freud sobre el desarrollo psicosexual del ser humano, es la atención de la madre (y en menor medida la del padre) la que forma nuestra psique e, inevitablemente también, nuestras compulsiones y neurosis. Las particularidades de esas teorías (incluida la de los complejos de Edipo y Electra) nos interesan menos aquí que la incidencia esencial en «la larga indefensión y dependencia infantil del hombre».[20] En su excelente colección de ensayos sobre la atención, el reputado psicoanalista británico Adam Phillips escribe que la atención es, de hecho, el principal motor de la socialización humana. «Buscamos atención sin entender muy bien qué es lo que buscamos y qué es lo que necesitamos atender en nosotros mismos. Es a partir de esta complejidad como la gente se reúne, con el fin de descubrir lo que es posible (la sociabilidad depende de la búsqueda de atención)».[21]

Estas observaciones son por supuesto válidas para muchas especies y para todos los mamíferos, pero creo que no solemos darnos cuenta de hasta qué punto los bebés humanos están mucho más indefensos que las crías de otros animales. Por ejemplo, casi todos los cachorros mamíferos, desde los potros hasta los lechones, aprenden a andar mucho antes que los bebés humanos. Si el lector ha visto alguna vez a cerditos o cachorros de perro peleándose por mamar, sabrá que las madres de otras especies mamíferas no atienden a sus crías con el mismo cariño con el que una madre humana da el pecho a su hijo.

Ello es consecuencia de dos desarrollos evolutivos de enorme importancia que distinguen a nuestra especie: el gran tamaño de nuestros cerebros y la marcha erecta. Las caderas y el canal del parto de las mujeres tuvieron que estrecharse para que estas pudieran caminar erguidas, mientras el tamaño del cerebro del feto seguía creciendo. La combinación de ambos procesos conllevó, como escribe Yuval Noah Harari en *Sapiens*, que «la muerte en el parto se convirtió en un riesgo importante para las hembras humanas. A las mujeres que parían antes, cuando el cerebro y la cabeza del niño eran todavía relativamente pequeños y flexibles, les fue mejor y vivieron para tener más hijos. Por consiguiente, la selección natural favoreció los nacimientos más tempranos».[22]

Dar a luz a criaturitas totalmente indefensas tuvo enormes consecuencias para nuestra especie. De nuevo, como señala Harari:

> Un potro puede trotar poco después de nacer; un gatito se separa de la madre para ir a buscar comida por su cuenta cuando tiene apenas unas pocas semanas de vida. Los bebés humanos son desvalidos, y dependientes durante muchos años para su sustento, protección y educación. Este hecho ha contribuido enormemente tanto a las extraordinarias capacidades sociales de la humanidad como a sus problemas sociales únicos. Las madres solitarias apenas podían conseguir suficiente comida para su prole y para ellas al llevar consigo niños necesitados. Criar a los niños requería la ayuda constante de otros miembros de la familia y los vecinos. Para criar a un humano hace falta una tribu.[23]

Lo que necesitamos para sobrevivir es algo más que atención: necesitamos cuidado. Pero la atención es una condición necesaria para los cuidados. Somos criaturas cuya supervivencia depende de la atención. Sin ella, pereceríamos. Como parte de esa herencia insoslayable, siempre estamos interesados en que otras personas nos presten atención. Somos criaturas que prestan atención a los objetos de su entorno, sí, pero también a otras personas. Al mismo tiempo, buscamos que nos presten atención. Hay una razón por la que es nuestro nombre, y no otra palabra clave, lo que atrae nuestra atención hacia esa conversación que oímos por casualidad: queremos saber quién habla de nosotros, quién nos presta atención. Y esa necesidad social es siempre un aspecto central de las complejas fricciones que afectan a cómo enfocamos nuestra propia atención. De hecho, es esta faceta de la atención la que los mercaderes contemporáneos de la atención han explotado con mayor eficacia.

Repasamos los principales puntos establecidos hasta ahora. La atención tiene tres aspectos cardinales cuya dinámica básica ilustran bien los ejemplos anteriores de la fiesta y el efecto cóctel. En primer lugar, está la atención voluntaria: la elección intencionada de un objeto sobre el que la mente se concentra como si fuera un foco, iluminándolo mientras mantiene todo lo que queda fuera de su resplandor en una oscuridad relativa. Luego está la atención involuntaria, que opera de manera constante en paralelo a la atención consciente, vigilando nuestro entorno en busca de amenazas e interrupciones, apartándose y alejándose del foco consciente y, en ocasiones, expandiéndose hasta abarcar la totalidad de nuestra mente. Por último, está la atención social, relacionada con que podemos ser objeto de la atención ajena y con el hecho incuestionable de que esa experiencia constituye la experiencia fundacional de todo vínculo humano. También prestamos atención a los demás y esas formas de atención social, de intercambios atencionales recíprocos con otros seres humanos, forjan los vínculos covalentes de la socialización humana. Pensamos en los demás y los demás piensan en nosotros: toda una vida transcurre en torno a este bucle de pensamiento.

Una vez establecidos estos aspectos básicos de la atención, podemos hacernos la pregunta que atormenta a millones de profesionales del negocio de la atención, desde maestros de primer grado hasta ejecutivos de la industria del cine, pasando por políticos y presentadores de televisión por cable como yo: ¿Cómo se capta la atención de la gente?

Como profesional que pasa gran parte de su vida laboral intentando responder a esta pregunta, aconsejo dividir la tarea en dos partes. En primer lugar, hay que captar la atención: es necesario que la gente sintonice el programa, que deje de cambiar de canal cuando lo vea en pantalla o que clique en el enlace de vídeo que aparece en sus redes sociales. Una vez captada su atención, sin embargo, hay que mantenerla.

Todo aquel que trabaje en el negocio de la atención estructura ya su trabajo en función de esta distinción. Los periódicos sensacionalistas usan grandes imágenes en portada, acompañadas de un tipo de letra de gran tamaño, con la esperanza de captar la atención del lector y de que este compre un ejemplar. Los artículos tienen titulares que sirven para llamar la atención. La entradilla trata de captar aún más la atención del lector y el propio texto del artículo se encarga de mantenerla. Los programas de televisión tienen arranques impactantes, al igual que todo agente comercial y todo ligón de discoteca tienen su frase inicial ingeniosa.

El programa de noticias y actualidad que presento comienza cada noche a las ocho en punto con una apertura de treinta segundos que funciona como una especie de tráiler de lo que será el programa. Esta entradilla emplea todos los medios a nuestra disposición para captar la atención: yo proyecto la voz y hablo más alto, como si entrara gritando en una sala, al tiempo que aparecen también en pantalla gráficos en movimiento, brillantes y coloridos. Pasamos rápidamente de un tema a otro, sin detener el ritmo, asegurándonos de ofrecer al espectador un flujo constante de nuevos estímulos perceptivos.

Así como todos los que nos dedicamos al negocio de la atención sabemos de la necesidad de captarla primero y sostenerla después, hoy disponemos también de una cantidad sin precedentes de datos sobre cuándo la gente deja de prestar atención: cuándo deja de mirar la pantalla, de leer o de involucrarse. Todos estos datos confirman casi sin excepción la diferencia básica entre captar la atención y mantenerla. En las noticias por cable, los momentos de mayor audiencia del programa suelen ser los iniciales, conocidos como el «bloque A». En casi todos los programas se produce un cierto descenso de audiencia a lo largo de la primera hora.

Esta dinámica es aún más pronunciada en los contenidos escritos, como los sitios web de noticias, que controlan cuántas personas hacen clic en una noticia y cuántos minutos pasan leyéndola. En 2014, el entonces director general de Chartbeat, empresa de medición de tráfico web, señaló que el 55 por ciento de las personas que entran en una página pasan en ella menos de quince segundos.[24] Cuando hablamos de *clickbaits* o «ciberanzuelos» estamos hablando de este sencillo fenómeno a escala. Y si asociamos el *clickbait* con la información barata y de baja calidad (como la de los periódicos sensacionalistas con sus burdas y llamativas portadas) es porque intuimos que su objetivo son las frutas que cuelgan de las ramas más bajas: las regiones de nuestra atención que son más fáciles de atraer. Pues actúan sobre esa parte nerviosa de nuestro cerebro que está siempre en busca de estímulos novedosos: peligros, alimento, sexo.

De ello se desprende algo esencial, una idea nuclear que desvela una verdad esencial sobre nuestra experiencia en la era de la atención: es más fácil captar la atención que mantenerla. Aunque pueda parecer una obviedad, este sencillo hecho estructura gran parte del consumo de medios de comunicación y explica por qué nuestra experiencia en las redes sociales se ha vuelto tan vertiginosa e inconexa.

La distinción entre captar y mantener la atención se corresponde con los dos primeros aspectos de la atención: la atención voluntaria y la atención involuntaria. El tipo de atención que atrae el titular escandaloso o provocativo de un tabloide se corresponde con esa parte profunda de la psique que nos aparta de una conversación al oír el ruido de la bandeja al caer o el ulular de la sirena. Es la parte de nuestro circuito atencional que trabaja en segundo plano para procesar información nueva: nuevas amenazas u oportunidades, cambios en el paisaje perceptivo.

Sin embargo, cuando un estímulo perceptivo perdura, su intensidad va menguando a medida que nuestra atención se adapta a él, de modo similar a como nuestras pupilas se contraen para ajustarse a una luz brillante. Entonces volvemos a adoptar una postura volitiva: ¿queremos prestar atención consciente a ese estímulo o no? Ese es el reto que plantea la atención voluntaria, uno bastante más difícil de superar. Es fácil conseguir que alguien lea el titular, pero es mucho más difícil conseguir que lea el artículo.

Volvamos al ejemplo del cóctel y supongamos que nos dicen que podemos emplear cualquier medio para conseguir la atención sin fisuras de todos los presentes. Una vía para hacerlo, y que me atrevo a juzgar casi infalible, sería coger un arma de fuego, entrar en la sala, disparar unos cuantos tiros al aire y gritar: «¡Muy bien, escuchadme todos!».

Por supuesto, no es necesario hacer algo tan violento y extremo para llamar la atención de todo el mundo. Se podrían hacer otras muchas cosas, como ponerse a gritar a pleno pulmón, romper una copa o desnudarse. La cuestión es que, seas quien seas, te dediques a lo que te dediques y tengas la experiencia y el talento que tengas, puedes lograr el objetivo en cuestión. Y es que captar la atención de una sala llena de gente resulta una tarea fácil siempre que se te permita utilizar cualquier método a tu disposición.

Pero ahora imaginemos que entras en la sala y que consigues llamar la atención de alguno de esos modos. Todo el mundo te mira mientras sostienes la pistola en alto o te muestras desnudo. ¿Y ahora qué? Digamos que el siguiente reto consiste en sostener la atención de esa multitud, mantener hechizados a los presentes durante las próximas dos horas. ¿A qué recurrirás? ¡Ya no es una tarea tan fácil! Ni siquiera el arma te será de gran ayuda. Puedes disparar al techo varias veces más, pero no es el mejor plan para mantener la atención de toda la sala durante dos largas horas. No se puede imponer la atención durante un periodo prolongado, ni siquiera a punta de pistola. Y esto no es mera conjetura: hasta en las situaciones de miedo extremo, aquellas en que se activa el mecanismo atávico de «lucha o huida», es fácil que la atención se desvíe, como pueden atestiguar los rehenes de un avión secuestrado o los soldados que combaten en una trinchera. Charles Kapar, un trabajador de USAID que sobrevivió al secuestro de un avión de pasajeros kuwaití en 1984, declaró a un periodista poco después del incidente que, aunque su vida pendía de un hilo, había momentos en los que «desconectaba», vencido por el aburrimiento. «Este tipo [es decir, el secuestrador] estaba destrozándolo todo mientras nosotros estábamos allí sentados. Casi me duermo de lo aburrido que estaba».[25]

De hecho, una de las experiencias más comunes y universales de la guerra es el aburrimiento. La mayoría de los relatos sobre la batalla narrados en primera persona señala la existencia de largos periodos en los que no ocurre nada, interrumpidos por momentos en los que cada célula del cuerpo responde a la violenta amenaza del enemigo cada vez que este abre fuego o ataca. «Estabas sentado en la cima de una colina —escribe Tim O'Brien en *Las cosas que llevaban*—: y el día era sereno y caluroso, y parecía como ausente, y sentías el aburrimiento goteando dentro de ti mismo como un grifo mal cerrado, salvo que no caía agua, sino una especie de ácido, y sentías que cada gotita de aquel líquido te corroía los órganos vitales. Tratabas de relajarte. Aflojabas los puños y dejabas vagar la mente. Bueno, pensabas, las cosas no van tan mal. Y en aquel preciso instante oías disparos lejos de ti y se te ponían los cojones por corbata y soltabas chillidos de cerdo degollado».[26]

Así pues, ni siquiera la herramienta definitiva de coerción —la amenaza de violencia o muerte— basta por sí sola para obligar a la gente a prestar atención durante mucho tiempo. Si tomas como rehenes a los presentes en la sala y quieres que escuchen un monólogo de dos horas sobre tu causa política o la historia de tu peor desamor, más vale que seas un orador superdotado o fracasarás en tu propósito. Lo más probable es que la mente de tus rehenes comience a divagar y que su atención decaiga. Aunque captar la atención de toda una sala puede ser fácil, mantenerla es casi imposible. Incluso los profesionales de la atención como yo nos echaríamos a temblar si nos encomendaran la tarea de «mantener la atención del público durante dos horas sin preparación previa».

Y llegamos así a la misteriosa alquimia que rige la atención voluntaria. ¿Cómo se mantiene la atención de alguien una vez que se ha captado? Esta pregunta no tiene una respuesta concreta y definitiva, aunque a lo largo de los siglos múltiples pensadores han dado su punto de vista y en la actualidad se dedican miles de millones de dólares a responderla. Todas las campañas políticas, los profesores, los mandos militares, las empresas de comunicación, los vendedores, las empresas tecnológicas y los anunciantes se enfrentan a esa cuestión. Las personas con un don para responderla amasan fortunas históricas. Y ello se debe a que no existe una respuesta única ni medios fiables para obtenerla: cuanto más crees haber hallado una solución, más se te vuelve a escapar de las manos.

Mi plan es presentar un marco que ayude a responder a esta pregunta tan difícil. Pero, para ello, propongo dar antes un pequeño rodeo y fijarnos en otro ámbito de nuestra vida regido por dinámicas similares a las de la atención. Se trata de un ámbito en el que nos encontramos en una batalla casi constante con nuestra herencia evolutiva: la alimentación.

En su nivel más básico, la experiencia hormonal del hambre responde a una necesidad evolutiva: es la forma que nuestro cuerpo tiene de informarnos de que necesitamos más calorías para mantenernos con vida.[27] Se trata de una información muy primaria, una señal. Antes de que pueda llegar a ser y significar otra cosa (un objeto de deseo, una forma de expresar amor, una celebración de una cultura o tradición) la comida es una necesidad biológica. Debemos comer para vivir. No tenemos elección.[28]

El hambre está directamente relacionada con la atención. Cuando tenemos hambre, la necesidad de alimentarnos empieza a colonizar nuestra atención. Quienes han experimentado las sensaciones que acompañan las fases iniciales de la inanición afirman casi sin excepción que la vida interior comienza a estar dominada por pensamientos sobre comida. Aron Ralston, el alpinista que pasó seis días en un remoto cañón con un brazo atrapado bajo una roca antes de amputárselo para liberarse, explica en sus memorias que, aunque sus pensamientos revoloteaban de tanto en tanto en torno a la idea de la muerte y a la preocupación por si había dejado todos sus asuntos en orden, «en realidad, lo que ocupa mi mente es la comida y la bebida. Imágenes de néctares fríos y suculentos, frutas, postres fríos, todo lo que sea húmedo y apetitoso».[29] Durante las protestas en defensa de los derechos civiles en Estados Unidos en los años sesenta, un miembro del Comité Coordinador Estudiantil No Violento (SNCC por sus siglas en inglés) recordaba cómo, durante una huelga de hambre, él y sus compañeros activistas «fantaseábamos sin parar con lo que comeríamos y nos superábamos unos a otros inventando un sinfín de platos y acompañamientos deliciosos».[30]

Tanto la atención como el hambre sirven para mantenernos vivos. Nuestro cuerpo necesita obligarnos a comer y lo hace a través de la sensación de hambre. También necesita obligarnos a esquivar un peligro inminente, y lo hace dirigiendo nuestra atención hacia el origen de la amenaza, o hacia el alimento, el refugio y otras fuentes de seguridad. En ocasiones, cuando nuestras fosas nasales perciben el olor de algo delicioso, ambos procesos operan a la vez y nuestra atención se ve desbordada por la tentación de la comida.

Algunos aspectos fundamentales y universales del apetito humano son fruto de nuestra evolución biológica. El azúcar contiene unas cuatro calorías por gramo, lo que significa que es a la nutrición lo que la gasolina es al combustible: uno de los métodos más eficientes que existen para suministrar energía. No es de extrañar que los humanos, al igual que otros animales, seamos golosos. La historia de amor con el azúcar empieza pronto, como observa el periodista especializado en alimentación Michael Moss, quien señala que «los bebés sonríen cuando se les da azúcar, y también sienten menos dolor. Por eso los médicos les dan algo dulce cuando les pinchan el talón para sacarles una muestra de sangre».[31] El azúcar, dice Moss, nos proporciona esa «profunda satisfacción biológica de estar haciendo algo vital para nuestra supervivencia».

La grasa también es bastante densa energéticamente y, como señala Michael Pollan, «la selección natural hizo que optásemos por el azúcar y la grasa (tanto por su textura como por su sabor) porque los azúcares y las grasas aportan una mayor cantidad de energía por bocado (eso es en realidad una caloría)».[32] Cuando el Dios del Antiguo Testamento evoca una tierra de abundancia, la tierra prometida para su pueblo, afirma que será una tierra «fértil y espaciosa, tierra que mana leche [grasa] y miel [azúcar]».[33]

Nuestra predilección biológica por la grasa y el azúcar ha sido explotada por los enormes conglomerados alimentarios mundiales que dominan la producción industrial moderna de alimentos. Los libros de Moss *Adictos a la comida basura* y *Hooked* (Enganchados) describen la despiadada ingeniería que utilizan los gigantes de la alimentación para avivar una especie de respuesta adictiva, sobrecargando partes de nuestro cuerpo con cantidades abrumadoras de sustancias que, durante los primeros cientos de miles de años de desarrollo humano, eran bastante escasas. «Tenemos una relación íntima con el sabor dulce desde que nacimos —escribe Moss—, pero nuestros ancestros no tenían nada tan apasionante como la Coca-Cola».[34]

Pero el componente evolutivo y biofísico del hambre es solo el principio de la historia, no el final. Y es en este punto donde la conexión con la atención resulta más esclarecedora. Sí, por supuesto, la Coca-Cola se vende y se disfruta en todo el mundo. Los imperios alimentarios industriales globales han creado irresistibles combinaciones de azúcar, sal y grasa para generar miles de millones de dólares a través de diferentes continentes, culturas y cocinas. Pero la comida es mucho más que un simple algoritmo químico mediante el que los mejores ingenieros de alimentos *hackean* nuestro cerebro ofreciéndole diferentes sabores en la combinación adecuada. La comida es vida, un vector cultural y afectivo de socialización y de forja de lazos dentro de un grupo. Constituye una memoria sensorial íntima. Una expresión de la tradición, la historia y la identidad. Y debido a esa complejidad de nuestro apetito, la variedad de cosas que los seres humanos de todo el mundo encuentran deliciosas es asombrosa.

Ante la pregunta «¿Qué le gusta comer al ser humano?» caben dos respuestas. La primera tiene que ver con nuestros rasgos biológicos fundamentales, explotados de manera tan perniciosa: sal, grasa, azúcar e hidratos de carbono simples. En cualquier lugar del mundo a los humanos nos gustan las patatas fritas saladas, el kétchup dulce y la Coca-Cola azucarada. Aun así, la otra posible respuesta a la pregunta de qué nos gusta comer es... ¡todo! O casi todo lo que sea comestible y no nos envenene. Sobre gustos no hay nada escrito y los gustos humanos son casi ilimitados en su variedad: comemos de todo y nos gusta de todo, desde sesos de vaca hasta habas, desde huevas de pescado hasta néctar fermentado del agave del desierto o carne de ballena medio podrida. Un motivo recurrente en los diarios y relatos de viaje de los primeros exploradores europeos es el encuentro con nuevos alimentos extraños pero sorprendentemente deliciosos. Un misionero flamenco del siglo XIII, Guillermo de Rubruck, contaba su experiencia cuando le ofrecieron de beber *koumiss*, leche de yegua fermentada, durante su estancia entre los tártaros (que se habían extendido por Europa oriental y Asia occidental): «Al probarla me entraron sudores de horror y sorpresa, pues nunca la había probado. Me pareció sin embargo bastante agradable, como lo es en realidad».[35] Resulta que existen más variedades de manjares de las que uno pueda imaginar.

Y lo mismo ocurre con la atención. Si nos preguntamos: ¿a qué prestará atención el ser humano?, una respuesta, similar a la que explica nuestra ansia de azúcar, tiene que ver con los circuitos biológicos más profundos de la atención: los procesos involuntarios y automáticos que son fruto de nuestra herencia evolutiva. Hasta una babosa marina, que tiene uno de los sistemas nerviosos más básicos del planeta y carece de conciencia, responde a la presencia repentina de estímulos amenazadores.[36]

Este sistema de atención preconsciente y automática proporciona un mínimo común denominador a quienes pretenden desviar nuestra atención usando equivalentes atencionales de la comida rápida que encontramos por doquier: del salón de un casino a los anuncios de Times Square o tu iPhone.

Las mayores empresas del mundo, las mentes más brillantes y las entidades más poderosas gastan ingentes recursos para obligarnos a mirar y escuchar lo que quieren que miremos y escuchemos. La comida basura no es solo lo que nos metemos en el cuerpo; es cada vez más aquello con que alimentamos nuestra mente. Acabamos picoteando sin cesar, hasta que nuestra alma se siente atiborrada y mareada.

Aun así, y como sucede con la comida, existe una segunda respuesta posible a la pregunta de a qué prestan atención los seres humanos. Y, también en este caso, la respuesta es «a casi todo». O, al menos, a una impactante, bella y sublime variedad de actividades y entretenimientos: teatro kabuki, comedias de situación, telenovelas, servicios religiosos cristianos evangélicos de ocho horas de duración, el ciclo de *El anillo del nibelungo* de Wagner, vídeos de quince segundos de Snapchat, *Guerra y paz*, solos de sitar de una hora...

En el momento de escribir estas líneas, Joe Rogan es el podcastero en lengua inglesa más exitoso y controvertido del mundo. Sus episodios tienen millones de oyentes y sus programas, que versan sobre temas tan esotéricos como los orígenes del universo, suelen durar más de dos horas. Aunque Rogan no es para mí, por mi parte soy capaz de ver horas de vídeos de limpiadores de alfombras limpiando, paciente, minuciosa y amorosamente alfombras viejas y sucias hasta dejarlas brillantes y coloridas. Estos vídeos no suelen tener narración, el único sonido es el muy reconfortante gorjeo del agua corriendo y el de los cepillos cepillando que acompaña las largas y extáticas tomas, en las que el agua oscura y sucia va arrastrando consigo la mugre acumulada durante años y la conduce hasta el desagüe. Estos vídeos me fascinan. También me he tragado horas de pacientes restauraciones de viejos timbres o de antiguas prensas de libros cubiertos de óxido, procesos minuciosos que implican raspar y pulir, raspar y pulir hasta que los objetos relucen de nuevo. Y no soy el único. Un vídeo de restauración de timbres tuvo 4,4 millones de visitas en sus tres primeros meses. Hay otro de un viejo taladro percutor que se ha visto 36 millones de veces.

Otro género muy popular en la plataforma de YouTube son los vídeos de «desembalaje» (*unboxing*). En estos clips, alguien presenta un juguete u otro producto en su embalaje y procede a extraerlo mientras lo muestra a la cámara y hace algún comentario. El rey indiscutible de esta categoría es un niño de diez años procedente de Hawái y llamado Ryan Kaji. Personalmente, no soy capaz de ver sus vídeos, pues me resultan irritantes de un modo que no puedo explicar bien, pero el canal de Ryan fue el más lucrativo de todo YouTube en 2018 y 2019.[37] Uno de sus vídeos, titulado «HUGE EGGS Surprise Toys Challenge with Inflatable Water Slide» (en el que el pequeño Ryan trepa y corretea por una especie de castillo-tobogán hinchable instalado en su jardín, en busca de grandes huevos de plástico que contienen juguetes en su interior) tiene dos mil millones de visitas.[38] *The New York Times Magazine* publicó en 2022 que la familia de Ryan gana al menos veinticinco millones de dólares al año en publicidad y acuerdos de contenido patrocinado.[39]

Así pues, y como muestra el gran trecho que separa *Guerra y paz* de unos huevos de plástico llenos de figuritas de acción, no hay respuesta simple a la sencilla pero espinosa —por no decir enormemente lucrativa— pregunta: «¿A qué prestará atención la gente?». Como sucede con la comida, dicha respuesta es el producto de un millón de variables, entre las que se encuentran la historia, la cultura y las instituciones sociales. La ilimitada variedad de gustos de la mente humana es hermosa, tanto como lo es nuestra capacidad para prestar una atención profunda a cosas que pueden ser penosamente aburridas para otras personas. Las posibilidades siguen siendo infinitas y lo que hace que un individuo, en un momento dado, preste una atención sostenida a algo en particular es incognoscible. Pertenece a un ámbito que excede la capacidad de predicción. Es arte, no ciencia.

Pero si tu objetivo es captar toda la atención posible y hacerlo a gran escala, estás obligado a enfrentarte continuamente a este problema, en última instancia irresoluble. A veces tendrás éxito y producirás una película o un programa de televisión de éxito. Lo más habitual, sin embargo, es fracasar, incluso cuando se intenta seguir a rajatabla los principios básicos de la captura de la atención que conocemos todos los que trabajamos en este negocio. ¿Por qué una serie policiaca de una cadena tuvo éxito y otra fracasó? Nadie lo sabe. El ser humano es imprevisible y sus apetitos, los literales y los figurados, son tan vastos como extraños.

Pero ¿y si pudiéramos evitar este rompecabezas? Dado que es mucho más fácil captar la atención que sostenerla, cabe esperar que existan inmensas recompensas monetarias para quienes logren hallar la manera de esquivar el problema de mantener la atención, sencillamente concentrándose en captarla, maximizando los medios para hacerlo de forma iterativa, una y otra vez.

Esta es en parte la estrategia que adopta mi propio medio, la televisión por cable. Si uno se fija en la pantalla de un típico programa de actualidad, advertirá de inmediato que está plagada de estímulos visuales. Las interrupciones son constantes. En la parte inferior de la imagen suele aparecer un cintillo con rótulos en movimiento (el *crawl*) y, en lo que llamamos el «tercio inferior» puede aparecer otro rótulo o faldón que identifica a un invitado o que ofrece un resumen, a modo de titular, de la noticia de la que se está hablando. Este texto cambia cada pocos segundos. A su vez, la imagen principal que ocupa la parte central de la pantalla rara vez permanece estática y, por lo general, cambiamos los elementos visuales cada pocos segundos: plano del presentador, plano del presentador con un gráfico sobre el hombro, nueva imagen a pantalla completa, reproducción de un fragmento de vídeo o audio, etc.

La cinta informativa de la parte inferior de la pantalla, introducida inicialmente por cadenas estadounidenses CNN y ESPN como recurso para mostrar resultados deportivos, se empleó por primera vez para mostrar titulares en Fox News el 11 de septiembre de 2001, en uno de los acontecimientos de la historia reciente que más acaparó nuestra atención primaria y animal.[40] Pronto le siguieron las cadenas MSNBC y CNN. Resulta comprensible, por supuesto, que esa herramienta para mantener la atención resultara especialmente eficaz en aquel momento de miedo y terror exacerbados, en el que todos estábamos en alerta máxima y atentos a nuevas amenazas. Pero también tiene sentido que el uso de ese recurso perdurara mucho después de que dicha amenaza específica, tan real como aterradora, hubiera desaparecido. Al fin y al cabo, en su forma más básica, las noticias por cable vienen a ser una especie de sirena televisada que dice: ESTÁ PASANDO ALGO QUE NECESITAS SABER.

Las cintas informativas dejaron de utilizarse en horario de máxima audiencia antes de que yo iniciara mi etapa como presentador, pero, transcurrido un tiempo, volvieron a introducirse. Los índices de audiencia habían bajado; es decir, la atención global había disminuido. Los directivos televisivos querían que la gente volviera a ver el programa. Así que esos rótulos regresaron a la pantalla.

De ese modo, en la pantalla pasó a establecerse una competición entre dos estrategias alternativas para mantener la atención: el método de «interrupción en serie», representado por la banda informativa visible en la parte inferior, y el método basado en el arte de la narración, que yo intentaba desplegar en los dos tercios superiores de la imagen. Me resultaba un poco extraño tener que competir dentro de mi propia pantalla para ganar la batalla de la atención.

No obstante, se trata por supuesto de un mal endémico del medio. El mercado de la televisión por cable es competitivo en grado sumo y las cadenas y programas tienen que trabajar sin descanso para captar la atención de los espectadores, sobre todo de aquellos nuevos que puedan estar *zapeando* en el momento de la emisión. Idealmente, si pudiera escoger, yo preferiría deshacerme de todas las campanas y alarmas y despojarme de la puesta en escena para poder concentrarme en mi propia capacidad (sea la que sea) para captar la atención voluntaria del espectador mediante la retórica y la narración. De hecho, una vez le dije a un ejecutivo de la industria televisiva que mi referencia ideal para el tipo de programa que yo presentaba era la estética absolutamente espartana del antiguo programa del periodista Charlie Rose: fondo negro, una mesa de madera y nada de gráficos. Recuerdo la incipiente expresión de pánico en su rostro al escucharlo. Con todo, y por mucho que los informativos intenten captar la atención de forma iterativa en lugar de mantenerla, no se basan exclusivamente en ese método y yo sigo haciendo monólogos en los que cuento una historia, aunque aparezca en pantalla rodeado de una fiesta de gráficos en plan Times Square.

Pero las formas más exitosas de captar la atención en nuestra era eluden casi por completo el problema que supone mantener la atención voluntaria, optando en su lugar por métodos cada vez más eficaces de captar nuestra atención de forma iterativa, una y otra vez. Llamo a este modelo el «modelo de la máquina tragaperras» porque en esencia se inspira en el funcionamiento de una de las primeras y más exitosas máquinas de atención de la historia. Dicho modelo ha llegado a dominar el mercado mundial de la economía de la atención del mismo modo que los refrescos y la comida rápida han colonizado el mercado mundial de la alimentación.

Las máquinas de azar nacieron como una versión simplificada de las máquinas de póquer mecánicas que había en algunos bares. En 1950, las tragaperras ya eran algo habitual, además de ser el blanco de feroces críticas por parte de los enemigos del vicio, quienes denunciaban con qué facilidad arruinaban a sus usuarios.[41] «Nunca se inventó máquina de la que se obtuvieran beneficios tan fabulosos con una inversión tan pequeña —observaba un sociólogo aquel mismo año—, y con tan poco esfuerzo».[42]

En Estados Unidos, la Ley de Transporte de Dispositivos de Juego de 1951 prohibió las máquinas tragaperras en muchos estados donde estas habían estado operando en una especie de vacío legal, y en la década de 1960 solo eran legales en Nevada.[43] Pero los ingenieros de los casinos de Las Vegas Strip se pusieron manos a la obra y perfeccionaron las máquinas originales, creando a partir de ellas todo un universo de juegos electrónicos, con una potencia sin parangón. Dichos juegos se volvieron pronto mucho más rentables que el resto de las experiencias ofertadas en los casinos, de modo que empezaron a ocupar más y más espacio con cada año que transcurría. «Ahora mismo —explicaba el sociólogo Bo Bernhard en una conferencia sobre el juego celebrada en el año 2000—, en algún casino se está cortando una mesa de blackjack para dejar sitio a las máquinas».[44]

Las tragaperras mantienen nuestra atención captándola por un instante mientras esperamos a que el dispositivo se detenga, solo para reanudar de nuevo el mismo proceso, breve pero intenso. El modelo es sencillo: cada jugada dura tan solo unos segundos. Las luces brillantes y los estímulos novedosos atraen nuestra atención. Al momento de suspense le sigue la resolución. Se desvela una suerte de misterio en miniatura, tal vez satisfactorio, tal vez insatisfactorio, pero que está ahí, frente a nosotros, incitándonos a probar de nuevo.

En *Addiction by Design* (Adictos por diseño), la antropóloga cultural Natasha Dow Schüll describe la relación que los adictos a las tragaperras tienen con estas máquinas. En contra de lo que cabría suponer, no es necesariamente el juego en sí, la posibilidad de ganar dinero, lo que los engancha, sino el singular trance atencional que induce la interacción con la máquina. Mollie, una de las jugadoras entrevistadas, cuenta que, aunque al principio lo que le gustaba era ganar, enseguida se dio cuenta de que era imposible ganar a la casa. «Hoy —dice—, cuando gano (y gano de vez en cuando), lo vuelvo a echar a la máquina. Lo que la gente no acaba de entender es que no juego para ganar». Juega, explica, «para seguir jugando, para permanecer en esa zona de máquinas en la que nada más importa». «Es como estar en el ojo de una tormenta —continúa, describiendo ese espacio—; tu visión puede enfocarse con nitidez en la máquina que tienes delante, mientras el resto del mundo gira a tu alrededor y no puedes oír nada. No estás realmente allí, estás con la máquina y eso es todo lo que importa».[45]

Los diseñadores de estas máquinas tienen en cuenta todo aquello que pueda incitar al jugador a salirse de esa zona. Su trabajo consiste en mantener al jugador junto a la máquina el mayor tiempo posible, en domeñar y monopolizar su atención, ahuyentando cualquier otro estímulo que pueda competir por atraerla.[46]

Ese es también el modelo básico de la mayoría de los videojuegos, uno de los mayores imanes de atención de nuestro tiempo si tenemos en cuenta el número de horas de juego totales acumuladas por jugadores de todo el mundo. Los «juegos de disparos en primera persona» (FPS por sus siglas en inglés), como *Call of Duty* o *Counter-Strike: Global Offensive*, funcionan como las máquinas tragaperras: captando repetidamente la atención. Por supuesto, estos juegos tienen personajes, arcos argumentales y, en ocasiones, incluso un andamiaje narrativo bastante sofisticado. Pero el truco principal para captar la atención es crear un universo en el que el jugador esté en peligro constante, asediado a cada poco por una nueva amenaza. Los jugadores pueden pasarse horas y horas jugando, hasta el punto de que en los ambientes *gamer* se hacen bromas (y como tal hay que tomárselas) recurrentes sobre orinar en botellas para no detener la partida.

La experiencia que proporcionan estos videojuegos se parece mucho a la de los jugadores de tragaperras que describe Schüll. «*Call of Duty* ha absorbido mi atención un mes tras otro este año, como ningún otro juego lo había hecho hasta ahora», decía un jugador en 2020.[47] «Y no soy solo yo, todos mis amigos han estado jugando al *Call of Duty* este año [...] La aleatoriedad es solo una parte de la ecuación: sí, es divertido entrar y pensar que sí, que esta podría ser la partida definitiva. Que podría tener suerte con las cajas de botín, suerte con la ubicación de los círculos de seguridad. Quizá esta sea la buena [...] Estoy indefenso». Las cajas de botín, para quien no lo sepa, son básicamente una suerte de máquinas tragaperras que aparecen en el juego y que reparten distintas recompensas aleatorias.

La cantidad de horas de atención humana que absorben esta clase de videojuegos es escalofriante. En 2013, *The Washington Post* titulaba un artículo «La humanidad ha pasado más tiempo jugando a *Call of Duty* del que lleva existiendo sobre la Tierra». El texto explicaba que «cada año, los jugadores de *Call of Duty* suman colectivamente unos 475.000 años de juego. Hagan la suma y obtendrán que, a lo largo de sus seis años de historia, estas simulaciones de combate ambientadas en el siglo XXI y producidas por Activision nos han costado 2,85 millones de años, un tiempo superior en más de catorce veces al de la propia historia de la humanidad».[48] ¡Y eso fue hace una década!

El modelo de las máquinas tragaperras es hoy el modelo ascendente, si no el dominante, de la era de la atención. Facebook, X (antes Twitter), Instagram y TikTok se basan en él. Creo que no es casualidad que la principal estructura perceptiva de las plataformas de redes sociales más populares, el feed, opere como una máquina tragaperras: desplazándose en vertical, sin fin. Para retener nuestra atención, estas aplicaciones no necesitan mucho más que una estructura que produzca estímulos constantes e interrupciones continuas. Son como pequeñas máquinas tragaperras que portamos en el bolsillo, disponibles en todo momento. Han conseguido sostener nuestra atención durante enormes periodos de tiempo a base de capturarla una y otra vez.

Si activas la función «tiempo en pantalla» en tu iPhone, recibes un mensaje semanal sobre la media diaria de consumo. Cada vez que aparece, al menos en mi caso, el dato resulta chocante, casi espantoso, diría. Siento que me invade la vergüenza: «Has dedicado una media de 5 horas y 16 minutos diarios a mirar la pantalla la semana pasada», me dice. Pero ¿cómo es posible? Trato de repasar los días previos en busca de lapsos de interacción con el móvil que pudieran sumar tanto tiempo, pero me doy cuenta de que se trata de pequeños incrementos de diez segundos, como si fueran cucharadas de café. Al igual que se pueden amasar grandes fortunas ganando unos céntimos en pequeñas transacciones repetidas miles de millones de veces, los más poderosos mineros de la atención de nuestra era no necesitan captar toda nuestra atención todo el tiempo, les basta con capturarla unos segundos aquí y allá, una y otra vez.

El modelo de las máquinas tragaperras permite a las empresas más poderosas y rentables del mundo resolver el problema que los ejecutivos de Hollywood, las grandes editoriales y los productores de Broadway han intentado resolver: ¿Qué atraerá la atención de la gente? Pero esas grandes corporaciones no necesitan responder a la pregunta. Les basta con asediarnos con un millón de pequeñas interrupciones, con detectar cuáles captan nuestra atención y con repetirlas. Gracias al aprendizaje automático y a la eficiencia de los mercados realmente competitivos, con el tiempo este proceso se refinará cada vez más, de modo que esas grandes firmas sepan qué atraerá tu atención en cada momento y te ofrezcan exactamente eso.

Dentro de nuestro modelo de trabajo, hemos señalado tres aspectos principales de la atención: la atención involuntaria, la atención voluntaria y la atención social. Atraer la atención, es decir, captarla, es mucho más fácil que mantenerla, ya que captar la atención no conlleva desentrañar los insondables misterios del alma humana. A su vez, eso significa que los competidores del mercado de la atención tenderán cada vez más hacia el modelo de la máquina tragaperras.

Pero junto a estos dos aspectos de la atención se encuentra el tercero, la atención social. No se puede entender la era de la atención sin entender cómo se ha explotado también este último aspecto. Recordemos la resonancia especial que tiene para nosotros nuestro propio nombre y la atracción singular que ejerce sobre nuestra propia atención, lo que, a diferencia de lo que sucede con casi cualquier otro estímulo, nos permite distinguirlo en una conversación de cóctel escuchada por casualidad. Ello se debe a que funciona como un indicador de que alguien nos está prestando atención. Al igual que podemos prestar atención a las cosas y a las personas, también podemos ser objeto de la atención ajena. Esta última situación es la que pone de manifiesto la esencia de nuestra naturaleza social: el hecho de que, desde el momento de nuestro nacimiento, no podemos existir a menos que alguien, en algún lugar, nos preste atención.

Antes vimos cómo el hecho, trivial solo en apariencia, de que resulte más fácil captar la atención que sostenerla tiene implicaciones profundas y trascendentales para el funcionamiento de los mercados de atención modernos. Lo mismo ocurre con esa fuerza primigenia que es la atención social. A diferencia de la citada facilidad con la que se puede captar la atención, en contraposición a mantenerla —algo que los mineros de la atención han comprendido hace mucho tiempo—, los secretos de la atención social solo se han desvelado recientemente.

En épocas anteriores, lo más parecido que uno podía hacer en publicidad para dirigirse por su nombre a la persona cuya atención quería captar era emplear algún término genérico pero vinculado a un nicho específico: el ama de casa a la que se quería vender detergente para la ropa, el elegante hombre de ciudad al que se quería vender cigarrillos. El método más directo para interpelar a las personas cuya atención se codiciaba era el de los célebres carteles de reclutamiento en los que aparecía la figura del Tío Sam junto a la leyenda: «Te quiero a ti». Con la tecnología disponible en ese momento, no se podía identificar a cada transeúnte. Pero hay una razón por la que ese cartel del ejército estadounidense se convirtió en un icono casi de inmediato. Al igual que el cartel de reclutamiento británico en el que se basaba,[49] constituía un ingenioso proto-intento de fijar la atención social del potencial recluta, dirigiendo su atención hacia la imagen de un hombre que lo señalaba.

Todos hemos chasqueado la lengua o nos hemos reído con el típico correo electrónico que busca recaudar fondos para alguna causa y en cuyo encabezado se dirigen a nosotros por nuestro nombre de pila, adoptando el tono locuaz e informal de un amigo íntimo. «¡Chris! Se nos acaba el tiempo y me he dado cuenta de que todavía no has donado. Sé lo mucho que te importa que ganemos este otoño, así que necesitamos tu donativo ya». La sensación de reconocimiento que nos invade durante ese microinstante en que leemos nuestro nombre («¡Chris!») ilustra el poder de la atención social. La parte de nuestro ser que se siente interpelada es la misma que se activa en el cóctel cuando oímos nuestro nombre, cuando sabemos que nos prestan atención y se fijan en nosotros. Y la naturaleza del mundo digital moderno es tal que quienes desean nuestra atención pueden identificarnos muy específicamente, recurriendo a un sinfín de datos sobre quiénes somos para captar nuestra atención social.

Cualquiera que haya caminado por las calles de una ciudad estadounidense en la última década seguramente haya sido abordado en algún momento por captadores de alguna organización que, vestidos con camisetas llamativas y armados de portapapeles, intentan recaudar fondos para alguna causa. Yo he estado en su pellejo cuando era más joven, como captador de voluntarios sobre el terreno, y en esas situaciones uno aprende rápidamente, mediante ensayo y error, qué métodos funcionan mejor para captar la atención de la gente. Imaginemos sin embargo cuánto más eficaces serían esos captadores —y cuánto más eficaz habría sido yo en su día— si dispusieran de los nombres de cada transeúnte, así como de información personal sobre ellos. Imaginemos que, en vez de decir: «Oye, ¿tienes un minuto para el medio ambiente?», el encuestador dijera: «Oye, Chris, sé que a ti, a Kate, a Ryan, a David y a Anya os gusta ir de excursión al norte del estado y quería preguntarte si estarías interesado en ayudar a la preservación de sus bosques».

Por supuesto, eso es precisamente lo que internet es capaz de hacer como máquina. Una parte enorme del comercio de internet consiste de hecho en generar esta clase de atención social, específica y dirigida a cada uno de nosotros. La tecnología publicitaria trabaja agregando enormes cantidades de datos personales a nuestros perfiles sociales —entusiasta de la pasta, jugadora de voleibol, aficionado a la ciencia ficción— y utilizándolos para captar nuestra atención. Cada vez más, se dedica al negocio de la «identificación», es decir, en palabras del antiguo empleado de Facebook Antonio García Martínez, «a encontrar usuarios específicos en cualquier lugar y de cualquier manera». Todos estos datos, generados, almacenados y utilizados tanto por los propios editores de contenido como por los anunciantes, han hecho posible que las personas que antes ponían precio a los derivados del crédito ahora se dediquen a hacer lo mismo con paquetes de atención humana.[50]

Y eso solo en lo que atañe a la tecnología publicitaria, mediante la cual se nos muestran sin cesar anuncios que intentan captar nuestra atención. Pero pensemos en lo importante que es este aspecto para el diseño de las plataformas de las redes sociales. Cada plataforma tiene notificaciones de «menciones» que nos avisan cuando alguien habla de nosotros o se dirige a nosotros. El efecto cóctel está integrado en su propio código. De hecho, que los usuarios se etiqueten y se incluyan en el hilo de las conversaciones constituye en muchas plataformas el motor clave para fomentar la participación. Tristan Harris, antiguo empleado de Google, explica cómo, en una plataforma como Facebook, el algoritmo optimiza este aspecto con el objetivo de «sobrealimentar» los impulsos sociales normales. «Todos somos vulnerables a la aprobación social —escribe Harris—, pero hoy, nuestra aprobación social está en manos de las empresas tecnológicas. Cuando mi amigo Marc me etiqueta, imagino que ha tomado la decisión consciente de hacerlo, pero no pienso en cómo una empresa como Facebook ha orquestado todo el proceso en primer lugar [...], sugiriendo de forma automática a las personas a las que debería etiquetar (mostrando junto a sus rostros, por ejemplo, una casilla con el mensaje "¿Etiquetar a Tristan en esta foto?", que pide confirmar con un clic). Así que, cuando Marc me etiqueta, en realidad está respondiendo a la sugerencia de Facebook, no haciendo una elección autónoma. A través de opciones de diseño como esta, Facebook controla el multiplicador de la frecuencia con la que millones de personas experimentan la aprobación social».[51]

Esta característica, el hecho de ser etiquetado/nombrado/mencionado, también fomenta el tipo de discusión compulsiva —que puede prolongarse hasta altas horas de la noche y en términos cada vez más desquiciados— que constituye la savia de muchas redes sociales y que conlleva una enorme ganancia atencional para la empresa que aloja el intercambio. Si, como yo, eres un usuario constante y entusiasta de estas plataformas, conocerás bien la sensación física que produce la liberación de endorfinas cuando miras la pantalla y ves que hay un montón de notificaciones que aún no has revisado.

Si tuviéramos que resumir en tres palabras cómo extraen la atención los mineros digitales contemporáneos podríamos reducirlas a: captar, capturar y sostener. Estas tres estrategias se corresponden con los tres aspectos principales de la atención: atención social, atención involuntaria y atención voluntaria. Las dos primeras formas de atención y captura atencional son mucho más fáciles de llevar a cabo con éxito que la última, razón por la cual los vastos recursos y la tecnología empleados en esta lucrativa cuestión tienden a dirigirse cada vez más a explotar nuestras identidades sociales y nuestro cableado neurológico, sometiendo a la atención mediante la interrupción.

CAPÍTULO 3
LAS RAÍCES DEL MAL

Regresemos junto a Ulises por un momento. Un detalle que se pasa por alto en el texto, y que nunca se explica, es por qué Circe aconseja al héroe que su tripulación se tape los oídos con cera, pero no que lo haga él mismo. Ulises podría haberse ahorrado el complicado y peligroso plan de atarse al mástil si se hubiera unido a sus hombres, navegando pacíficamente y en silencio. Pero Circe ideó un plan que le permitía experimentar ambas cosas. Circe sabía que Ulises querría oír. Todos queremos oír. Queremos que nos roben la atención, porque es placentero dejarse atrapar por el canto de las sirenas.

No podemos entender la era de la atención sin tener en cuenta esa parte de nosotros que busca a las sirenas, que huye del terror que induce el flujo ininterrumpido de nuestra mente. ¿Por qué no nos conformamos con el apacible silencio? En 2014, un equipo de psicólogos de la Universidad de Virginia se propuso investigar esta cuestión. Pidieron a los participantes en el experimento que se sentaran solos en una habitación, sin hacer nada durante periodos de entre seis y quince minutos y después les preguntaron por sus sensaciones. Los sujetos lo encontraron sumamente desagradable. Los investigadores quisieron comprobar entonces hasta qué punto les resultaba desagradable: «¿Preferirían hacer una actividad desagradable a no hacer nada?», preguntaron. En un estudio se dio a los participantes la «oportunidad de experimentar una estimulación negativa (una descarga eléctrica) si así lo deseaban». ¿Y adivina el lector qué? «Muchos participantes prefirieron recibir una estimulación negativa a no recibir ninguna, especialmente los hombres: el 67 por ciento de los hombres (12 de 18) se dieron al menos una descarga durante el periodo de reflexión». De hecho, un participante se pasó casi la totalidad del tiempo propinándose descargas, llegando a administrarse 190, en un intento desesperado por evitar quedarse a solas con sus propios pensamientos.[1]

Puede que pienses: «Eso es de locos»; o que tu reacción sea más bien: «Me puedo imaginar haciendo eso». La mayoría de nosotros nunca sabremos cómo reaccionaríamos porque no solemos vernos enfrentados a elecciones tan crudas. Una situación más común, que probablemente sí hayas vivido, es la de entrar en un establecimiento con una larga cola y, de manera instintiva, echar mano de tu teléfono, solo para descubrir que te lo has dejado en el coche. De repente te sientes atrapado, sin nada que mirar y a solas con tus propios pensamientos. Lo que sigue suele ser un fugaz pero intenso parpadeo de pánico claustrofóbico.

La escena ejemplifica por un lado la adicción que tenemos a nuestros teléfonos móviles: nos palpamos los bolsillos como el fumador que busca desesperado su paquete de Marlboro. Pero los que tenemos cierta edad recordamos experimentar sensaciones similares muy anteriores a la aparición de los teléfonos inteligentes: estar en un baño sin nada a mano que leer, o sentarse a la mesa a la hora del desayuno, antes de ir al colegio, con los ojos todavía somnolientos, y leer el reverso de la caja de cereales porque era lo único disponible para ocupar la mente. Por más inoportuno que nos resulte el estado de interrupción constante característico de la era de la atención, lo cierto es que nace de un deseo que antecede con mucho a la vida moderna. «Cuando algunas veces me he puesto a considerar las diversas agitaciones de los hombres —observaba el filósofo Blaise Pascal en su colección de ensayos *Pensamientos*, publicada en 1670—, he dicho frecuentemente que toda la desgracia de los hombres procede de una sola cosa, que es no saber permanecer en reposo en una habitación».[2]

Pascal fue un prodigio de las matemáticas metido a filósofo y un ferviente cristiano converso, razón por la que gran parte de sus escritos están dedicados a la apologética cristiana. Su principal preocupación era el estado de las almas de los hombres y quería entender por qué los hombres se ven tentados de enfrentar los peligros de la guerra y la conquista, así como de emprender todo tipo de actividades riesgosas y pecaminosas, en lugar de simplemente disfrutar de lo que tienen. La raíz del problema, proponía, es un aspecto de la condición humana del que dependen muchas cosas hoy en día: la inquietud de nuestras mentes, el ansia de distracción. «De ahí viene que los hombres amen tanto el ruido y el alboroto; de ahí viene que la prisión sea un suplicio tan horrible; de ahí viene que el placer de la soledad sea algo incomprensible. Y es, en fin, el mayor motivo de felicidad de la condición de los reyes que se intente sin cesar divertirles y procurarles toda clase de placeres».[3]

Este anhelo, sostiene Pascal, emana de una especie de angustia espiritual por nuestra propia mortalidad, «la desgracia natural de nuestra condición débil y mortal, tan miserable que nada puede consolarnos cuando pensamos de cerca en ello».[4] Cuando estamos solos con nuestros pensamientos, empezamos, de forma natural, a contemplar nuestra propia muerte, y eso nos resulta intolerable.

Tan poderosa es esta angustia que ninguna riqueza, poder o comodidad terrenales son un escudo contra ella. Según Pascal, esto es cierto incluso para los reyes. Uno pensaría que la mente de un rey debería estar tranquila, ya que, a diferencia de casi todos los habitantes del reino, el monarca no está obligado a deslomarse trabajando para garantizar su propia subsistencia. Y, sin embargo, he ahí su propia prisión: «La realeza es el más hermoso puesto del mundo y, sin embargo, cuando uno se imagina en él, acompañado de todas las satisfacciones que puedan afectarle, si está sin diversión, y se le deja considerar y reflexionar en lo que él es, esta lánguida felicidad no se sostendrá ya —escribe Pascal—, caerá necesariamente en las visiones que le amenazan, en las revueltas que puedan acaecer, y, en fin, en la muerte y en las enfermedades que son inevitables; de suerte que, si no tiene eso que se llama divertimiento, hele ahí desgraciado, y más desgraciado que el más ínfimo de sus súbditos, que juega y se divierte».[5]

Los procesos mentales implicados en la atención existen para filtrar la información porque hay demasiada, pero ¿qué ocurre cuando hay muy poca? Somos criaturas quisquillosas, y el equilibrio que precisamos para ocupar nuestra mente implica la cantidad justa de información: ni demasiada ni demasiado poca. Cuando es excesiva, nos juzgamos distraídos o abrumados por ella; cuando apenas hay nada a lo que prestar atención, nos sentimos aburridos e inquietos.

De todos los males que pueden sobrevenirle a una persona, «aburrirse» no parece desde luego uno de los peores. En apariencia se trata de un inconveniente menor que podemos superar con un poco de esfuerzo. A menudo asociamos el aburrimiento y las quejas al respecto con la infancia. En mi caso, lo relaciono con los largos días de verano en los que no tenía cerca a mis amigos y hacía demasiado calor para jugar al baloncesto, solo, en el parque. Me quedaba encerrado en casa, sin nada que hacer, sentado en el sofá, contemplando las motas de polvo que flotaban en el aire, iluminadas por un rayo de sol.

La verdadera razón por la que solemos asociar el aburrimiento con la infancia es que se trata de un estado tan intolerable que, en cuanto tenemos edad suficiente para emanciparnos de nuestros padres, organizamos nuestra vida para evitarlo a toda costa. Una vez que nos hacemos adultos, el principal foco de aburrimiento suele ser el trabajo, otro lugar en el que no solemos tener mucho control sobre cómo empleamos nuestro tiempo.

Lo que Pascal quiere decir en su meditación sobre la distracción es que el aburrimiento va mucho más allá de la típica queja infantil de que «no hay nada que hacer». Que una mente desocupada puede ser una bestia salvaje y que, en su opinión, pasamos gran parte de nuestra vida intentando domarla. Me atrevería a decir que todos hemos estado alguna vez atrapados con nuestros propios pensamientos, como si estuviéramos cautivos en una jaula con un león.

Nunca antes en la historia de la humanidad hubo tantas personas con acceso a un abanico tan amplio de distracciones en cada instante de vigilia. Y, sin embargo, cada vez nos acecha más, como al rey, la sensación de que no es suficiente. Cuantas más diversiones tenemos, más las necesitamos y más intolerable nos parece su ausencia. Esta es la paradoja del rey.

La paradoja del rey es hoy ubicua. Después de un largo día de trabajo, me parece normal sentarme en el sofá y ponerme en la tele un partido de baloncesto mientras miro el móvil y, a veces, ¡navego con el ordenador portátil al mismo tiempo! Hace diez años, algo así me habría parecido una absoluta locura. Hace poco, me horroricé al ver a uno de mis hijos jugando a un videojuego en el ordenador mientras veía al mismo tiempo un programa que se reproducía en una ventana más pequeña en la esquina superior derecha. De inmediato, anuncié a mis hijos la nueva prohibición de ver dos cosas a la vez. No discutieron, pero mi hijo de diez años señaló que yo hago eso a todas horas con mi teléfono.

Cuanto más tenemos con qué entretenernos, más fácilmente nos aburrimos, por eso la adicción es la analogía a la que recurrimos para describir nuestra relación contemporánea con las pantallas y los teléfonos. De manera similar a como un adicto necesita cantidades cada vez mayores de una droga —primero para conseguir el mismo subidón y, con el tiempo, tan solo para no sentirse desesperadamente enfermo—, necesitamos cada vez más cosas a las que prestar atención.

Se plantean entonces algunas preguntas. ¿Funciona el mismo proceso a la inversa? Es decir, en una sociedad despojada de toda forma «artificial» de diversión y entretenimiento, ¿el umbral del aburrimiento sería tan alto que la propia experiencia del aburrimiento desaparecería? ¿Forma el aburrimiento parte de la especie humana o es una condición propia de la civilización (o de la modernidad)? ¿Se aburrían nuestros ancestros prehistóricos o el concepto mismo les resultaría extraño? Si tal fuera el caso, ¿por qué y cuándo surge el aburrimiento?

Durante gran parte de nuestra existencia sobre la Tierra, los humanos fuimos cazadores-recolectores. Aunque resulte tentador pensar que, primero la agricultura y más tarde la civilización, nos liberaron de una vida de trabajo y miedo incesantes, lo cierto es que, según muchos parámetros, la vida de los cazadores-recolectores era, a su manera, bastante relajada. El antropólogo Marshall Sahlins ofreció por primera vez este argumento en su ensayo «La sociedad opulenta original», publicado en 1968. «Un argumento muy convincente puede ser el hecho de que los cazadores y recolectores trabajen menos que nosotros, y que, más que un trabajo continuo, la consecución de alimentos es intermitente, dejando mucho tiempo para el ocio, lo cual redunda en una proporción de sueño durante el día *per capita* y por año mayor que en cualquier otra condición social».[6]

Así pues, resulta que los cazadores-recolectores tienen mucho tiempo de inactividad. En las provocadoras palabras de Sahlins, «trabajan las mismas horas que un empleado bancario y muchas menos que los modernos trabajadores industriales (agremiados) cuyo promedio sería seguramente de veintiuna a treinta y cinco horas semanales».[7] La vida de los cazadores-recolectores se caracteriza por la holganza. Como señalan McCarthy y McArthur (1960) a partir de su trabajo de campo entre los pescadores aborígenes australianos, citado por Sahlins, «Aparte del tiempo [...] dedicado a las relaciones sociales en general, a la charla, el cotilleo y demás, algunas horas del día se dedican también a descansar y dormir».[8]

Para los contemporáneos, y dependiendo de la personalidad de cada cual, eso puede sonar a vacaciones o a castigo. De hecho, un viajero europeo que visitó una tribu australiana a mediados del siglo XIX se preguntaba cómo se las arreglaban los aborígenes para «pasar el tiempo antes de que llegara mi grupo y les enseñara a fumar».[9] Por supuesto, lo más probable es que los aborígenes no concibieran la necesidad de tener algo con que «pasar el tiempo», pero un europeo sí necesitaba algún bálsamo contra el aburrimiento (de ahí la introducción del ritual de la pipa y el tabaco).

Y en la adopción inmediata del hábito de fumar por parte de los cazadores-recolectores, vemos el trinquete unidireccional que conforman modernidad y actividad. Antes de que se generalizara el acceso a la pipa de tabaco, a nadie se le antojaba fumar; una vez introducida, estar sin ella se convierte en una privación que suscita desazón y nerviosismo. Es precisamente esta inquietud, esta necesidad de hacer algo, de ir a algún sitio y estar activo, lo que estaba ausente de la vida de muchas de las tribus que encontraron los europeos. «Sus días no son más que pasatiempos», escribía Pierre Biard sobre las tribus indígenas de lo que hoy es el nordeste de Estados Unidos y Canadá. «Nunca tienen prisa. Lo contrario a nosotros, que nunca podemos hacer nada sin prisa».[10]

Los misioneros y los conquistadores europeos no son desde luego los narradores más fiables de la experiencia de las tribus indígenas. Dados los profundos prejuicios de los observadores occidentales en la época de Biard, cabría mostrarse escéptico sobre sus comentarios y los de otros coetáneos acerca de los indígenas como personas que pasaban el tiempo holgazaneando. Pero los antropólogos contemporáneos que trabajan hoy con sociedades completamente alejadas del capitalismo industrializado en sus diferentes versiones han descubierto algo muy parecido. Michael

Cepek, antropólogo que estudia al pueblo cofán en la selva amazónica del nordeste de Ecuador, señala que no existe «ni una sola palabra o concepto que corresponda a "aburrimiento" o "estar aburrido" en a'ingae, la lengua cofán». «Por supuesto —añade— que no exista un lexema para algo no significa que ese algo no exista para una comunidad. Pero en este caso, y probablemente en muchos otros, creo que a sus miembros no les asusta la idea de "aburrirse"».[11]

Los cofán, como muchos otros pueblos que viven al margen del capitalismo industrial, pasan mucho tiempo haciendo lo que nosotros llamaríamos «nada». Como cuenta Cepek: «Creo que a la gente de nuestra sociedad le cuesta mucho "no hacer nada", por extraño que pueda parecer. Con "no hacer nada" no me refiero a "ver la tele"; me refiero a sentarse en el suelo, en una silla, en una hamaca y mirar y pensar. [Los cofán] parecen disfrutarlo, o, al menos, no lo evitan de manera activa».[12]

La observación de Cepek encuentra eco en otras descripciones de sociedades contemporáneas situadas al margen de la modernidad globalizada. «Nunca he oído a nadie quejarse de aburrimiento en la Fiyi del siglo XXI», escribe el antropólogo Matti Eräsaari sobre los nalotanos del Pacífico Sur. «Tampoco he oído nunca a los nalotanos expresar su descontento con el tiempo sobrante bajo otras etiquetas».[13] Al igual que los cofán y los nalotanos, los aborígenes warlpiri del centro de Australia tampoco tienen una palabra en su lengua para referirse al aburrimiento.[14] De hecho, Yasmine Musharbash, quien estudia a los warlpiri y es profesora asociada de Antropología en la Universidad Nacional de Australia, señala que la noción de «aburrimiento» es una importación literal: «Cuando los warlpiri se referían al aburrimiento, utilizaban la palabra inglesa, normalmente incrustada en frases que, por lo demás, eran warlpiri».[15] Musharbash sostiene que, entre los warlpiri, el aburrimiento constituye un estado mental invasivo, que los miembros de la comunidad han ido experimentado cada vez más a medida que se han ido integrando en la Australia moderna. «Tradicionalmente, y me refiero a antes de la colonización, el aburrimiento no existía —afirma—. El aburrimiento es fruto de la fricción con el tiempo. Eso no ocurría antes. Debido a la colonización y a la estructuración del día (las campanas de la escuela, los horarios de trabajo), el tiempo se convierte en una camisa de fuerza».[16]

Al parecer, el aburrimiento es el subproducto de un tipo específico de organización social. Es cierto, como he argumentado en el último capítulo, que algunos aspectos de nuestra atención son biofísicos y, como tales, universales. El estruendo repentino de una avalancha que se aproxima captará la atención de cualquier ser humano dotado de oído en cualquier cultura. Lo mismo ocurre con la embestida de un depredador. Por más que algunas de las facetas clave de la atención sean universales, sin embargo, el aburrimiento no lo es. La experiencia del aburrimiento es contingente. Es un producto cultural, social e institucional.

Esto también significa que la experiencia del aburrimiento —cuándo aparece, qué importancia tiene, si es que existe siquiera— cambia con el tiempo y con las formas de organización social y económica del ser humano. Nuestra época presenta un conjunto de tecnologías y condiciones sociales que trabajan juntas para maximizar nuestro aburrimiento si no se nos aparta constantemente de él. Podría decirse que nuestra vida es lo contrario de la vida de los cofán.

El tipo específico de aburrimiento que la Revolución Industrial trajo consigo y propagó entre millones de trabajadores es el tedio. Ese es el nombre que damos al aburrimiento que produce la repetición, una experiencia que puede ser más penosa que la de no tener nada que hacer. El tedio surge cuando tenemos que realizar una y otra vez una tarea que requiere nuestra atención, pero no la absorbe del todo.

Casi no importa de qué tarea se trate, porque, una vez que la hemos repetido suficientes veces, ya no requiere la misma atención. Piensa en las primeras veces que cogiste un coche. Todo tu ser estaba absorbido por la complicada combinación de maniobras necesarias para circular y evitar un accidente. La información a la que había que atender resultaba casi excesiva: los demás coches, las señales de tráfico, las indicaciones, los avisos luminosos del salpicadero... El equilibrio entre la cantidad de información que tenías que procesar y tu capacidad de atención era casi perfecto. En esas situaciones, se activa en nosotros el mecanismo primario de «lucha o huida» y nuestras pulsaciones se aceleran como si estuviéramos en combate o nos persiguiera un depredador.

Con el tiempo, sin embargo, a medida que se adquiere experiencia, la tarea se vuelve automática. Estar al volante cuando estás aprendiendo a conducir puede ser muchas cosas, emocionante o aterrador, pero nunca aburrido. Una vez que te conviertes en un conductor experto, los viajes largos pueden ser terriblemente tediosos incluso con el acompañamiento de pódcast y audiolibros.

Lo mismo ocurre con muchas otras tareas, por complejas y difíciles que sean. He hablado con estrellas de Broadway que, después de llevar meses haciendo ocho funciones a la semana de un mismo espectáculo, son capaces de interpretar un número musical emotivo y sobrecogedor, con el cuerpo bañado en sudor, mientras repasan mentalmente la lista de tareas pendientes y lo que tienen que comprar en el supermercado al día siguiente para hacer la comida a sus hijos.

Es un ejemplo extremo, pero ilustra bien la adaptabilidad natural de la mente humana. A través de la repetición y del entrenamiento aprendemos a realizar tareas complejas con tanta eficacia que se vuelven, en esencia, preconscientes. Y una vez que se vuelven preconscientes, ya no ocupan ni absorben toda nuestra atención, de modo que dejan un vacío que el aburrimiento se apresura a llenar.

Aun reconociendo las mejoras netas que aportó el capitalismo industrial, es indiscutible que también introdujo una nueva forma de tiranía mental para los millones de personas que pasaron del campo a la fábrica. El trabajo pesado y monótono existía mucho antes del capitalismo industrial —cosechar trigo, cortar leña, limpiar establos, etc.—, pero la vida preindustrial se movía a ritmos más estacionales y sus tareas eran más variadas: sembrar en primavera, cosechar en otoño, cobijarse en invierno. Por el contrario, en la fábrica, el trabajador pasó a hacer la misma cosa día tras día, sin importar la estación, durante meses y años enteros.

Karl Marx identificó esta transformación como la raíz de la alienación: la división del trabajo reducía a los hombres a una sola dimensión. «En efecto, a partir del momento en que comienza a dividirse el trabajo, cada cual se mueve en un determinado círculo exclusivo de actividades, que le es impuesto y del que no puede salirse», escribió. El sueño de Marx era crear una sociedad en la que «yo pueda dedicarme hoy a esto y mañana a aquello, que pueda por la mañana cazar, por la tarde pescar y por la noche apacentar el ganado, y después de comer, si me place, dedicarme a criticar, sin necesidad de ser exclusivamente cazador, pescador, pastor o crítico».[17]

Casi un siglo después de que Marx escribiera esas palabras, John Maynard Keynes se ocupó también de la relación entre el desarrollo económico y el aburrimiento, aunque sus conclusiones fueran, en algunos sentidos, en dirección contraria a las de Marx. Si el capitalismo industrial de la época de Marx había condenado a millones de personas a una repetición embrutecedora, la promesa que Keynes vislumbró en 1930 era la de un futuro en que el capitalismo produciría tanta abundancia que nos liberaría de tener que trabajar. En lugar de lidiar con esa forma de aburrimiento específico que es el tedio —obligados a desempeñar una misma tarea que ocupa nuestra atención sin absorberla—, pronto nos enfrentaríamos a un nuevo reto, consistente sencilla y llanamente en no tener suficientes cosas que hacer: una especie de hastío.

Keynes pensaba que la nueva situación provocaría una crisis de identidad. Desvinculados de las limitaciones materiales como jamás lo había estado antes ninguna criatura sobre la Tierra, ¿cuál sería exactamente el propósito de los seres humanos? «Si este problema [el problema económico] se resolviera de pronto —escribió Keynes—, la humanidad se vería privada de su finalidad tradicional».[18]

Keynes predijo una suerte de crisis nerviosa a escala social. En un pasaje que remite a la descripción que Pascal hace del rey, señala cómo las crisis nerviosas son «bastante corrientes en Inglaterra y Estados Unidos entre las esposas de las clases adineradas, mujeres desafortunadas, muchas de las cuales se han visto privadas, a causa de su riqueza, de sus tareas y ocupaciones tradicionales y no pueden encontrar suficiente diversión, cuando se ven privadas del estímulo de la necesidad económica, de cocinar, lavar y zurcir, mientras son totalmente incapaces de encontrar algo más divertido. Para aquellos que sudan su pan de cada día, el ocio es una golosina apetecida, hasta que lo consiguen».[19]

Si el punto final del desarrollo económico es el ocio, Keynes reconoció que el ocio conlleva sus propios peligros: el perturbador hastío existencial de quien no tiene nada que hacer.

> No hay país ni persona, creo, que pueda considerar la era del ocio y de la abundancia sin temor. Porque hemos sido preparados demasiado tiempo para luchar y no para disfrutar. Es un problema terrible para la persona corriente, sin dotes especiales, ocuparse, especialmente si ya no tiene raíces echadas en el suelo o en la costumbre o en las amadas convenciones de una sociedad tradicional. A juzgar por la conducta y los logros de las clases ricas en cualquier lugar del mundo, la imagen es muy deprimente.[20]

Según Keynes, en ese futuro de abundancia que preveía, el reto para la raza humana sería que «el hombre se enfrentará con su problema real y permanente: cómo usar su libertad [...], cómo ocupar el ocio [...] para vivir sabia y agradablemente bien».[21]

Como el propio Keynes reconocía, algunas clases sociales se estaban enfrentando ya a esa cuestión. Mientras el capitalismo industrial relegaba a millones de personas a la monotonía diaria, al mismo tiempo permitía que una pequeña élite amasara gigantescas fortunas, liberando a sus miembros de tener que hacer nada en absoluto, una nueva versión masiva de la «clase ociosa», según la inmortal expresión de Thorstein Veblen, cuyo «rasgo característico [es] una exención ostensible de toda tarea útil».[22]

Creo que es sensato atribuir el desarrollo de lo que llamamos medios de comunicación modernos al intento de satisfacer esta necesidad. A lo largo de los siglos XIX y XX, las nuevas tecnologías y los lucrativos mercados de la atención crecieron para resolver el problema de cómo ocupar las horas de ocio; primero las de la propia «clase ociosa» y después las del resto de la población: ¿dónde enfoco mi mente inquieta cuando no estoy trabajando?

Los cortometrajes de los hermanos Lumière se proyectaron por primera vez en París en 1895.[23] Veinticinco años más tarde Hollywood producía ya ochocientas películas al año.[24] El primer informativo radiofónico estadounidense se emitió desde Pittsburgh en 1920,[25] y poco más de doce años después, Franklin Delano Roosevelt exponía su programa a unos sesenta millones de personas (de un total de ochenta y dos millones de ciudadanos adultos) durante sus célebres «charlas junto al fuego».[26] Las primeras emisiones experimentales de televisión comenzaron en la década de 1930 y en 1947 la National Broadcasting Corporation de Estados Unidos emitía ya programas como *Meet the Press*.[27] En 1950, solo el 12 por ciento de los hogares estadounidenses tenía televisión; a finales de la década, el porcentaje era del 88 por ciento.[28]

La omnipresencia del entretenimiento también suscitó rechazo y críticas, elaboradas durante décadas por demasiados autores como para enumerarlos aquí. Uno de los clásicos de este género crítico es *Divertirse hasta morir*, de Neil Postman, publicado en 1985. En el libro, Postman argumentaba que el entretenimiento se había metastatizado y pasado de ser un nicho de la vida estadounidense a convertirse en el marco social dominante, lo que imposibilitaba las reflexiones y argumentaciones complejas que requiere la democracia liberal. «Nuestra política, religión, noticias, atletismo, educación y comercio se han transformado en cómplices adjuntos del mundo del espectáculo, en gran medida sin protestar e incluso sin que la gente se dé cuenta —escribió—. El resultado es que somos un pueblo a punto de divertirnos hasta la muerte».[29]

La novela de David Foster Wallace *La broma infinita* (1996) hace de la metáfora de Postman algo literal. El libro gira en torno a una misteriosa cinta de vídeo que responde al sencillo nombre de «el Entretenimiento» y que resulta en efecto tan «entretenida» y absorbente y coloniza de tal modo la atención que los espectadores contemplan la película literalmente hasta la muerte. En la novela, el gobierno estadounidense está desesperado por averiguar qué contiene la cinta, pero el poder de este objeto desafía todos sus esfuerzos. «La DEA había perdido cuatro investigadores de campo y un consultor antes de rendirse ante los problemas intratables que representaba hacer que alguien viera el cartucho confiscado [...] y controlara los encantos mortíferos de aquello».[30]

Wallace invocó la idea de un entretenimiento infinito como advertencia distópica, pero eso es exactamente a lo que nos enfrentamos hoy en día. Una película se acaba. Un programa de televisión se acaba. Un juego de mesa se acaba, aunque sea largo. Pero la acción de escrolear en la pantalla del teléfono no tiene límite. En teoría, uno podría escrolear hasta el fin de sus días en TikTok, a su modo una fuente de bromas infinitas.

De hecho, el llamado «escrol infinito», la funcionalidad que permite esa experiencia de usuario, evoca la novela de Wallace. Diseñado por Aza Raskin, un ingeniero de Silicon Valley, el escrol infinito cambió el funcionamiento de internet.[31] En tiempos, los sitios web tenían un final. Si uno quería saber más o seguir leyendo, tenía que hacer clic en algún enlace, como si pasara de página. Pero Raskin eliminó esta pequeña fricción atencional. Ahora, en X o Facebook, basta con deslizar el pulgar con suavidad hacia abajo para seguir navegando sin interrupción sobre la pantalla táctil.

Al igual que el creador del «Entretenimiento» en el libro de Wallace, Raskin se dio cuenta de que había creado, quizá sin saberlo, una especie de arma y, como Oppenheimer, hubo de calibrar las consecuencias de su creación. Raskin calculó el incremento total de horas que su pequeña innovación había inducido en el uso de los dispositivos y concluyó que «el tiempo que la gente pasa ahora desplazándose por la pantalla equivale al total combinado de doscientas mil vidas humanas más (desde el nacimiento hasta la muerte)».[32] «Un tiempo que, sencillamente, desaparece —explicaba el ingeniero al autor Johann Hari—. Es como si toda su vida se esfumara».

La idea esperanzadora de Keynes era que, en un futuro en el que hubiese abundancia de tiempo libre, «honraremos a todos cuantos puedan enseñarnos cómo podemos aprovechar bien y virtuosamente la hora y el día, la gente deliciosa que es capaz de disfrutar directamente de las cosas».[33]

Sin embargo, lo que ha sucedido en realidad es que, por una parte, seguimos viviendo en un mundo que todavía se afana bajo el tedio impuesto por el trabajo asalariado (son millones las personas cuyas mentes están ocupadas por tareas repetitivas y que se sienten como en una jaula). Por otra parte, en cuanto concluye el horario laboral, nos enfrascamos en nuestros dispositivos como un reflejo casi subconsciente, un hábito desarrollado por el deseo de huir de la incomodidad que nos produce estar a solas con nuestros propios pensamientos. Es una especie de rueda de molino de la atención de la que es muy muy difícil salir.

Para los antropólogos estadounidenses y de otros lugares, inmersos en el entorno atencional propio de los Estados Unidos del siglo XXI, saturado de estímulos constantes, la repentina falta de dichos estímulos que encuentran durante su trabajo de campo en lugares como la selva amazónica puede resultar algo perturbador: «Desde el punto de vista psicológico, para los occidentales, tener que aburrirse en lugares como los hogares o las aldeas de los cofán, puede ser algo parecido al beso de la muerte —explica Michael Cepek—. Yo mismo tuve que enfrentarme a eso desde muy pronto, hasta tal punto que ahora siempre llevo conmigo a mis trabajos de campo un Kindle con toneladas de libros y un iPod con toneladas de pódcast. Ese es también uno de los consejos más importantes que doy a mis alumnos».[34]

Nuestra dependencia de la estimulación, nuestra incapacidad para «permanecer en reposo en una habitación» o en una hamaca en el Amazonas durante horas, muestra que siempre estamos buscando algo a lo que dirigir nuestra atención. Sin embargo, la abundante disponibilidad de diversiones parece crear a su vez un mundo donde impera el *alter ego* del aburrimiento: la distracción.

A modo de esquema muy general, podríamos vincular los distintos estados de ánimo que experimentamos a la cantidad de cosas disponibles a las que prestar atención: demasiado pocas, demasiadas o justo las suficientes. El aburrimiento es el estado en el que no hay nada interesante a lo que prestar atención. La distracción es el estado en el que hay demasiadas cosas a las que prestar atención: las interrupciones son constantes y nos sentimos abrumados y sobrepasados. A la zona intermedia, en la que existe la cantidad justa de cosas a las que atender, podemos llamarla «concentración» o, según la famosa expresión del psicólogo Mihaly Csikszentmihalyi, «flujo». Se trata de una experiencia profundamente placentera en la que nuestras capacidades atencionales están aprovechadas a la perfección. Se produce cuando una tarea o fuente de entretenimiento requiere nuestra concentración y atención, pero sin abrumarnos. En palabras de Csikszentmihalyi, esos estados se caracterizan por la «implicación total en una actividad por sí misma. El ego desaparece. El tiempo vuela. Cada acción, movimiento y pensamiento se deriva de manera inevitable del anterior, como sucede al tocar jazz. Nuestro ser se implica en su totalidad y aprovechamos nuestras habilidades al máximo».[35] He ahí lo que muchos de nosotros siempre estamos buscando y, la mayoría de las veces, no encontramos.

Cuanta más diversión tenemos, más queremos, y cuanta más necesitamos, más rápidamente nos aburrimos. Pensemos en el ejemplo del cóctel del capítulo anterior. En un ambiente como ese, es muy fácil distraerse («Mira a esa persona a la que hacía años que no veía, parece que lleva ya unas copas de más») y, si uno acaba participando en la conversación equivocada, también es muy fácil aburrirse. Es la promesa de algo más interesante, el *buffet* de posibles interacciones, lo que hace que nos resulte aún más difícil concentrarnos en la conversación que tenemos delante.

He ahí la que probablemente sea la queja más común de nuestra época: la incapacidad para concentrarnos, la drástica disminución de la capacidad de atención, la sensación de distracción constante. Huimos de cualquier situación en la que nuestra mente pueda estar vacía, pero, al hacerlo, descubrimos que la recompensa que buscamos —ocupar nuestra atención, conseguir que algo la absorba por completo— es cada vez más difícil de hallar.

Son innumerables los titulares que, basados en diferentes investigaciones, han señalado la disminución paulatina de lo que se denomina nuestra «capacidad de atención». Pero creo que centrarse en la medición técnica de esa «capacidad» constituye un enfoque algo estrecho que pasa por alto una verdad mucho más profunda de nuestra condición. Nuestra inquietud y nuestro malestar no vienen determinados, según mi experiencia, por el vértigo de la distracción y la distracción. No, esa experiencia es en sí misma una especie de efecto que conecta con una parte más honda del ser inquieto. Este yo desazonado nace en gran parte de la propia condición humana, pero se ve exacerbado en gran medida, de formas nuevas y cada vez más barrocas, por la incesante llamada de la distracción, de los incontables objetos que reclaman que posemos sobre ellos nuestra atención, en lugar de ponerla sobre nuestra propia alma.

Es algo que ya observó el filósofo Søren Kierkegaard unos siglos después de Pascal. El aburrimiento, escribió en su obra más conocida, *O lo uno o lo otro* (1843), es la «raíz de todos los males». Kierkegaard estaba ya convencido de habitar una época en la que el aburrimiento aumentaba, acrecentando su oscuro poder. «Es bastante curioso que el tedio, tratándose de un ser tan sosegado y plácido, disponga de una fuerza como esta para imponer movimiento. El efecto ejercido por el tedio es completamente mágico, solo que este efecto no es atractivo sino repulsivo [...] No es de extrañar, pues, que el mundo vaya hacia atrás, que el mal se expanda cada vez más, dado que el tedio aumenta y el tedio es la raíz de todo mal».[36] De hecho, argumentaba el filósofo, la historia de la creación es en sí misma una historia del aburrimiento y de las tentaciones que se derivan de él. «Tras esta pista es posible ir desde que el mundo es mundo. Los dioses se aburrían y por ello crearon a los hombres. Adán se aburría porque estaba solo y por ello fue creada Eva».[37] Y así sucesivamente.

La solución, para Kierkegaard, consistía en comprender la diferencia entre «aburrimiento» y «ociosidad», pues el aburrimiento proviene de no estar acostumbrado a la simple ociosidad o de sentirse incómodo con ella. «La ociosidad no es en modo alguno madre de ningún vicio, al contrario; se trata de una vida ciertamente divina, si es que uno no se aburre —escribió el danés—. La ociosidad está tan lejos de ser madre de todos los vicios que más bien es lo verdaderamente virtuoso. El tedio es la raíz de todo mal y es a este al que hay que mantener a distancia. La ociosidad no es el mal; más bien cabe afirmar que quien no tiene sentido de la ociosidad muestra con ello que no ha alcanzado lo humano».[38]

La única manera de escapar del aburrimiento es atravesarlo. La ocupación no es una salida porque el problema del aburrimiento es más profundo y va más allá del estar ocupado, pues atañe a la capacidad de convivir con los propios pensamientos. De modo que «uno solo anula [el tedio] divirtiéndose [...] Decir que se supera trabajando comporta cierta vaguedad, ya que la ociosidad puede ser ciertamente superada mediante el trabajo [...]; pero el tedio, no; algo que vemos en los trabajadores, en el oficioso abejorreo de los insectos más zumbantes, que son los más tediosos de todos».[39]

Del mismo modo, uno no puede salir del aburrimiento divirtiéndose o entreteniéndose, ya que «el subsiguiente tedio es de ordinario fruto de un esparcimiento mal comprendido».[40] Todo ello se deriva del hecho de que, en opinión de Kierkegaard, como en la de Pascal, el problema en sí es existencial y espiritual, no situacional.

Esta idea se remonta a milenios atrás en el tiempo, a mucho antes de que existieran lo que llamamos «medios de comunicación». Casi dos mil años antes de que Pascal escribiera sobre el deseo de diversión del rey, Buda (él mismo un príncipe, familiarizado con la vida de la realeza) reconocía la existencia de una cuita similar en sí mismo y en todos nosotros. La identificaba con la mente acelerada y el espíritu inquieto que eran, para él, la consecuencia de nuestro apego a este reino terrenal y, por tanto, a un ciclo de sufrimiento constante.

Buda no hizo de la atención y el aburrimiento su proyecto, pero muchas de las prácticas de meditación budista los abordan directamente. Durante la meditación, centrarse en la respiración constituye una estrategia para fijar la atención, un bálsamo para aliviar la misma inquietud mental que el rey intenta erradicar mediante la distracción. Pero fijar la atención en la respiración evita la trampa del rey, al facilitar la creación de una especie de vacío mental que no es una forma de ensoñación ni de concentración, sino algo más elevado. Idealmente, no pensar en nada imposibilita el aburrimiento, en la medida en que uno deja de perseguir la estimulación. Lograrlo, sin embargo, no es tarea fácil, como puede corroborar cualquiera que haya intentado meditar alguna vez. De hecho, la batalla interna contra el aburrimiento es una de las partes más difíciles y necesarias de la práctica de la meditación budista. En *Por qué el budismo es verdad*, Robert Wright cuenta que su primer mentor le dijo: «El aburrimiento puede ser interesante». «Es cierto —escribe Wright—, pero ver su verdad implica dedicar primero algún tiempo a absorber otra verdad (¡que el aburrimiento puede ser realmente aburrido!) y persistir frente a ella».[41]

Wright sostiene que la concepción básica que el budismo tiene de la mente y de nuestra enojosa relación con ella brinda uno de los marcos más profundos y duraderos de todos los tiempos para comprender la conciencia humana. Y en la era de la distracción constante —en la que nos sentimos apegados de forma incesante a nuestros dispositivos, a los «me gusta» de Instagram o, sencillamente, al efecto narcótico de la pantalla del teléfono—, concebir nuestra existencia como una batalla contra el apego parece más relevante que nunca.

Tiene sentido, por lo tanto, recurrir a una tradición como la budista, que ha desarrollado de manera manifiesta todo un conjunto de teorías y prácticas que abordan el problema. Porque las cosas llegan a puntos absurdos cuando, por ejemplo, uno está sentado (como lo estaba yo hace literalmente unos momentos) escribiendo en su portátil, concentrado en una tarea, y su Apple Watch zumba para enviarle una notificación de una aplicación de *mindfulness* para que uno pueda, no sé... pues hacer un poco de meditación antes de seguir con el resto de la jornada.

Por perversas que puedan ser algunas de nuestras aplicaciones contemporáneas, la antigua sabiduría del budismo ofrece una salida a la paradoja del rey en la que todos estamos atrapados. El aburrimiento es un estado mental que nace de la falta de algo que absorba nuestra atención. Pero no es una herencia de la especie humana; sino una consecuencia de cierto tipo de modernidad y, en concreto, del trinquete unidireccional que conforman la estimulación y la diversión. Pero ¿y si uno pudiera liberarse de esta trampa? Mas no sucumbiendo al deseo compulsivo del rey de diversiones crecientes, ni tampoco acudiendo al entretenimiento rápido que nos ofrece la pantalla, sino, sencillamente, rechazando el aburrimiento. Abrazando la quietud y la ociosidad, permitiendo que la mente divague. Kierkegaard llamaba a eso el «principio de limitación, que es el único que salva en este mundo. Cuanto más se limita uno, más se dota de inventiva».[42] Algo que recuerda la facilidad con la que nos divertíamos cuando éramos niños. «Solo hace falta pensar en los años escolares [...] ¿Acaso no está uno dotado entonces de inventiva? ¡Cuánto puede entretenerlo a uno haber atrapado una mosca y mantenerla en cautiverio bajo una cáscara de nuez! [...] ¡Cuán entretenido puede resultar prestar atención a una monótona gotera!».[43]

Desde hace muchos años, tengo la costumbre de dar un paseo diario, como si fuera un anciano. Empecé a hacerlo en la veintena, cuando trabajaba como redactor independiente, lo que implicaba trabajar todo el día en casa o en cafeterías. Salir a dar una vuelta para despejarme me ayudaba. Salía incluso en los días más duros del invierno de Chicago, cuando el viento corta la cara como una cuchilla. Empecé a hacerlo antes de que existieran los teléfonos inteligentes y los pódcast en el iPod. Durante el paseo, sencillamente... pensaba. Dejaba que mi mente vagara. Casi sin excepción, las mejores ideas se me ocurrían durante estos paseos. Entonces volvía a mi apartamento, a veces corriendo escaleras arriba, para plasmar los pensamientos en mi portátil.

Existen diferentes términos y expresiones para describir el estado mental en que entraba durante esos agradables paseos: ensoñación, absorción, divagación... Cabe señalar que existen por supuesto variaciones más o menos agradables de dicho estado. Pensar de manera obsesiva en la precaria situación económica de uno no resulta grato; especular con los posibles destinos de un futuro viaje sí lo es. Pero el formato más banal consiste simplemente en desconectar y sumirse en la clase de absorción mental que William James describía con el término alemán *Zerstreutheit* y que para el filósofo constituía lo contrario de la atención.[44]

La ensoñación constituye una experiencia esencial de estar vivo, pero es también una de las víctimas de la era de la atención. Es un estado del ser que la era de la broma infinita desdeña. En su libro sobre la distracción digital, Johann Hari describe cómo, tras decidir tomarse un año sabático sin teléfono ni internet, redescubre enseguida el placer de dejar vagar la mente. En lugar de escuchar un pódcast durante un paseo, escribe: «Dejé que mis pensamientos flotaran [...] desde observar los pequeños cangrejos de la playa hasta recuerdos de mi infancia, pasando por ideas para libros que podría escribir dentro de unos años o las siluetas de los hombres que tomaban el sol con su bañadores Speedo. Mi conciencia iba a la deriva como los barcos que veía flotar en el horizonte».[45] El brillante libro de Jenny Odell sobre cómo «resistir a la economía de la atención» se titula literalmente *Cómo no hacer nada*. Allí, Odell afirma que «no hacer nada es quedarse quieto para poder percibir lo que realmente está ahí».[46]

En mi caso, y aunque pueda parecer irónico, tener un proyecto intelectual en el que trabajar (como este libro) es lo que me sirve de antídoto contra la inquietud mental. Me proporciona algo en lo que poner mi atención cuando el mundo está en silencio o cuando estoy a solas conmigo en una habitación. Me brinda, a su extraña manera, el tipo de confort que obtenía cuando pensaba en estadísticas de béisbol o en personajes de cómic durante las horas ociosas de mi infancia. Me ofrece un marco para la ensoñación estructurada y otorga un propósito al vagabundeo mental.

En última instancia, sin embargo, escribir un libro, practicar la meditación o, simplemente, optar por no llevar el teléfono consigo durante un largo paseo no dejan de ser soluciones personales —si bien razonables— que pueden funcionar o no (espóiler: generalmente no lo hacen). Pero lo que trato de argumentar aquí es que la situación fundamental en la que estamos atrapados y contra la que en muchos casos nos rebelamos es más antigua de lo que creemos. Mi tesis es que el tipo específico de inquietud mental que denominamos aburrimiento es producto de la modernidad industrial. Esta forma básica de civilización humana —en la que trabajamos para ganar dinero con el que comprar lo que queremos y lo que necesitamos— genera cada vez más estímulos, lo que aumenta a su vez nuestras necesidades atencionales, ya que también produce horas de ocio vacío que hay que llenar, en el caso de algunas personas, y horas interminables de trabajo monótono, en el de otras.

Produce también algo más, como es pasar tiempo solo, muy diferente de aquello en lo que consiste gran parte de la existencia humana. Cuando pensamos en el rey de Pascal, nos lo imaginamos solo. No literalmente solo, por supuesto —está en una habitación con otras personas, rodeado en todo momento de la corte, de sus sirvientes y de quienes están allí para entretenerle—, pero sí solo en un sentido espiritual, más profundo. «Pesada es la cabeza que lleva la corona». El rey, en cuanto rey, no puede tener verdaderas amistades. No puede tener relaciones humanas basadas en la igualdad y el reconocimiento mutuo. Y quizá también por eso anhela la diversión. Tal vez haya que buscar ahí la verdadera raíz de la experiencia del aburrimiento.

Si pensamos en la vida humana anterior a la agricultura (el 90 por ciento de la historia de la humanidad) o en los pueblos que siguen viviendo en la actualidad al margen de la modernidad industrial, nos damos cuenta de que en ambos escenarios la gente pasaba o pasa casi todo el tiempo haciéndose compañía. Michael Cepek describe cómo los cofán pasan muchas horas al día con la familia y los seres queridos. Nada ocupa tanto nuestra atención ni llena tanto el vacío de lo que llamamos aburrimiento como la compañía de aquellos a los que queremos y sentimos cerca (¡lo cual no quiere decir que uno no pueda aburrirse en familia!).

Sartre escribió medio en broma que «el infierno son los demás»,[47] pero esos otros son también la salida a la paradoja del rey. Nuestra mente anhela cosas a las que prestar atención, pero lo que anhelamos por encima de todo es la conexión con otros seres humanos. La mejor estrategia para escapar de la trampa es poner nuestra atención en otras personas. Y lo que de verdad diferencia la era de la atención de otras épocas anteriores es que los mercaderes de la atención también se han dado cuenta de ello.

CAPÍTULO 4
ATENCIÓN SOCIAL

Las crías humanas nacen en un estado de total indefensión. No pueden andar, no pueden gatear. Ni siquiera pueden darse la vuelta. No pueden alimentarse ni comunicar sus necesidades. Pero sí poseen un recurso singular: pueden llorar. Quienquiera que haya intentado dormir en un vuelo en el que viajaba también un bebé con cólicos sabe que el llanto de un recién nacido es especialmente penetrante. Nuestros cerebros están tan sintonizados con ese sonido que es casi imposible ignorarlo.

El llanto es el «canto de sirena» original del ser humano y la atención que suscita es la base de la propagación de nuestra especie. Al ver por primera vez a tu hijo, una reacción química se extiende por tu sangre y te golpea el pecho. Se trata de un instinto de protección salvaje e implacable: matarías o morirías por esa pequeña criatura extraña que se retuerce entre tus brazos. Luego aparece una sensación menos punzante pero aún más poderosa: la constante preocupación, a cada instante y cada aliento, por esa frágil forma de vida, la conciencia de su existencia y la necesidad de atenderla.

Dependiendo de las circunstancias en que uno sea padre por primera vez, esa conciencia que altera para siempre la vida puede surgir en diferentes momentos. En mi caso, fue en el hospital, a altas horas de la madrugada. Después de que Kate diera a luz a nuestra hija Ryan —una hazaña de fuerza, resistencia y voluntad tales que yo me sentía como si acabara de verla doblar acero—, las enfermeras del servicio de Maternidad se llevaron a Ryan a una sala de neonatos para hacerle la batería de pruebas estándar. Así pudimos descansar un poco (yo no había hecho nada, pero estaba exhausto). Kate y yo nos sumimos entonces en un sueño ligero e intermitente hasta que, al cabo de unas horas, Ryan regresó envuelta como un burrito mexicano en el típica mantita de rayas azules y rosas de las unidades de Maternidad. Ahora era nuestra. Recuerdo que sentí que una parte enorme de mi atención se desprendía de mí como un iceberg y que se alejaba flotando hacia ella. Esa parte no regresaría.

Ser padre, sobre todo de un bebé, conlleva tener la atención siempre dividida. Este es el pacto evolutivo que hemos cerrado. Nuestras grandes cabezas y sus cerebros desarrollados, así como nuestra condición bípeda, requieren alumbrar a criaturas indefensas que exigen atención. No podemos recordar lo que es ser el objeto de esa atención, pero los hermanos mayores sí sabemos lo que es ver cómo la atención de nuestros propios padres se desplaza hacia la de un hermano recién nacido.

La atención social (la atención que nos presta otro ser humano) es una cuestión de supervivencia desde el momento en que llegamos jadeando a este mundo. Si el llanto del recién nacido es tan insistente y desgarrador es porque es mucho lo que está en juego. La falta de una atención adecuada por parte de los cuidadores puede ser catastrófica para el desarrollo del niño y marcarlo de por vida.

Con demasiada frecuencia, sin embargo, los niños no reciben los cuidados que necesitan. No suele tenerse en cuenta el hecho de que hay más niños víctimas del abandono y la desatención que de abusos. Los datos del Departamento de Salud y Servicios Humanos de Estados Unidos indican que, de los niños que sufren malos tratos, un 74 por ciento son víctimas de abandono, frente al 28 por ciento que son víctimas de abusos físicos.[1] Y, aunque también pueda resultar contraintuitivo, los efectos de lo primero pueden ser mucho peores que los de los segundos. «La desatención crónica —señala el Centro de Desarrollo Infantil de la Universidad de Harvard— está asociada a un abanico de daños más amplio que el maltrato activo, pero recibe menos atención en la política y en la práctica».[2]

A medida que crecemos y nos desarrollamos, nuestra supervivencia (al menos la de la mayoría de las personas) va dejando de depender de manera directa de la atención y del cuidado de los demás.

Nuestra relación con la atención social se vuelve entonces mucho más compleja. Algunos buscamos las luces del escenario y ser el centro de atención; otros persiguen el anonimato total. Pero la necesidad de atención es algo nuclear que está en todos nosotros y constituye una especie de pilar para el florecimiento humano. Si se las priva por completo de la atención social, las personas se marchitan o se vuelven locas.

Lo sabemos bien porque son múltiples las situaciones, acaecidas en todo el mundo, en las que se ha obligado a la gente a permanecer en soledad durante periodos prolongados. Y los resultados hablan por sí solos. No hace falta teorizar mucho para comprender por qué el aislamiento es tan terrible. En el capítulo 3, conté la historia del participante en un experimento que prefirió propinarse pequeñas descargas eléctricas una y otra vez a quedarse completamente a solas con sus pensamientos durante escasos quince minutos. «De ahí viene que los hombres amen tanto el ruido y el alboroto, de ahí viene que la prisión sea un suplicio tan horrible —observó Pascal—; de ahí viene que el placer de la soledad sea algo incomprensible».[3]

La soledad como forma institucionalizada de castigo se introdujo por primera vez en Estados Unidos bajo lo que entonces se denominaba el «Sistema de Pensilvania».[4] Desarrollado por reformadores cristianos y presentado como un modelo de rehabilitación ilustrada, la penitenciaría rechazaba los castigos bárbaros del cepo o la flagelación y, en su lugar, trataba de rehabilitar al convicto utilizando el trabajo y la soledad para forzarlo a la «penitencia». Sin oportunidades para socializar, el preso se quedaba solo con sus pensamientos y, como un monje, se veía obligado a volver su atención hacia Dios.[5]

Las restricciones eran extremas. En la más tristemente célebre de estas prisiones, los presos iban encapuchados y eran escoltados hasta sus celdas nada más entrar en el centro para evitar incluso la más breve interacción con los demás. Alexis de Tocqueville realizó su famoso viaje a Estados Unidos en 1831 con el propósito de estudiar estas novedosas formas de encarcelamiento. Describió lo que vio sin ambages: «Esta soledad absoluta, si nada la interrumpe, es superior a la fuerza del hombre; destruye al criminal sin intermisión y sin piedad; no reforma, mata».[6]

Tan insoportable era la soledad que los hombres buscaban el indulto de la muerte. «Los desgraciados con quienes se hizo este experimento cayeron en un estado de depresión tan manifiesto, que sus guardianes se sorprendían de ello; sus vidas parecían en peligro si permanecían más tiempo en esta situación; cinco de ellos ya habían sucumbido en un solo año; su estado moral no era menos alarmante; uno de ellos se había vuelto loco; otro, en un ataque de desesperación, había aprovechado la oportunidad cuando el guardián le trajo algo, para precipitarse desde su celda, corriendo el riesgo casi seguro de una caída mortal».[7] Unos años después de Tocqueville, Charles Dickens visitó la penitenciaría de Pensilvania y llegó a la misma conclusión. Cada recluso, proclamó, «es un hombre enterrado vivo».[8]

Este modelo penitenciario fue finalmente sustituido por el modelo rival, de carácter colectivo, que es el que hoy conocemos como prisión. Pero la práctica del aislamiento solitario ha perdurado de manera vergonzosa y sus efectos siguen siendo tan brutales como siempre. «He vivido momentos tan difíciles y he padecido el aburrimiento y la soledad hasta tal punto que parecían algo físico en mi interior —escribía William Blake en *El infierno es un lugar muy pequeño*, una recopilación de relatos en primera persona sobre el confinamiento solitario—, tan espeso que parecía que me asfixiaba e intentaba exprimir la cordura de mi mente, el espíritu de mi alma y la vida de mi cuerpo».[9]

Esta práctica no se limita a las cárceles estadounidenses. En todo el mundo, en todo tipo de entornos, rehenes, convictos y prisioneros de guerra se han visto obligados a soportar aislamientos prolongados. La atrocidad es universal. En su autobiografía *El largo camino hacia la libertad*, Nelson Mandela cuenta la historia de su primera rebelión contra las indignidades del encarcelamiento. Tras su segunda condena, fue trasladado de inmediato a una celda de la cárcel donde le ordenaron desvestirse y ponerse el uniforme de prisionero que, en el caso de los hombres negros como Mandela, incluía pantalones cortos, porque «solamente a ellos [los hombres negros] se dirigían las autoridades penitenciarias llamándoles "chico"».[10]

Mandela se negó a vestir los pantalones cortos y se declaró en huelga de hambre. El carcelero le ofreció entonces una alternativa:

podía llevar pantalones largos y comer en paz si aceptaba entrar en régimen de aislamiento. Mandela aceptó el trato, pero no tardó en arrepentirse: «Durante algunas semanas estuve total y absolutamente aislado —explica en sus memorias—. Nunca antes había estado en régimen de aislamiento, y cada hora me parecía un año [...] Cuando la mente empieza a encerrarse en sí misma, uno busca desesperadamente cualquier cosa con la que distraerse, cualquier cosa en la que fijar la atención. Había conocido a hombres que preferían seis latigazos antes que una celda de aislamiento».[11]

Desesperado, Mandela trató de entablar conversación con su carcelero e intentó sobornarlo con una manzana, pero este «se dio la media vuelta y acogió ese y otros intentos posteriores en silencio. Finalmente, me dijo: "Querías unos pantalones largos y una comida mejor. Ya los tienes y todavía no estás contento". Estaba en lo cierto. Nada resulta tan deshumanizador como la ausencia de contacto humano».[12]

En el grado adecuado, la soledad puede procurar tregua y disfrute. Hoy en día hablamos a menudo del «tiempo para uno mismo», esos momentos tan apreciados por las personas introvertidas en los que pueden buscar refugio en sí mismas y darse un descanso de los compromisos sociales y de la gran energía que consumen. Sin embargo, en cuanto cogemos cierta perspectiva histórica, nos damos cuenta de que los seres humanos nunca hemos pasado tanto tiempo solos en el planeta como ahora, en este momento.

Nuestros antecesores cazadores-recolectores pasaban la mayor parte del tiempo juntos. La soledad era peligrosa. John Cacioppo, uno de los investigadores pioneros sobre la soledad, sostiene que la supervivencia humana era entonces una cuestión de agrupamiento, más incluso que en el caso de nuestros congéneres primates. El grupo era necesario para conseguir y compartir alimentos, para defenderse de posibles ataques y para cuidar a los enfermos y heridos. La soledad representaba una amenaza en sí misma. «El dolor físico protege al individuo de los peligros físicos. El dolor social, también conocido como soledad, evolucionó por una razón similar: protegía al individuo del peligro que suponía permanecer aislado. Nuestros antepasados dependían de los vínculos sociales para su seguridad y para la reproducción de sus genes en forma de descendientes que sobrevivieran lo suficiente para reproducirse también. Los sentimientos de soledad les indicaban cuándo esos lazos protectores estaban en peligro o eran deficientes».[13]

Cientos de miles de años después, nuestros cerebros siguen procesando la soledad de esa manera: «La evolución ha hecho que el aislamiento nos cause no solo malestar, sino también inseguridad, como si estuviéramos físicamente amenazados».[14] Cuando permanecemos solos demasiado tiempo, nuestro cerebro empieza a registrar respuestas biofísicas del tipo «lucha o huida».

Pero no eran solo nuestros ancestros paleolíticos los que llevaban una vida intensamente social; la inmensa mayoría de las sociedades preindustriales compartían también ese rasgo de forma ineludible. A lo largo y ancho del mundo, en diferentes culturas y climas, las personas pasaban en compañía casi todas las horas de vigilia. Solo por poner un ejemplo ilustrativo: la noción misma de «dormitorio», un cuarto separado donde los diferentes miembros de una familia pueden dormir en privado, no surge antes del siglo XVII. A lo largo de la historia de la humanidad, la mayoría de las personas ha compartido un mismo espacio para comer, dormir y socializar.

Solo a medida que una sociedad se enriquece se crean las condiciones para un aislamiento personal mayor, con el que llega a su vez el fenómeno moderno de la soledad. Existe una larga y vasta literatura sobre el problema de la soledad como consecuencia de la modernidad. De hecho, en inglés, el término *loneliness* no aparece hasta aproximadamente el siglo XVI.[15] Una de sus primeras apariciones notables es la referencia que se hace a la «soledad» de Ofelia en *Hamlet*, la obra de Shakespeare.[16]

La soledad es difícil de medir, ya que es un estado subjetivo: uno puede sentirse solo en mitad de una multitud. Las herramientas empleadas para su diagnóstico intentan hacer un seguimiento de la soledad preguntando a las personas con qué frecuencia experimentan sensaciones del tipo «soy infeliz haciendo tantas cosas solo» o «no tengo a nadie con quien hablar», pero se trata de una variable difícil de medir en poblaciones y a lo largo del tiempo.

A diferencia del «sentimiento» de soledad, el tiempo que una persona pasa sola sí constituye una medida objetiva. Y aunque, como es obvio, «estar solo» y «sentirse solo» no son lo mismo, un cierto grado de lo primero tiende a provocar lo segundo. Como señala un historiador, tanto los estudios modernos sobre la soledad autopercibida como los datos históricos de que disponemos apuntan a una estrecha relación entre los modos de vida solitarios y la soledad: «En los estudios cuantitativos sobre la soledad subjetiva, vivir solo es casi siempre la variable explicativa más destacada a la hora de analizar ese sentimiento».[17]

Cuando medimos el tiempo que las personas pasaban o pasan solas en distintas épocas y lugares, emerge un fenómeno básico claro: en las sociedades ricas hay más personas que viven solas. Tomemos como simple referencia los hogares unipersonales. De nuevo, durante gran parte de la historia, vivir solo era un destino reservado por lo general a los parias, los penitentes o los santos. Hasta hace no mucho, en la mayoría de las sociedades era algo poco frecuente. Pero ya no lo es. «A pesar de su prevalencia —señala el sociólogo Eric Klinenberg—, el hecho de vivir en soledad constituye uno de los rasgos sociales menos debatidos y, en consecuencia, menos comprendidos de nuestro tiempo».[18] Más de una cuarta parte de los hogares estadounidenses son unipersonales.[19] Las cifras son más altas en gran parte de Europa y, en la ciudad sueca de Estocolmo, alcanzan el 60 por ciento.[20]

Aunque los datos sobre hogares unipersonales pueden variar de manera considerable a lo largo y ancho del mundo (incluso dentro de espectros similares de riqueza agregada), la relación general entre su proliferación y el desarrollo económico se hace manifiesta a lo largo del tiempo: en un gráfico, su número aumenta de manera tan brusca que, al igual que sucede con los gráficos de emisiones de carbono, la línea ascendente se aproxima a la vertical, subiendo más y más. La modernidad y el capitalismo industrial generan ambas cosas —soledad y dióxido de carbono— como subproductos, sobre todo a partir de la década de 1960.[21]

En 2023, el cirujano general de Estados Unidos, Vivek Murthy, identificó lo que denominó como una «epidemia de soledad».[22] La investigación médica ha producido una creciente bibliografía especializada que documenta los efectos fisiológicos de la soledad en diversas sociedades de todo el mundo. En un estudio muy citado, los efectos negativos para la salud de la soledad persistente eran muy similares a los de fumar quince cigarrillos al día.[23]

Así pues, nos enfrentamos como colectivo a unos niveles de aislamiento sin precedentes. Ello no conlleva de forma necesaria que haya más soledad y más miseria a nivel individual: los datos difieren mucho entre personas, culturas y lugares. Pero lo cierto es que se han creado las condiciones para que los seres humanos estén más desconectados y tengan más probabilidades de carecer de atención social.

Si he comenzado este examen de la atención social con una discusión detallada de los efectos que puede provocar su carencia, es porque la atención social es tan elemental y ubicua que la mejor manera de apreciar su relevancia es considerar su ausencia. «En inglés tenemos una palabra para el dolor (*pain*) y otra para la sed (*thirst*), pero ningún término específico que signifique lo contrario», señala Cacioppo. «Nuestra investigación sugiere que, a falta de un término mejor y más específico para ello, «no estar solo» (*not lonely*) se corresponde con un estado normal, como sucede con «no estar sediento» (*not thirsty*) o «no sentir dolor» (*not in pain*)».[24]

Prestar atención a otras personas y recabar su atención forma parte de nuestro estado natural en el mundo. Cuando utilizo el término «atención social», me refiero a cualquier situación en la que el objeto de nuestra atención sea otra persona en lugar de, por ejemplo, el mundo natural, un espectáculo o la tarea que nos ocupa. En el sentido específico en que quiero emplear la expresión, la atención social es el mínimo común denominador de cualquier tipo de conexión o vínculo social. En el ejemplo del cóctel del capítulo 2, donde conversamos con otras personas, las escuchamos y nos mezclamos con ellas, nuestra atención es, casi en exclusiva, de carácter social. Nos centramos en lo que hacen y dicen los demás, captamos sus señales no verbales y pasamos revista a la sala para ver a quién más conocemos y reconocemos.

El contexto de una fiesta es solo un ejemplo concreto del tipo de situaciones en las que nuestro sofisticado y misterioso cableado para la atención social funciona de manera más activa y llamativa. Pero ese foco social siempre está ahí. Hemos desarrollado un conjunto de herramientas tan potentes y específicas para centrarnos en los demás y, al mismo tiempo, percibir su atención, que la atención social constituye una categoría propia, cualitativamente diferente de otras formas de atención. La atención social tiene, de hecho, una intensidad especial. Nuestro circuito neuronal responde de manera distinta al estímulo de otros seres humanos: a sus caras, a su presencia, a las palabras que pronuncian. Los humanos somos expertos en prestar atención a otros humanos, poseemos capacidades únicas para reconocer rostros, fijarnos en las expresiones faciales y leer en ellos estados emocionales.[25] Los estudios de neuroimagen muestran que, cuando vemos a otras personas (incluso cuando se trata solo de imágenes) se activan circuitos diferentes a los que se activan con otros objetos y escenarios.[26] A nivel biológico, las personas llaman nuestra atención de una manera cualitativamente diferente a otros tipos de estímulo. Algo que tiene sentido si pensamos que, durante la mayor parte de la historia de la humanidad, solo ha habido dos categorías de cosas a las que prestar atención: el mundo natural y otros seres humanos.

El deseo de atención social varía mucho desde la infancia. Hay personas que ansían la soledad y otras, que toda la sala se fije en ellas. Pero en el fondo persiste la misma necesidad básica de recibir atención por parte de los demás. La atención social es como la luz del sol para una planta: la necesitamos para vivir. Nos calienta y nos nutre. Nos estiramos, buscándola, en su presencia, y nos marchitamos en su ausencia.

Pero, cabría preguntarse, ¿por qué todo esto es una cuestión de «atención»? Los seres humanos somos criaturas sociales e interdependientes, conformadas por vínculos y conexiones sociales, gestadas colectivamente. Eso es indiscutible. Nuestra vida social y las relaciones en que estamos inmersos son fundamentales para nuestra existencia, felicidad y florecimiento. Entonces ¿cuál es la diferencia entre las relaciones sociales y la atención social?

Para ser objeto de atención social uno tan solo tiene que hacerse notar. No hace falta nada más: ni atención, ni amor, ni siquiera enfado. Basta con que otra persona nos vea, nos escuche o sepa que existimos. Implica ascender un escalón por encima de ser ignorado. Cuando Nelson Mandela estaba en régimen de aislamiento e intentaba de forma desesperada sobornar a un guardia para establecer algún tipo de interacción, lo que hacía era buscar atención social. Sin duda ansiaba también compañía real, pero en ese momento estaba tan desesperado que lo único que quería era atención. Ponía su atención en el guardia, pero este casi siempre lo ignoraba.

En tanto en cuanto no tiene ningún contenido emocional específico, la atención social también difiere de otras formas más desarrolladas de conexión humana que conforman nuestras vidas. Cuando la gente mira de repente al camarero al que se le ha caído una bandeja en mitad de un cóctel, le está prestando atención social, pero lo que cada uno de los presentes siente puede variar mucho: de irritación a lástima, pasando por empatía. El contacto visual que se establece para flirtear en un bar abarrotado es otra forma de atención social, pero también lo es que una persona te grite a escasos centímetros de la cara.

En el contexto de nuestras relaciones más íntimas, la mera atención puede parecer poco importante, pero constituye la base de todas las relaciones satisfactorias que construimos sobre ella. Cuando, por ejemplo, vuelves a casa del hospital con un hijo o hija recién nacido y se lo presentas a su hermana o hermano mayor, este advierte enseguida el cambio radical que se ha producido en la cantidad de atención que estaba acostumbrado o acostumbrada a recibir hasta ese momento. Esa es la reacción más común de los hermanos mayores ante la llegada de un nuevo bebé. Lo que los hermanos mayores quieren en realidad es algo más que atención, pero no disponen de un lenguaje para articularlo. Quieren que los cuiden y que los escuchen. Quieren seguir ostentando el monopolio del mismo amor singularizado del que eran objeto antes de la llegada del nuevo bebé. Pero expresarlo está fuera de su alcance.

Aquello que más notarán —y contra lo que se rebelarán— es el hecho de que tu atención, antes dirigida en exclusiva a ellos, se ha dividido. De modo que harán todo lo posible por recuperarla. Con frecuencia, eso conlleva toda una serie de comportamientos extraños, que a veces resultan cómicos. El hermano o hermana mayor, por ejemplo, cubrirá de afecto al recién llegado, asfixiándolo a besos, con la esperanza, en cierto modo, de que eso llame la atención de los padres. También son habituales los berrinches o las provocaciones que buscan un castigo de manera intencionada. Recibir atención negativa («¡No vuelvas a hacer eso, David, o te castigo!») no resulta muy agradable, pero somos criaturas tan compulsivamente sociales que nos resulta preferible a ser ignorados.

Esto es especialmente cierto en el caso de los niños, pero también en el de los adultos.

Los niños intuyen que, para obtener el amor y el afecto que desean, necesitan que les prestes atención, aunque en ocasiones busquen esa atención de formas contraproducentes. Y no se equivocan. Por más que a veces la persigan de manera caótica, su intuición básica es correcta. La atención social es la condición previa de otras formas más desarrolladas de conexión humana, que son las que realmente anhelamos y nos sostienen: el cuidado, la compañía, la amistad y el amor. Sin atención, no podemos obtener lo que buscamos en las relaciones sociales. La atención social es condición «necesaria» para el resto de las formas de socialización humana, pero no «suficiente».

Y eso se debe en gran parte a que, a diferencia de otros aspectos de las relaciones esenciales que dan sentido a la vida, la atención social no es intrínsecamente recíproca. He ahí uno de sus rasgos definitorios. La atención social fluye en dos direcciones distintas y, sobre todo, separables. Podemos poner nuestra atención social en los demás, y ellos pueden poner su atención social en nosotros, pero ambas no siempre se corresponden o se alinean.

Cualquier tipo de relación requiere la reciprocidad de la atención social, de ahí que, a menudo, las mayores amenazas y dificultades de una relación se deriven del desequilibrio entre dar y recibir atención. Ese es el dilema al que se enfrenta el hermano o hermana mayor del recién nacido. Pero esta cuestión no se limita en absoluto a los niños. Una de las fuentes de tensión más comunes en cualquier relación adulta se produce cuando una de las partes siente que la atención no es recíproca: la cónyuge que siente que siempre está presente para su pareja y que la tranquiliza mientras esta despotrica sobre el drama constante que hay entre los socios del bufete de abogados en que trabaja, y que, por lo mismo, siente también que su mujer está tan ocupada y consumida por el trabajo que nunca recibe de esta la atención sostenida que ella sí le presta. Se podrían enumerar muchas más permutaciones de este tipo de dinámicas, que suelen aparecer en las relaciones (especialmente en las románticas) en disputas que giran sobre la cuestión de «escuchar».

Las dinámicas de crianza son otro ámbito en el que los desequilibrios son omnipresentes y cambian de continuo: del ansia obsesiva de atención que reclaman los niños pequeños al cambio radical que entraña criar a un adolescente que lo único que quiere es que lo dejen solo. A medida que mi hija mayor se adentra en la adolescencia, he pensado mucho en esa frase de Tina Fey de que tener una hija adolescente es como estar enamorado de alguien en la oficina: «Piensas mucho más en ellas que ellas en ti».[27]

En la trayectoria natural de la paternidad, uno comienza su andadura como padre siendo objeto de la atención obsesiva, a veces agotadora, de su hijo. Al amanecer, con un niño que no duerme, que llora y reclama tu presencia, suplicas por un respiro, por un poco de tiempo a solas. Pero todo el mundo te repite lo fugaz que es esa etapa: «¡Disfruta esos años! Pasan rápido». Y así es. En cuanto te despistas, la atención de tu hijo está puesta ya en otras cosas: los amigos, el colegio o los deportes, y tú no puedes escuchar «La gallina Turuleca» o leer *Caperucita roja* sin echarte a llorar.

Pero por complicada y tensa que pueda ser la dinámica de la atención social que establecemos con nuestros familiares, amigos, amantes, compañeros y colegas, lo que distingue a la atención social y hace que tenga más alcance que muchas otras formas de conexión social es que también puede proyectarse fuera de las relaciones reales. No puedes tener una relación con Brad Pitt a menos que le conozcas y él te conozca a ti. Pero Brad Pitt puede ser objeto de tu atención social. Y este tipo de atención social no correspondida no es algo trivial o accesorio, sino una parte fundamental de nuestras vidas. En el instituto, puedes pasarte gran parte del tiempo suspirando por un estudiante de último curso del que estás enamorado o enamorada. De adulto, tu vida interior puede verse sacudida por una figura política a la que desprecias o puedes sorprenderte a ti mismo teniendo discusiones imaginarias en tu cabeza con alguna celebridad televisiva. Piensa por un momento en el panteón de desconocidos que tenemos en la cabeza y en los que ponemos nuestra atención social: desde deportistas a los que animamos o de los que nos mofamos, a personas de cuya difícil situación nos compadecemos al ver las noticias, pasando por políticos y famosos.

Centramos una parte no desdeñable de nuestra atención en personas que no nos conocen en absoluto. Usamos el término «cotilleo» para hablar de gente que no está presente, y lo consideramos indecoroso o trivial, pero es una actividad humana fundamental. El legendario antropólogo británico Robin Dunbar sostiene que es la actividad esencial de toda socialización humana: «Sin cotilleos, no habría sociedad —escribe—. El cotilleo es lo que hace posible la sociedad humana tal y como la conocemos».[28] Dunbar sostiene que el cotilleo desempeña en la vida humana el mismo papel que la práctica del acicalamiento en los primates. Al acicalarse, los primates cultivan relaciones y alianzas y se vinculan entre sí. El acicalamiento es un medio físico y táctil de prestar atención social: un simio se fija intensamente en otro durante un periodo prolongado. Y las redes sociales y alianzas de grupo que se mantienen a través de esta práctica son una encarnación de la expresión «prestar atención». Si para obtener un bien pagamos con dinero, en las relaciones pagamos con atención.

El problema, según Dunbar, es que esta forma de fomentar los vínculos sociales requiere mucho tiempo. Calcula que los primates dedican el 20 por ciento de su tiempo de vigilia a acicalarse. Y, dado que cada relación requiere de este laborioso mantenimiento, la complejidad de las estructuras sociales de los grandes simios tiene un límite. «La única forma en que podrían haber superado este límite —sostiene Dunbar— para vivir en grupos de más de ochenta individuos era encontrar un mecanismo alternativo de vinculación en el que el tiempo social disponible se utilizara de forma más eficiente».[29]

La tesis de Dunbar es que el lenguaje, y más concretamente el cotilleo, fue la innovación que permitió a los humanos superar los límites de los grupos sociales de nuestros antepasados primates. El lenguaje tiene dos ventajas principales sobre el acicalamiento. En primer lugar, el acicalamiento es una actividad que se realiza por parejas, mientras que conversar es algo que puede hacerse en grupo. En segundo lugar, como señala Dunbar, «hablar es algo que podemos simultanear con la mayoría de las demás actividades. Como resultado, podemos "compartir el tiempo" de forma más eficaz y aprovechar mejor el poco del que disponemos».[30]

Lo que Dunbar postula es que el propio lenguaje se desarrolló como un medio eficaz de conferir atención social: «Todo lo que se necesita es transmitir un mensaje de compromiso social. "Considero más importante estar aquí, hablando contigo, que estar allí [con cualquier otra persona]"».[31] Este ritual se desarrolló después, según Dunbar, de modo que el contenido informativo del lenguaje se empleó para transmitir datos cruciales sobre los demás miembros del grupo y la situación de sus complejas relaciones sociales. El cotilleo es el medio más eficaz de conferir atención social porque se puede conferir atención social a la persona o personas con las que se comparte, al tiempo que se confiere a las personas de las que se habla. Según la teoría de Dunbar (que no deja de ser eso, una teoría), la atención social es un motor tan primario de la actividad y el desarrollo humanos que fue lo que dio origen al lenguaje.

Otros animales no poseen esa herramienta para comunicarse y dirigir la atención social. Pero cualquier dueño de perro sabe lo sensibles que son a ella. Cuando paseo con mi perra por el parque y se fija en otro perro que está lejos, en ese momento está dirigiendo su atención social hacia él. El otro perro puede corresponderle o no. Lo mismo ocurre con otras especies. Prestan atención a sus congéneres: las abejas a su reina, los lobos al líder de su manada, las ovejas al perro pastor, y así sucesivamente. En la gran cadena del ser, los depredadores prestan mucha atención a las presas, y las presas a los depredadores, en una dinámica de seguimiento y vigilancia constantes.

En este sentido, la atención social, al igual que nuestros apetitos y nuestro impulso sexual, es una herencia animal que negociamos de forma humana, con todas las neurosis y patologías que ello implica. Pero del mismo modo que los apetitos y deseos humanos, infinitamente complejos y extraños, se producen socialmente, nuestra relación con la atención social está mediada por las sociedades en las que vivimos, por los valores que tenemos, por las personas que nos rodean y por las tecnologías a través de las cuales nos comunicamos y aprendemos sobre el mundo.

Permíteme resumir el argumento expuesto hasta ahora. Mi tesis es que la atención social es una categoría de atención diferente al resto, basada en un sustrato biológico que procede de nuestra herencia evolutiva. Es tan vital que nos volveríamos locos sin ella. También es una forma de atención distinta y compleja porque fluye en dos direcciones: no solo proyectamos nuestra atención hacia fuera, hacia otras personas, sino que también podemos ser objeto de ella.

Esta posibilidad de reciprocidad constituye el fundamento de todas las relaciones sociales. La atención social es la condición necesaria para cualquier tipo de relación interpersonal, aunque no baste para que esas relaciones prosperen. Debemos prestar atención a las personas con las que nos relacionamos, y ellas deben prestarnos atención a nosotros. Pero esa atención no tiene por qué ser positiva o nutritiva.

Esta es otra característica distintiva y crucial de la atención social. A diferencia de los aspectos positivos de la conexión emocional que forman la base de nuestros vínculos humanos más importantes, la atención social puede ser muy negativa.

No solo eso, también puede extenderse de manera unilateral, ya seamos nosotros los sujetos que la proyectan sobre otras personas, o el objeto de la atención ajena. Es decir, podemos dirigir nuestra atención social hacia personas que no conocemos y con las que no tenemos relaciones sociales, de la misma manera que los desconocidos también pueden dirigir su atención social hacia nosotros.

Los humanos evolucionamos en pequeños grupos, definidos por el parentesco: aquellos a quienes conocíamos nos conocían a su vez a nosotros. Aun así, nuestra capacidad imaginativa nos permite «conocer» también a extraños: reyes y reinas, héroes de leyenda, dioses... todo tipo de personalidades, en parte míticas, con las que podemos sentirnos tan íntimamente unidos como con nuestros parientes. Durante la mayor parte de la historia de nuestra especie, esas fueron las dos categorías principales de relaciones humanas: parientes y dioses. La relación con aquellos a los que conocíamos y que nos conocían se basaba en la interacción social mutua; mientras que la que establecíamos con aquellos a los que conocíamos y que no nos conocían se basaba en nuestra facultad imaginativa.

Para entender por qué la llegada de las redes sociales ha motivado una transformación tan profunda, es necesario cartografiar de manera detallada esta capacidad elemental de la atención social.

Consideremos un aspecto específico y extraño, aunque cada vez más central, de la atención social: la atención social de los desconocidos, el hecho de ser conocidos por personas que no conocemos. El deseo de ser objeto de esta forma de atención social varía en gran medida de una persona a otra y a lo largo del tiempo, pero es un deseo intrínsecamente humano. Solo los humanos tienen acceso a él. El león puede desear la atención social de los miembros de su manada, pero no posee la noción de gloria. El águila cuida de sus crías, pero no tiene sed de fama.

Podríamos pensar que la fama, la experiencia que deriva de recibir atención social de extraños, es un producto de la modernidad. Sin embargo, en su magistral y exhaustiva historia de la fama, *The Frenzy of Renown* (El frenesí del prestigio), Leo Braudy demuestra de manera convincente que se remonta a miles de años atrás. «En gran parte, la historia de la fama —escribe Braudy— es la historia de las formas cambiantes en que los individuos han tratado de atraer la atención de los demás y de cómo, no por casualidad, han ganado poder sobre ellos».[32]

Según Braudy, Alejandro Magno fue el primer buscador de fama auténtico dentro del canon occidental. Braudy sostiene que los reyes-dioses, emperadores y faraones de Sumeria, Egipto y China eran famosos, pero que el tipo de fama y de atención social generalizada de las que gozaban eran por entero institucionales y hereditarias. Alejandro Magno, sin embargo, eligió conquistar la gloria como su misión en la vida. En palabras de Braudy, el heleno hacía gala de una «codicia espiritual no especificada» que sirvió de modelo a todos los que vinieron después. Es célebre la escena en la que Alejandro rompió a llorar cuando vio que no le quedaban más territorios por conquistar, ni nuevos extranjeros que se vieran obligados a aprender su nombre. «Por la escala mundial que tuvo su lucha por obtener la fama y su persistente conciencia de la relación entre sus logros y la publicidad, Alejandro merece ser llamado la primera persona famosa».[33]

A medida que las sociedades se hacen más complejas, la progresión del tiempo y de la tecnología hacen que la fama se vaya democratizando y que la experiencia de ser «conocido por extraños» se vuelva más común. Así ocurrió con la Revolución Industrial y con la revolución social que produjeron los llamados medios de comunicación de masas. Pero este proceso se agudizó aún más con las redes sociales, que permiten que cualquier usuario de cualquier plataforma esté tan solo a un post viral de hacerse conocido de repente y de recibir la atención de miles, de cientos de miles o incluso de millones de personas.

Puedo hablar con cierto conocimiento de causa de la extrañeza y el vértigo constantes que producen el ser reconocido por extraños. Para empezar, la fama es relativa. Un antropólogo puede ser famoso en su campo y un completo desconocido en otros; al igual que un músico de jazz experimental puede ser venerado en un pequeño círculo. La verdadera fama, del tipo de la que cosechó Alejandro Magno en su día —o la que alcanzaron celebridades como Michael Jordan y Tom Cruise en el periodo de esplendor de los medios de masas en el siglo XX— puede que no vuelva a repetirse. Pero yo soy famoso a mi manera: me reconocen por la calle, me conocen personas que yo no conozco y que me prestan una atención crucial porque, como ya he dicho, mi trabajo consiste en suscitar esa atención.

En mis primeros días como presentador de televisión, cuando los índices de audiencia no eran especialmente buenos, estar expuesto a esa atención era como caminar por una suerte de arenas movedizas mentales: cuanto más pugnaba y forcejeaba para escapar de ese estado, más me hundía. En parte se debía al recorrido poco ortodoxo que había hecho hasta llegar al medio televisivo. Después de la universidad, trabajé en el teatro y en prensa escrita, como periodista independiente. Escribía sobre todo artículos largos, para publicaciones de izquierdas y prensa alternativa. Con el tiempo, llegué a ser el redactor en Washington de la revista *The Nation* y empecé a aparecer en televisión como invitado en programas de actualidad informativa. Luego pasé a ser presentador sustituto en MSNBC y, finalmente, a presentar mi propio programa los fines de semana, al que siguió otro en horario de máxima audiencia.

Aunque nunca aspiré a ser presentador de informativos de televisión, llegué a reconocer que algo muy dentro de mí me había conducido a este trabajo y a mi situación actual. No sabría decir de dónde surgió el impulso (tuve una infancia muy feliz y niveles normales de ansiedad y neurosis), pero un rasgo básico de mi personalidad es el deseo de tener público. Quiero que la gente me preste atención y, sobre todo, quiero gustar.

Lo que pasa es que, si tienes éxito en lo primero (y esto lo he aprendido a la fuerza), empezarás a fracasar en lo segundo. Cuanta más gente te preste atención, más gente habrá también a la que no le importas nada o, incluso, que te odia a muerte. La atención positiva de los desconocidos se metaboliza rápidamente y se convierte muy pronto en algo casi rutinario. Las pequeñas ráfagas de endorfinas se van debilitando, hasta que llega un momento en que si alguien te para por la calle para decirte lo mucho que admira lo que haces, apenas le haces caso.

Por el contrario, la atención negativa escuece con tal profundidad emocional que resulta chocante. Te conviertes en el objeto de una broma cósmica que tardas un poco en pillar. Hay que pensar que casi toda la atención social que recibimos en la vida proviene de personas que conocemos: familia, amigos, parientes o compañeros de trabajo. Esto nos condiciona y hace que nos preocupemos por lo que los demás dicen o piensan de nosotros, porque preocuparse por lo que dicen o piensan es precisamente lo que constituye el pegamento recíproco de esas relaciones.

Lo diabólico de la atención social que nos prestan los desconocidos es que no hay tal relación ni tal reciprocidad. Pero tú no te das cuenta. O, si lo haces a nivel intelectual, no puedes interiorizarlo en el nivel más profundo de tu psique. Tu configuración social previa está demasiado arraigada: te has pasado la vida interactuando con personas en un formato casi exclusivamente recíproco. Así que, cuando lees un comentario negativo en internet, reaccionas de inmediato y a un nivel casi físico, como si esas palabras las hubiera pronunciado alguien a quien quieres. Algo dentro de ti se desgarra, aunque ese algo sea una ficción: un vínculo con una persona que no conoces y que nunca conocerás.

Estamos programados para preocuparnos por aquellos y aquellas que nos son cercanos, para dar sentido a la vida a partir de las relaciones que establecemos con aquellos que conocemos y amamos. Pero la experiencia psicológica de la fama es como un virus que invade una célula y altera todos los mecanismos de las relaciones humanas para ponerlos a trabajar en busca de más fama. A pesar de que la atención negativa te deja en carne viva y magullado, acabas buscando más y más de manera compulsiva. El efecto cóctel (que escuchar tu nombre en algún sitio atrape tu atención) empieza a colonizar tu vida. Porque siempre hay alguien que pronuncia tu nombre. En mis primeros días como presentador, comprobaba de manera compulsiva quién me había mencionado en Twitter, incluso buscaba mi nombre para comprobar lo que la gente decía de mí sin etiquetarme. Leía todo lo que decía la prensa sobre mi programa (¡la mayor parte, comentarios negativos!). Y luego seguía buscando más.

Estas experiencias estaban gobernadas por una profunda asimetría. Apenas registraba los comentarios positivos, pero los insultos y las críticas se clavaban en mi conciencia y a veces me perseguían durante días enteros. Me sentía atrapado por mis propios impulsos, incapaz de evitar el canto de sirenas de la gente que decía mi nombre en algún lugar de la habitación, e internet me permitía escuchar a escondidas, sin cesar.

Me alivia decir que no es algo que padezca solo yo. Este es el efecto que produce en cualquier persona recibir grandes dosis de atención social por parte de desconocidos. Por regla general, los famosos están obsesionados con lo que la gente dice de ellos, y se enfadan y despotrican al respecto. Mil palabras amables de desconocidos te resbalarán, pero el efecto de una sola crítica dura perdurará. Y es habitual toparse con todo tipo de personas (y, con bastante frecuencia, gente famosa) discutiendo públicamente en redes sociales, a cualquier hora del día o de la noche.

Te puedes encontrar a Kevin Durant, uno de los mejores jugadores de baloncesto del planeta y, posiblemente, de la historia de ese deporte (un multimillonario que es mejor en lo que hace que casi cualquier otra persona haciendo cualquier otra cosa), respondiendo a algún fan veinteañero que ha criticado sus decisiones como agente libre de la NBA. Y no una vez, ¡sino de forma habitual![34] Y no es el único.

Cuando Tina Fey ganó un Globo de Oro en 2009 por su papel en *Rockefeller Plaza*, dedicó parte de su discurso a responder a los trols de internet. «Si alguna vez empiezas a sentirte demasiado bien contigo misma, existe algo llamado internet —dijo entre las risas del público— donde puedes encontrar a mucha gente a la que no le gustas. Y ahora me gustaría dirigirme a algunos de ellos. BabsonLacrosse, que te den. DianeFan, que te den. CougarLetter, que te den bien, porque llevas todo el año encima de mí».[35] ¿Fue demasiado? Sí, pero cualquiera que buscara en Google esos nombres de usuario descubría enseguida que eran comentaristas reales en el blog de los premios concedidos por *Los Angeles Times* y que habían criticado a Fey.

Cuando, durante los primeros días de mi programa, me vi atrapado en ciclos compulsivos similares, no podía dejar de pensar en un viejo episodio de *Los Simpson* en el que Bart empieza a trabajar para la mafia. Cuando, en un momento dado, sus jefes secuestran un camión con miles de cartones de cigarrillos y necesitan un lugar donde guardarlos, deciden meterlos en la habitación de Bart. Cuando Homer entra en el cuarto y ve los cartones apilados hasta el techo, dice: «¡Bart! ¿Has empezado a fumar?». Bart lo niega: «¡No son míos! Mi jefe dice que su almacén está lleno». Homer no le cree y dice que le va a dar una lección. «Me voy a quedar aquí mirando cómo te fumas hasta el último de esos cigarrillos, ¡así aprenderás!». En ese momento, aparece un tipo con una carretilla y dice: «Me envía Tony el Gordo a recoger el resto de la mercancía».[36]

Tantos años después, todavía me hace reír. El chiste se basa en un antiguo remedio contra el tabaquismo juvenil, empleado en el siglo pasado. Si pillabas a un adolescente fumando, le hacías fumarse todo el paquete de una vez, para que se pusiera tan enfermo y le diera tanto asco que no volviera a tocar un cigarrillo.

Mi experiencia de la fama se parece un poco a eso. ¿Quieres atención? ¿Te gusta sentir los ojos de la gente puestos en ti y codicias la pequeña dosis de satisfacción que obtienes cuando te reconocen? Muy bien, pues toma dos tazas. Vamos a sentarnos aquí y vamos a ver cómo te fumas un paquete tras otro hasta acabártelos todos.

Con la nueva visibilidad que había adquirido en televisión, me convertí en un objeto constante de atención social también fuera de internet. Mi cara, mi cuerpo, mi «yo físico» en el mundo era ahora blanco de miradas como nunca lo había sido. La mirada del extraño, una nueva experiencia, es la forma más temprana y visceral que la fama tiene de hacerse perceptible en tu vida. La gente te mira. Sientes sus ojos puestos en ti. Existe un componente de género ineludible en todo esto, como muchas académicas feministas han estudiado a lo largo de los años. Como hombre heterosexual, físicamente anodino en cualquier sentido, no había recibido esta clase de miradas hasta que empecé a ser famoso. Antes de eso, me movía por el mundo envuelto en un anonimato casi total. Era muy raro sentir los ojos de un extraño posados sobre mí.

Tomar conciencia de ese cambio era a un tiempo emocionante y desconcertante. Sientes una punzada de excitación cuando alguien se fija en ti, o al menos yo la sentía. Y, si soy sincero, al principio confundía esa atención con deseo físico. Yo no era el tipo de persona al que la gente se gira por la calle para mirar. Tardé un tiempo en comprender que lo que experimentaba ahora, la repentina y aguda conciencia de ser observado, se debía a que la gente me reconocía por la televisión. Eso era todo. Nada más. La urgencia que percibía era engañosa. No me conocían de verdad. No se sentían atraídos por mí. Solo estaban procesando una señal, subconsciente pero muy poderosa, que su cerebro les estaba enviando. Me estaban prestando atención.

Aunque pueda parecer extraño, he de admitir que no comprendí a fondo el verdadero poder de la mirada hasta mediados los treinta. No es casualidad que la mirada haya sido objeto de tantas investigaciones y teorías. Se trata, casi con certeza, del tipo más común de atención social y puede adoptar innumerables formas: la de un contacto visual coqueto y fugaz, la de una mirada amenazadora o, sencillamente, la de la mirada vacía e indiferente de un compañero de vagón de metro abarrotado en hora punta.

Por primera vez, yo existía en el mundo como una persona a la que la gente miraba, alguien que era objeto de atención visual por parte de desconocidos. Y eso tenía un efecto sorprendente. Si antes podía bajar un momento a la tienda de la esquina a por unos dientes de ajo, en chándal y con el pelo alborotado, ahora, por primera vez en mi vida, se me pasaba por la cabeza la idea de qué pensarían las personas que me vieran y me reconocieran. ¿Tendría un aspecto presentable? Para quien haya pasado por esto (¡literalmente, todas las mujeres del planeta!), no estoy diciendo nada nuevo. Pero en ese momento, aquella experiencia sí era algo novedoso para mí. Me sentía un poco como el adivino Tiresias cuando, durante un tiempo, fue convertido en mujer, como si pudiera tener la experiencia subjetiva de habitar un cuerpo que no era el mío.

Al mismo tiempo, mi percepción de las miradas ajenas adquirió una agudeza sorprendente. Sin quererlo ni poner en ello toda mi energía, empecé a desarrollar una conciencia periférica instintiva dentro de los espacios públicos, por la cual evaluaba si cada uno de los extraños que me rodeaban me había reconocido. La mayoría de las veces, los miraba por el rabillo del ojo sin que se dieran cuenta, lo que suponía una extraña inversión de la situación, ya que yo los espiaba sin que lo supieran, mientras ellos me espiaban a mí creyendo a su vez que yo no me percataba.

La capacidad humana para reconocer rostros es uno de nuestros rasgos más evolucionados, desarrollado a lo largo de milenios para distinguir entre amigos y enemigos, parientes y extraños. El poder de la televisión, del cine y el mundo de las imágenes en general radica en transferir esa facultad y proyectarla hacia personas extrañas. Antes incluso de que podamos procesar el reconocimiento, sentimos una sensación casi física de familiaridad.

A veces me sucede que alguien me reconoce, pero sin terminar de ubicarme del todo. En esos casos, puede que esa persona se acerque a mí y me pregunte: «¿Fuimos juntos a la universidad?» o «¿Trabajabas en el Bank of America?». Saben que me «conocen» de algo, pero no están seguros de qué. No me queda más remedio que optar por un «¿A lo mejor nos hemos visto por el barrio?», o por la aclaración algo brusca y petulante: «Presento un programa de televisión. ¿Será de eso?».

Ser objeto de una atención constante en el espacio público puede resultar muy alienante. En *El ser y la nada*, Sartre dedica mucho espacio a la mirada y sus implicaciones y aborda en particular ese momento que yo experimentaba ahora todo el tiempo, cuando sorprendía a alguien mirándome. Para Sartre, la conciencia de la mirada que nos dirige un extraño es lo que nos hace caer en la cuenta de la ineludible subjetividad de los otros, de que la persona que nos mira también es un sujeto como nosotros. De manera crucial, es así también como llegamos a vernos a nosotros mismos, por un momento, como podrían vernos los demás. Ese conocimiento resulta a la fuerza alienante, pues nos obliga a reconocer lo atrapados que estamos en nuestra pequeña perspectiva del mundo y lo diferentes que pueden parecer las cosas fuera de ella.

Sartre ilustra esta idea de la siguiente manera: si ves a un hombre en un parque local, caminando por la hierba, sabes que es un hombre, una conciencia humana, pero ese hecho permanece como algo remoto, autónomo. Cuando le miras a los ojos, sin embargo, la posibilidad de que se trate de una conciencia humana cede el paso a la certeza ineludible de que lo es. «Cada mirada nos hace experimentar concretamente [...] que existimos para todos los hombres vivientes».[37]

En otras palabras, ver que nos ven, que nos prestan atención social, es lo que nos hace plenamente conscientes de que existimos como objeto de atención para los demás. La mirada es el momento en que la propia atención social capta nuestra atención. Obliga a una especie de toma de conciencia de cómo aparecemos ante los demás.

Una de las razones por las que la mirada tiene efectos tan poderosos —y por lo que la escena del parque que describe Sartre está tan cargada de resonancias filosóficas— es que la atención social de los extraños produce en nosotros un impacto psicológico único y distintivo. Y ello se debe, precisamente, a que flota libre, al margen de la conectividad propia las relaciones humanas que están unidas por alguna red de reciprocidad. Si el encuentro de dos miradas en la barra de un bar y la promesa implícita de ese pequeño instante resultan tan emblemáticos es porque la situación despliega el poder de fisión atómica propio de la atención social entre extraños.

La experiencia de la fama se corresponde con esa sensación casi constante de división interna y alienación que describe Sartre. Existe el «yo» que está dentro de tu cabeza, el yo consciente que observa el mundo desde la perspectiva de la primera persona, y luego está el «yo» que existe como si estuviera fuera, como un cuerpo, en el mundo que ven los demás. Integrar ambos se convierte en una especie de trabajo psicológico a tiempo completo.

Sé que a nadie le importan la tribulaciones internas de los famosos. Pero he llegado al convencimiento de que, en la era de internet, la experiencia de la fama y sus consecuencias psicológicas desestabilizadoras se han hecho extensibles a casi todo el mundo. Del mismo modo que la electricidad pasó de ser un lujo del que solo disfrutaba una élite a ser algo de uso común, la fama —o, al menos, el hecho de ser conocido por extraños— ha pasado de ser una novedad exclusiva a convertirse en una experiencia humana nuclear. La tradición intelectual occidental ha dedicado milenios a edificar y sostener una frontera conceptual entre lo público y lo privado, integrándola en el derecho y la política, en las normas y en la etiqueta, teorizándola y reinscribiéndola una y otra vez. Con la ayuda de un puñado de empresas tecnológicas, sin embargo, hemos derribado esa frontera en tan solo una década.

La combinación de fama y vigilancia masivas propia de las redes sociales canaliza cada vez en mayor medida nuestros impulsos más básicos (amar y ser amados, cuidar y ser cuidados, conseguir que nuestros amigos se rían de nuestros chistes) hacia el proyecto de impresionar a los extraños. Un proyecto que, por definición, no puede satisfacer nuestros deseos, pero que resulta tan parecido a la conexión humana real que no podemos evitar perseguirlo de forma cada vez más compulsiva.

No es casualidad que la mayor red social del mundo empezara mecanizando la mirada. La primera encarnación de Facebook era un sencillo algoritmo que permitía a los usuarios mirarse unos a otros una y otra vez. «The Facebook», como se llamó al principio, consistía en coger el catálogo físico que se distribuía entre los estudiantes universitarios de Harvard —el *facebook*, una publicación impresa que contenía fotos de los miembros de cada clase— y convertirlo en un formato interactivo, al menos hasta cierto punto.[38] El sencillo sitio web creado por Mark Zuckerberg permitía a los usuarios mirar y ser mirados como dos procesos separados. Podías ser solo un *voyeur*, o bien convertir en una versión virtual el clásico intercambio de miradas en el campus. Con ello, lo que Zuckerberg estaba haciendo era crear una especie de centro de intercambio de atención social. No es casual que la alusión al «rostro» (*face*) estuviera ahí desde el principio.[39]

En el preciso instante en que nos encontramos con un otro, en el momento en que salimos de nuestros propios pensamientos y perspectivas para vernos como un objeto externo para otra persona, algo se apodera de nosotros. Existe un oscuro magnetismo en ello, una suerte de conocimiento tentador pero prohibido. Como cuando uno se ve en el espejo de un camerino que refleja un ángulo oculto de nosotros que no podemos ver de otro modo. Existir en internet —lo que para la mayoría de la gente es hoy lo mismo que existir a secas— consiste en verse a sí mismo a cada instante a través de los ojos de los demás.

Hay muchas razones por las que una persona puede buscar la fama, la gloria o la atención de los demás: puede que una serie de señales culturales le indiquen que es importante, que un rasgo de su constitución psicológica le impulse a ello, o que ambicione el estatus social que conlleva. Pero a veces también existen razones prácticas, económicas, incluso de vida o muerte, por las que uno necesita atraer la atención de extraños.

Es el caso de los vendedores y comerciales, tanto si van llamando de puerta en puerta como si tienen que llamar por teléfono a los potenciales clientes. Un vendedor necesita que le presten atención o no podrá pagar el alquiler y sus hijos no tendrán qué comer. En el primer acto de *Muerte de un viajante*, de Arthur Miller, Linda Loman explica a sus dos hijos adultos que esa es la tragedia a la que está abocado su padre. Después de treinta y seis años en la misma empresa Willy Loman ha sido degradado y ahora trabaja únicamente a comisión, sin sueldo fijo, como un novato. Pero lo que más le duele es que se siente como un don nadie: es anónimo, invisible. Cuando Willy regresa de otro viaje comercial infructuoso al principio del primer acto, le cuenta a su mujer que no consigue llamar la atención de los hombres a los que intenta vender sus productos. «No sé cuál será el motivo, pero no me hacen caso. No se fijan en mí».[40]

Willy dice que es porque habla demasiado, pero en el fondo sospecha que es porque es un perdedor. Nunca ha dejado huella, nunca ha obtenido un gran triunfo. Nadie se preocupa por él porque nunca ha conseguido nada que le haga merecedor de atención. Linda, por su parte, explica a sus hijos que la dignidad humana exige que se le preste cierta atención, que, aunque Willy nunca haya tenido éxito en términos convencionales, es un error ignorarlo. «Willy Loman nunca ha ganado mucho dinero. Su nombre no ha salido nunca en los periódicos. No es la persona más agradable que jamás haya existido, pero es un ser humano, y le está ocurriendo algo terrible. Por eso debemos prestarle atención, evitar que acabe en la tumba como un perro viejo. Llega un momento en que hay que prestar toda la atención necesaria a alguien como él».[41]

Llevo años pensando en estas palabras, desde que topé con ellas por primera vez leyendo la obra cuando era adolescente. Lo que me impactó entonces y me sigue impactando ahora es que Linda Loman ni siquiera pide que sus hijos amen a su padre, ni que le juren devoción, ni que se preocupen por él. Reclama la forma más exigua de conexión social para su marido: atención. Que le presten atención para que pueda sentirse como un ser humano y no como un animal, que no lo dejen morir por nada. Y eso es lo que mueve también al propio Will, el deseo de ser advertido y reconocido, el deseo de que le presten atención.

La carga emocional de esta obra, lo que la convierte en una obra maestra, radica en su capacidad para captar un aspecto desesperadamente solitario de la vida moderna. La razón por la que sigue abarrotando teatros de todo el mundo, setenta y cinco años después de ganar el Pulitzer, es que la lucha de Loman es atemporal y universal: un hombre que busca la atención de un mundo que se la niega. Willy Loman es un vendedor y, en ese trabajo, uno puede —de hecho, en cierto modo debe— acabar dependiendo de lo que los demás piensen de uno. He ahí el trágico defecto de Loman: le importa demasiado lo que los demás piensen de él. «Se trata de una emoción completamente condicionada por el exterior —afirmaba el propio Arthur Miller sobre la motivación de Loman—. En otras palabras, lo que hago no lo hago porque brote de mí, sino porque brota contra otro». Miller añadía: «Vives en un espejo. Es una vida de reflejos. Solo hay vacío, vacío, vacío. Es difícil dormir por la noche. Y difícil despertarse».[42]

Willy Loman muere por falta de atención social. Al final, no recibirla es lo que sella su destino. Entrega su vida a cambio de dinero para que sus hijos puedan llegar a ser alguien en lugar de nadie.

La difícil situación de Loman ilustra cómo la raíz de la ansiosa sed de atención que tan a menudo asociamos con las conductas online no hay que buscarla solo en la tecnología, sino en nosotros mismos. Pero vaya que si la tecnología la agudiza.

Si la obra de Miller se hubiera escrito en 2024, Willy Loman sería un *posteador* compulsivo en redes. Para quienes pasamos mucho tiempo conectados a internet, esta especie de Loman del siglo XXI se correspondería con un tipo de usuarios muy reconocibles, que en inglés se conocen con el término de *Reply Guys* o «respondones». Son esas personas que responden a cada tuit o publicación para dar su opinión o tratar de apropiarse de la atención que reciben las personas a las que siguen. Suelen adoptar ese característico tono forzado, adulador pero casi desesperado, que conforma el ruido de fondo de muchas plataformas en línea.

Aunque el de los «respondones» constituye un ejemplo extremo, la propia estructura de las redes sociales está diseñada para convertirnos a todos en esa clase de usuarios. De hecho, la generación Z tiene un término inglés para describir la empalagosa necesidad de atención que tanto impregna las plataformas de internet: *thirst*, «sed». Del mismo modo, la expresión *thirst trap* (literalmente una «trampa de sed») se emplea para designar la típica foto sexi que alguien publica para incitar comentarios aduladores. En este argot, tener «sed» implica buscar la atención ajena de manera ostentosa y palpable.

Esta sed es hoy una característica tan poco atractiva como lo era en tiempos de Willy Loman, pero ha pasado a constituir el modelo de negocio básico que sostiene toda la economía de la atención. Quienes trabajan en el ámbito de la cultura, del arte a la música pasando por la literatura, han de desplegar en la actualidad una especie de autopromoción incesante, caracterizada, como observa la crítica de la cultura digital Rebecca Jennings, por «el seguimiento oportunista de tendencias, el cambio constante en las estrategias de publicación y la sensación persistente de que lo que realmente estás haciendo con tu tiempo es marketing, no arte. Bajo la tiranía de la distribución algorítmica de los medios de comunicación, los artistas, los autores y todo aquel cuyo trabajo se ocupe de lo que significa ser humano ahora tienen que ser también emprendedores».[43]

Hay Lomans en todas las épocas. Pero lo que distingue la nuestra es hasta qué punto la atención se ha convertido en nuestro fin último. Sí, deseamos estatus, dinero, sexo, amor, reconocimiento, amistad, y así sucesivamente, pero la naturaleza propia de era de la atención consiste en reducir todos estos deseos a su mínimo común denominador: la atención.

La atención es algo tan exiguo y simple, algo que está tan por debajo de lo que un alma humana necesita y anhela (amor y reconocimiento), tan por debajo de lo que requieren un debate o una conversación (argumentos, razones, escucha comprometida). Algo tan fundamental pero tan disparmente distribuido, tan valioso en conjunto, pero tan barato y fugaz en nuestra vida diaria. Se devalúa incluso cuando se celebra. La era de la atención nos ha convertido a todos en Willy Loman.

Este deseo de atención social, su naturaleza compulsiva y avasalladora, ha sido fuente de oprobio moral durante milenios. Tanto los estoicos como Buda desaconsejaban desear cosas ajenas, porque hacían sufrir, y codiciar la atención de los demás ocupaba el primer lugar de la lista de conductas censurables. Epicteto aconsejaba a sus alumnos que se ocuparan de sus propios asuntos, para evitar la difícil situación de Willy Loman: «¿Y quiénes son esos por los que quieres ser admirado?»,[44] preguntaba el filósofo a sus estudiantes. «No podemos controlar las opiniones que los demás se forman sobre nosotros, y ese esfuerzo solo nos demerita».[45] La única forma de estar satisfecho es matar el deseo de esas cosas ajenas a uno mismo, en particular la atención de los demás. «La divinidad puso esta ley y dice: "Si quieres algo bueno, tómalo de ti mismo"».[46]

La atención que Loman busca es una especie de papilla aguada, casi patética. Porque, al igual que el hermano mayor que lucha por su lugar en una familia a la que ha llegado un recién nacido (equipado con un llanto que hace que los adultos acudan corriendo a atenderlo), lo que Loman o cualquiera de nosotros queremos es algo más que mera atención. Ansiamos la atención como un medio para un fin; pero, cuando nos falta, la perseguimos como un fin en sí misma. Entonces ¿qué es lo que realmente queremos?

Mientras trataba de responder a la pregunta de por qué buscamos los «me gusta», las respuestas y la aprobación de los extraños, y por qué eso puede conducir a famosos y personas por igual a una crisis nerviosa, he regresado a la obra de un filósofo ruso emigrado llamado Alexandre Kojève, cuyos escritos descubrí cuando era estudiante universitario. En 1933, Kojève impartió un seminario de posgrado sobre Hegel en una escuela de París. Aunque Kojève llevó una vida hasta cierto punto oscura (terminaría siendo funcionario del Ministerio de Comercio francés y contribuyendo a la arquitectura del mercado común europeo), su seminario sobre la *Fenomenología del espíritu* de Hegel fue probablemente el curso de filosofía más influyente del siglo XX. Por su aula pasaron muchas de las grandes figuras de la llamada filosofía continental —de Sartre a Lacan—, cuyo pensamiento se vería influido por la gran síntesis intelectual llevada a cabo por Kojève.

En sus conferencias, Kojève retoma la famosa meditación de Hegel sobre la relación entre el amo y el esclavo, reformulándola en términos de lo que Kojève considera la pulsión humana fundamental: el deseo de reconocimiento por parte de otros seres humanos. «El hombre solamente puede aparecer sobre la tierra [...] en el seno de una manada. Por eso la realidad humana solamente puede ser social»,[47] afirmaba. El reconocimiento es el deseo que nos anima, y lo que ansiamos por encima de todo es ser vistos, de forma plena y auténtica, como humanos por otros humanos, para que otros sujetos reconozcan nuestra propia subjetividad. Tan fuerte es este impulso de reconocimiento que los seres humanos estamos dispuestos a arriesgar la vida en esa búsqueda: «El hombre arriesgará su vida biológica para satisfacer su Deseo *no biológico*».[48]

Comprender la centralidad del deseo de reconocimiento es esencial para entender el poder y la ubicuidad de las redes sociales. Hemos desarrollado una tecnología que puede crear una versión sintética de nuestro deseo más fundamental. ¿Por qué publicamos algo? Porque queremos que otros humanos nos vean, que nos reconozcan.

Pero hay una trampa. Un elemento constitutivo del reconocimiento es la igualdad entre los sujetos: para que exista verdadero reconocimiento, hemos de ser reconocidos como humanos por otro humano, como sujeto por otro sujeto. Pero Los-que-posteamos-en-redes nunca podremos alcanzar del todo esa meta, en la medida en que estamos atrapados en una paradoja, que Kojève identifica con la dialéctica del amo y el esclavo en Hegel.[49]

La discusión de Hegel sobre la relación entre el amo y el esclavo constituye uno de los pasajes más famosos del canon filosófico occidental, aunque el texto en sí puede resultar impenetrable en extremo. La historia que refiere es una especie de parábola, sin anclaje espacial o temporal, y funciona como alegoría sobre la conciencia humana, el yo y las relaciones sociales. Hegel describe la lucha de dos individuos que arriesgan la vida por establecer su supremacía sobre el otro, hasta que uno de los dos es vencido y se convierte en esclavo del más fuerte, que se convierte a su vez en el amo. A ojos del amo, el esclavo queda reducido a un objeto suplicante, un mero recipiente de su deseos. Pero esta victoria del amo es una falsa victoria.

Porque, como relata Kojève, el amo también desea el reconocimiento del esclavo, pero como no reconoce la humanidad de este, no puede obtenerlo. «Esa es la insuficiencia —y lo trágico— de su situación», escribe Kojève. «Y es que al Amo solamente puede satisfacerle el reconocimiento por parte de quien él reconoce como digno de reconocerle».[50]

Solo podemos experimentar la satisfacción existencial del reconocimiento por parte de aquellos a quienes nosotros mismos reconocemos de verdad. Solo podemos ver afirmada nuestra propia subjetividad por personas a las que consideramos sujetos en sí mismas.

He descubierto que esta sencilla formulación revela muchas cosas sobre nuestra condición actual, sobre todo en un mundo en el que gran parte de la interacción social acontece en las redes sociales. Articula la paradoja de lo que podríamos llamar la Estrella y el Fan. La Estrella busca el reconocimiento del Fan, pero el Fan es un extraño, a quien la Estrella no conoce. Como la Estrella no puede reconocer al Fan, el reconocimiento de la Estrella por parte del Fan no satisface el deseo existencial básico. No hay forma de salvar la asimetría inherente a la relación, salvo mediante la amistad y la correspondencia reales, pero eso, por supuesto, no puede llevarse a cabo a la misma escala. De modo que la Estrella busca reconocimiento, pero lo que obtiene es atención.

La Estrella y el Fan son prototipos, e internet nos permite ser ambos en contextos diferentes. De hecho, he ahí la innovación fundamental de las redes sociales: la capacidad de ser ambas cosas a la vez. Puedes interactuar con extraños, no solo verlos desde lejos, y ellos pueden interactuar contigo. Los que gozamos de cierto grado de fama experimentamos la falta de reciprocidad en estas relaciones de manera bastante aguda: es la extrañeza que experimentas cuando te encuentras con una persona que te ve y te reconoce, pero a quien tú no puedes ver de la misma manera.

De hecho, esta paradoja fundamental —la búsqueda a través de la fama de algo que la fama no puede proporcionar— gobierna la vida interior de la mayoría de las personas que dominan la política y la cultura, aquellos que mueven los hilos, las estrellas y los famosos, los políticos y los directores ejecutivos. Son personas que anhelan cierto tipo de reconocimiento; ese es el motor de su ambición casi por definición. Y cuando esa ambición alcanza sus formas más extremas, cosa que sucede muy a menudo, afloran también las grotescas distorsiones psíquicas que dicha ambición produce. Esta es la historia de la vida de Donald Trump: alguien que quiere reconocimiento, pero que solo obtiene atención y que termina volviéndose adicto a la atención misma porque es incapaz de entender la diferencia entre ambos, a pesar de que en lo más profundo de su psique existe un vórtice que aúlla y que la fama nunca podrá llenar.

Porque nadie quiere solo mera atención: ni Mandela en su celda cuando estaba perdiendo la cabeza y el alma a causa de la soledad, ni Willy Loman cuando trataba de vender sus productos, ni siquiera Donald Trump cuando postea en redes compulsivamente. Queremos reconocimiento, y la atención es un sustituto pobre pero efectivo. Es la forma sintética de una experiencia sublime. La diferencia es parecida a la que existe entre las endorfinas que liberas cuando practicas el sexo con alguien a quien amas y las que liberas cuando consumes una droga. Entre estar nutrido y estar lleno.

La atención social de extraños es el equivalente psicológico de las calorías vacías, y el tentador bufé de atención social que ahora nos proporcionan los teléfonos móviles nos induce a atiborrarnos. En el contexto actual, el hambre es para muchos una amenaza menos peligrosa que la abundancia. Los alimentos procesados y baratos han democratizado la capacidad de comer en exceso, lo que ha provocado un aumento de las tasas de obesidad en todo el mundo, a pesar de que todavía existen cientos de millones de personas en riesgo de morir de hambre. Como especie, estamos a un tiempo «saciados y hambrientos», en la memorable frase de Raj Patel.[51] Lo mismo ocurre con la atención social: estamos simultáneamente saturados y hambrientos de ella. Por un lado, hay millones de personas que siguen aisladas, solas, pereciendo literalmente por falta de atención social. Por otro, al mismo tiempo, la atención social se ha democratizado hasta tal punto que su exceso afecta hoy potencialmente a más gente de la que había afectado nunca.

Hasta los más adictos a la atención están alcanzando sus límites. «La cantidad de atención que recibo se ha disparado, lo cual es una mierda», tuiteaba Elon Musk en el verano de 2022, cuando estaba en mitad de las negociaciones para comprar Twitter y salieron a la luz varias historias sobre las mujeres con las que había tenido hijos. «Por desgracia, hasta los artículos más triviales sobre mí generan muchos clics :(Haré todo lo posible por concentrarme en hacer cosas útiles para la civilización».[52]

El propósito le duró más o menos una semana. Después de intentar retractarse del acuerdo, Musk terminó por comprar Twitter a un precio hinchado. Siguió tuiteando y llamando la atención sobre sí mismo de manera constante y obsesiva, a pesar de que, al hacerlo, destruía el valor de la empresa por la que tanto había pagado, lo que lo obligó a su vez a vender acciones de Tesla a precios muy rebajados, con el fin de hacer frente a las demandas de garantías por parte de inversores y prestamistas.[53] Musk estaba tan atrapado en la espiral de la atención social que estaba dispuesto a renunciar a una parte sustancial de su fortuna.

¿Qué desea el hombre más rico del mundo que no pueda conseguir? ¿Por qué pagaría la mayor prima? Puede comprar lo que se le antoje. No hay lujo que esté fuera de su alcance. Pero lo que ansía por encima de todo hasta un grado patológico, y de forma tan peligrosamente obsesiva que puede poner en riesgo su fortuna, es reconocimiento. Quiere ser reconocido, ser visto en un sentido profundo y humano. Es lo mismo que quería Willy Loman y lo que acabó matándolo. Musk gastó cuarenta y cuatro mil millones de dólares en intentar comprarse lo que el pobre y patético Loman no pudo tener. Pero se trata de algo que ninguna suma puede pagar. Intentó comprar el reconocimiento de los demás, mas solo obtuvo su atención. Y también eso se desvanecerá muy pronto.

CAPÍTULO 5
ALIENACIÓN

Cuando los talibanes tomaron Kabul y, con ello, el control de Afganistán en el verano de 2021, se enfrentaron de inmediato a un problema. Una organización que se había pasado veinte años combatiendo como milicia insurgente tenía ahora que gobernar una nación de cuarenta millones de personas. No eran el primer ejército rebelde que enfrentaba ese desafío. El destino de los soldados de cualquier movimiento militar que logra derrocar a un gobierno —de la generación fundadora de Estados Unidos a los bolcheviques soviéticos— es convertirse en oficinistas.

Pero los talibanes se distinguían de otros grupos que habían pasado por esta abrupta transición en un aspecto clave: habían guerreado sin cesar durante las dos décadas previas, de modo que muchos de sus combatientes no habían hecho otra cosa en su vida. No habían experimentado ningún tipo de «normalidad» previa a la guerra. La guerra era lo normal para ellos.

Esto conllevó que, cuando llegó el momento de gobernar, no solo tuvieran que aclimatarse a la vida en tiempos de paz y a la responsabilidad de ejercer el poder, sino también a los ritmos cotidianos de la modernidad urbana. No sorprende demasiado que la nueva situación supusiera un gran choque para muchos de ellos. Pastores guerreros que habían pasado su vida adulta en pequeñas unidades militares con sus camaradas, alternando sus días entre matar el tiempo y ejercer una ultraviolencia despiadada, de repente se veían transformados en burócratas de nuevo cuño, con flamantes trabajos de oficina.

Un analista de un grupo de expertos llamado Afghanistan Analysts Network (Red de Analistas de Afganistán) entrevistó a cinco de estos excombatientes talibanes sobre su experiencia de la transición a la paz y descubrió que el aburrimiento, la inquietud y la infelicidad eran endémicos entre ellos. Un excombatiente se quejaba de la delincuencia y de las multitudes de la ciudad, así como del extraño anonimato que imperaba en la vida urbana, donde «la gente vive muy cerca, pero no interactúa».[1]

Otro denunciaba los altos precios de los alquileres, que le impedían trasladar a su familia consigo, y el tráfico congestionado. Su vida en su nuevo puesto era sofocante, decía. «En el grupo, teníamos mucho margen de libertad para decidir adónde ir, dónde quedarnos y si participar en la guerra. Sin embargo, ahora tienes que estar en la oficina antes de las ocho de la mañana y quedarte allí hasta las cuatro de la tarde. Si no vas, se te considera ausente y [el salario de] ese día se descuenta de tu sueldo. Ahora nos hemos acostumbrado, pero durante los dos o tres primeros meses se nos hizo especialmente difícil». No solo eso, sino que ya no podía pasar tiempo con los amigos con los que antes compartía cada momento y que ahora estaban repartidos por la ciudad en diferentes puestos. «Los que están en Kabul, como yo, trabajan de ocho de la mañana a cuatro de la tarde, así que, durante la mayor parte de la semana no tenemos tiempo para vernos».

Los viernes, el *sabbat* musulmán, era el único día en que él y sus amigos podían reunirse en un parque público y pasar el rato como en los viejos tiempos. Otro entrevistado se quejaba en términos muy similares sobre la monotonía insoportable de su nueva vida como oficinista. «Ahora nos sentamos en un escritorio, frente a un ordenador, las veinticuatro horas del día, siete días a la semana. La vida se ha vuelto tan tediosa. Hacemos lo mismo todos los días. Estar lejos de la familia solo lo hace aún más insoportable».

¿Y cómo hacen estos combatientes convertidos en oficinistas para lidiar con el aburrimiento que les produce su vida actual? Se lanzan, por supuesto, hacia el pozo de atención que es el internet moderno. «A veces echo de menos la vida de la *yihad* por todas las cosas buenas que tenía», explicaba Abdul Nafi, de veinticinco años. «En nuestro ministerio, hay poco trabajo para mí. Por lo tanto, paso la mayor parte de mi tiempo en Twitter. Tenemos conexión rápida de wifi e internet. Muchos muyahidines, incluido yo, somos adictos a internet, especialmente a Twitter».[2]

Me reí al leer esto porque se me vino a la cabeza un meme que había visto hacía poco. En él se muestra la imagen de un hombre vestido con traje estándar trabajando con gesto triste en una oficina, frente a un ordenador de sobremesa y junto a la leyenda: «Cansado de mirar la PANTALLA MALA». Debajo de la imagen aparece otra del mismo hombre en camiseta, sentado en la cama y escribiendo felizmente en su portátil, con otro pie que dice: «Estoy deseando llegar a casa para mirar la PANTALLA BUENA». Resulta que la atonía atencional propia de los entornos de trabajo modernos genera un ansia de alivio saciada por los mismos dispositivos que construyen la prisión del aburrimiento. Los violentos y brutales yihadistas vivían ahora sus vidas alternando entre pantallas buenas y malas.

«No estamos hechos para vivir así», se oye decir a menudo a la gente sobre múltiples aspectos de la vida moderna: los cubículos con luz fluorescente, los vagones de metro abarrotados, la comida rápida para llevar. Y, en cierto sentido, supongo que es verdad, aunque la construcción «hechos para» comporta un sentido de propósito y diseño finales que no cuadra muy bien en un contexto secular. Para los fundamentalistas religiosos como los talibanes, sin embargo, la expresión alude a una especie de alejamiento de Dios y sus designios.

Los excombatientes talibanes estaban experimentando el incremento de la alienación que conlleva la modernidad y, en particular, la variedad de alienación propia del siglo XXI. Después de pasar años —literalmente— en el desierto, de repente se veían obligados a lidiar con muchos aspectos de la vida bajo el capitalismo global del siglo XXI. Con la salvedad de que, en realidad, no viven la vida bajo el capitalismo global del siglo XXI, ¡viven la vida asfixiante que impone una junta religiosa de la que forman parte! Pero ni siquiera eso les libra del trabajo monótono, del hastío y de la alienación. Han ganado la guerra solo para convertirse en víctimas de un enemigo mucho más poderoso.

No creo que se pueda comprender la era de la atención sin abordar la experiencia de la alienación. «Alienación» es un término resbaladizo, que siempre me ha generado cierto escepticismo. Nombra algo que es a un tiempo tan omnipresente y amorfo que uno termina por sospechar que no nombra nada en absoluto. Aun así, al reflexionar sobre el modo de vida en la era de la atención, vuelvo una y otra vez a la noción de alienación, pues, a falta de otro concepto, es el mejor descriptor que encuentro a mano para identificar algo que se me escapa y que tiene que ver con vivir en el mundo actual.

En esencia, la alienación consiste en una experiencia subjetiva en la que algo que debería ser parte de nosotros se nos aparece sin embargo como extraño o ajeno. Es una sensación de «desintegración», lo contrario a la «integridad». Una sensación que fluctúa, pero que persiste, amenazante y omnipresente. La noción es muy antigua. Podríamos considerar la fábula del Jardín del Edén, la versión cristiana del pecado original, como una teoría de la alienación. El hombre y la mujer fueron creados completos y puros, indivisibles de Dios y de su espíritu divino. Pero la tentación de Eva y el consiguiente pecado original conducen a un estado de división interna: el libre albedrío humano se vuelve contra lo divino, proyectando desde entonces su sombra sobre toda la vida humana subsiguiente. Según la teología cristiana, nuestro sino inexorable es que nacemos todos pecadores, alienados de Dios hasta que Jesús regrese para restituir nuestra integridad.

Hegel acuñó su propia versión de la alienación para hablar de los obstáculos a los que se enfrenta la conciencia verdadera. Rousseau, por su parte, acudió a una noción similar para describir las cuitas de aquellos tan vanidosos que estaban separados de sí mismos. Con todo, fue Marx el primero en hacer del término alemán *Entfremdung* un concepto más ampliamente aplicable a la crítica sociológica del capitalismo. *Entfremdung* significa «extrañamiento» o «alejamiento», en este caso de uno mismo, que era lo que para Marx definía la experiencia fundamental de los trabajadores bajo el capitalismo.

Imaginemos a un artesano independiente, a un zapatero, por ejemplo, haciendo su trabajo antes de la industrialización. Posee su propia tienda y hace sus zapatos con esmero y orgullo. Está presente y atento en cada paso del proceso por el que el cuero crudo se convierte en un zapato. También tiene la satisfacción de contar con una especie de *telos*, de finalidad, en su labor: puede supervisar el arco de progresión que va desde las materias primas hasta el producto terminado. Al final de ese proceso habrá producido un objeto del que es autor. El zapato es suyo. A continuación, puede venderlo y recibir un dinero a cambio del bien que ha fabricado.

Ahora comparemos esa experiencia con la de alguien que trabaja en una fábrica de zapatos. El trabajador de la fábrica no tiene ningún control sobre el proceso de producción del zapato. La técnica o el conocimiento artesanal que aplica en su tarea son relativamente escasos. No puede controlar el tiempo y no desempeña una serie de tareas sucesivas, que van cambiando a medida que la materia prima se va transformando en zapato, el producto terminado. En lugar de eso, maneja una máquina que hace lo mismo todo el rato, como, por ejemplo, estampar una plantilla una y otra vez, hora tras hora, día tras día, semana tras semana. Lo que antes pertenecía al propio artesano —la técnica, la destreza, el propio objeto— ahora pertenece al capitalista. El trabajador es un mero medio para un fin. «El trabajo del proletario ha perdido todo su carácter independiente debido a la expansión de la maquinaria y a la división del trabajo —escriben Marx y Engels en el *Manifiesto comunista*—, y con ello, todo su atractivo para el obrero. Este se convierte en mero accesorio de la máquina, del que tan solo se exige la manipulación más sencilla y monótona, la más fácil de aprender».[3]

Para Marx, esto no es fruto de la casualidad, sino algo que constituye de manera casi literal el núcleo del capitalismo, cuyo rasgo principal, podría decirse, es su creciente capacidad para separar las diferentes partes de la producción y reducirlas a unidades de trabajo simplificadas. «En la medida en que aumenta la división del trabajo, este se simplifica —explica Marx en *El trabajo asalariado y el capital*—. La pericia especial del obrero no sirve ya de nada. Se le convierte en una fuerza productiva simple y monótona, que no necesita poner en juego ningún recurso físico ni espiritual. Su trabajo es ya un trabajo asequible a cualquiera».[4]

La pericia especial del obrero ya no sirve de nada. Este se convierte en una fuerza productiva simple y monótona, que no necesita poner en juego ningún recurso físico ni espiritual. Su trabajo es ya un trabajo que cualquiera puede desempeñar.

El desarrollo del capitalismo industrial convierte el trabajo en una mercancía. En la producción artesanal, el trabajo y la técnica pueden variar de un zapatero a otro, pero en la producción industrial eficiente el objetivo es reducir las variaciones entre las diferentes unidades de trabajo asalariado y tornarlas idénticas, de modo que, si pones a alguien en la cadena de estampado de suelas, tiene que hacer lo mismo que cualquier otro trabajador de la cadena.

Este proceso de estandarización es lo que Marx denomina «mercantilización del trabajo». Una mercancía es cualquier recurso que tenga lo que los economistas llaman «fungibilidad sustancial», término que alude a que cada producto es indistinguible de otro. Cada barril de petróleo crudo, por ejemplo, es intercambiable por cualquier otro barril de petróleo crudo. Lo mismo ocurre con cada tonelada métrica de pulpa de madera o cada kilogramo de caucho. Una vez que algo se transforma en una mercancía, se desbloquea su potencial para ser comercializado en los mercados, para ser intercambiado y transferido y para servir como un instrumento económico con el que sacar partido a las apuestas sobre los movimientos futuros de los precios. Mercantilizar algo es estandarizarlo, abstraerlo y desindividualizarlo.

Es esta desindividualización y la deshumanización que comporta lo que Marx identifica en su teoría de la alienación. Cada zapato hecho por nuestro zapatero es distinto para él, mientras que cada hora de trabajo en la cadena de montaje, estampando suelas, puede ser realizada por cualquiera. La consecuencia psicológica de todo ello, a nivel subjetivo, explica Marx, es la «alienación». El artesano es propietario del objeto que produce a través de su trabajo, incluso cuando lo vende en un intercambio mercantil. Su esfuerzo, su habilidad y su trabajo se han volcado en el objeto y, al final del proceso, él es el propietario del objeto. Luego decide venderlo en el mercado, como parte de un intercambio y, al hacerlo, transfiere la propiedad del producto terminado al cliente a cambio de dinero. Por el contrario, es posible que el trabajador de la cadena de montaje nunca llegue a ver los zapatos terminados. Puede, incluso, que nunca acceda a tener un par de esos zapatos para él. No posee tampoco ningún vínculo de autoría con ellos, no puede enorgullecerse de ellos. «El objeto que el trabajo produce, su producto, se enfrenta a Él como un ser extraño, como un poder independiente del productor».

En el capitalismo, el trabajador está condenado a un sentimiento subjetivo de alienación; lo que debería ser suyo está fuera de él, y su propia humanidad, que debería ser su posesión más preciada, se le extrae a medida que «se vende poco a poco».[5]

He ahí por tanto la experiencia subjetiva de la alienación en Marx. Pero Marx postuló también un tipo objetivo de alienación paralela a la experimentada por el proletariado recién desposeído. El filósofo alemán explica que el proceso de producción capitalista transfiere «de hecho» el valor del trabajo del obrero que está estampando suelas al dueño de la fábrica. Es decir, que el operario de la cadena de montaje cuya labor consiste en una repetición agotadora no solo «siente» que el objeto que produce le es ajeno, sino que esto es así en un sentido fundamental y objetivo.

Vale, sé que para quienes estén familiarizados con Marx esto parece un cursillo acelerado para principiantes y que no estoy contando nada nuevo. Pero creo que vale la pena fijar algunos rasgos básicos de lo que Marx llama alienación porque algunos de ellos parecen relevantes —cuando no directamente análogos— a la hora de describir la experiencia que induce lo que podríamos llamar el «capitalismo de la atención».

Porque la moderna economía de la atención hace con la atención algo muy similar a lo que el capitalismo industrial hacía con el trabajo. El «trabajo» en el sentido de «labor» o «esfuerzo» es anterior al capitalismo. Los seres humanos han invertido su esfuerzo, tanto mental como físico, en tareas y proyectos para producir cosas de valor desde que empezaron a habitar la tierra. Cazamos, recolectamos, cuidamos de los demás, cultivamos la tierra, fabricamos ropa, y así sucesivamente. Sin embargo, el trabajo asalariado es una forma muy específica de esta actividad y lleva aparejada toda una serie de instituciones y prácticas que lo producen. El trabajo, así entendido, es una mercancía que puede ser intercambiada, comprada y vendida.

Lo mismo ocurre con la atención. La atención es tan antigua como la especie y las estrategias para captarla con fines sociales son tan antiguas como los chamanes, los poetas y la conversación. Pero esa atención se ha mercantilizado y puede intercambiarse, comprarse y venderse en sofisticadas subastas algorítmicas instantáneas que ponen precio a cada segundo de la atención que prestan nuestros ojos. Eso es nuevo, transformador y alienante.

No hay que ser marxista (yo no lo soy), ni siquiera de izquierdas, para reconocer la utilidad de este concepto central. La transición del modo de producción del zapatero que trabaja en su taller al obrero en la cadena de montaje de calzado representa una profunda ruptura en la experiencia que el trabajador tiene del mundo, de su lugar en él e incluso del propio tiempo.[6] Lo más útil del análisis de Marx para nuestra discusión es cómo identifica la raíz de la alienación con un conjunto de cambios tecnológicos y económicos que transforman por completo la vida interior y la experiencia del mundo.

El trabajo humano siempre ha existido, pero el trabajo asalariado es una creación del capitalismo industrial. La atención humana siempre ha existido, pero los «clics», el «contenido», y términos anglosajones en boga como *engagement* (la implicación emocional de usuarios y clientes) o *eyeballs* («globos oculares», alusión metonímica a los usuarios de dispositivos electrónicos y a la captura de su atención) son creaciones del capitalismo de la atención. Y verse reducido a un salario o a un par de ojos es ser alienado de una parte de uno mismo.

Nuestra moderna industria de la atención es la culminación de un largo proceso de mercantilización de la atención. En su libro *Comerciantes de atención*, Tim Wu sostiene que el primer negocio de medios que empaquetó y vendió la atención de la audiencia a los anunciantes fue la prensa sensacionalista, comenzando por el periódico *The Sun*, que se publicó por primera vez en la ciudad de Nueva York en 1833. Aunque existían muchos periódicos antes de *The Sun*, los ingresos de esas publicaciones provenían principalmente de la venta de ejemplares.

Los periódicos de la época costaban unos seis centavos, pero el fundador de *The Sun*, Benjamin Day, tuvo una idea novedosa: cobrar solo un centavo por el periódico, perdiendo dinero con cada ejemplar, pero compensando esa pérdida con el aumento de lectores. A continuación, monetizó ese incremento de lectores vendiendo anuncios en el periódico, con la promesa de poder llegar a un público mucho mayor que sus competidores, tanto en números totales como en diversidad social. Su objetivo era ambicioso: «El objetivo de este periódico es presentar al público, a un precio asequible y al alcance de cualquiera, TODAS LAS NOTICIAS DEL DÍA y, al mismo tiempo, ofrecer un medio ventajoso para la publicidad».[7] Y, como relata Tim Wu, la única forma de cumplirlo era «ofrecer historias que nadie pudiera ignorar».[8]

Cada día, *The Sun* ofrecía relatos de muerte, tumulto, lujuria y traición. Day inventó algunos de los trucos pioneros para llamar la atención y su publicación se enfocaba en temas que hoy describiríamos como «ciberanzuelos». Tomando prestada una idea de los periódicos británicos, contrató a un periodista para que se pasara el día en los juzgados de lo penal y escribiera cuanto viera. Las historias espeluznantes se convirtieron en el pilar del periódico. Un artículo de portada del 21 de noviembre de 1859 (con ilustración adjunta) detallaba un espantoso asesinato a sangre fría: «Se arrodilló ante su víctima postrada y recorrió el cuerpo con la mano, buscando el punto exacto y más fatal para golpear. Por un momento, la hoja reluciente brilló sobre su cabeza y, un instante después, la hundió en el corazón del ser que tenía frente a sí. Con un sonido sordo y pesado, la sangre caliente brotó sobre el asesino, quien extrajo el cuchillo del pecho de la víctima para arrojarlo luego lejos, en el bosque».[9] Lo que hoy llamamos «noticias sensacionalistas», al menos en el contexto estadounidense, fueron en gran medida una invención de Day.

El objetivo de *The Sun* era maximizar el alcance público de su tirada, incluso si ello iba en detrimento de la credibilidad de su producto. Después de todo, el periódico no era realmente el producto, lo eran sus lectores, y Day necesitaba llegar a la mayor cantidad de público posible para que su nueva empresa fuera rentable.

Day también tomó prestado de los británicos un modelo de negocio que utilizaba incentivos de atención para vender el periódico. Vendía *The Sun* al por mayor, con un descuento, a los repartidores de periódicos, que obtenían un pequeño beneficio con cada ejemplar que vendían. Fue así como nació también el vendedor de periódicos, que recorría las calles gritando «¡EXTRA, EXTRA!».

Puede observarse cómo este modelo, una especie de «marketing atencional multinivel», creó los incentivos para que los vendedores individuales empezaran a anunciar a voces su producto en las calles, como si fueran sirenas de noticias.[10] La idea funcionó. La innovación de Day perduró y, a lo largo del siglo XIX, creció hasta sentar las bases de toda una industria de prensa basada en la publicidad, lo que a su vez allanó el terreno para la llegada de los medios de comunicación de masas. Tal es así que este sistema —consistente en regalar el producto o cobrar un coste nominal y obtener beneficios vendiendo la atención del público a los anunciantes— habría de convertirse en el modelo de negocio dominante en el sector de los medios de comunicación a lo largo de los dos siglos siguientes: prensa, radio, televisión y redes sociales.

A pesar de su éxito, sin embargo, el modelo sustentado en la publicidad no estaba exento de controversia en lo que respecta a una pregunta fundamental: ¿cómo podían saber los anunciantes que compraban el acceso al público si el modelo funcionaba? ¿Cómo cuantificar la atención que estaban comprando?

En sus inicios, el capitalismo industrial planteó un problema similar a quienes compraban la fuerza de trabajo de los obreros: ¿cómo saber a ciencia cierta lo que se estaba comprando? Enseguida se idearon diferentes innovaciones y estrategias para cuantificar y controlar el trabajo de los operarios, de modo que los jefes pudieran saber con más o menos precisión lo que estaban comprando. La producción doméstica de textiles, por ejemplo, fue reemplazada por fábricas centralizadas. Se introdujeron horarios y turnos para desgajar el tiempo en bloques y se empezaron a usar relojes y máquinas de fichar para controlar la asistencia. Las cuotas de productividad permitieron que los gerentes pudieran informar con precisión a la propiedad de cuánto trabajo estaba produciendo cada equipo de operarios. Así pues, los jefes no tardaron mucho en resolver el problema que planteaba cuantificar de manera fiable el trabajo que se estaba haciendo.[11]

Pero con la atención las cosas eran diferentes. A lo largo del siglo XIX, y a medida que la industria de la prensa (periódicos y revistas) se convirtió en el motor central de la cultura de masas y de la captación de atención, se produjo un tenso tira y afloja entre editores y anunciantes sobre cómo medir y verificar la atención del público. Si el producto que se vendía era la atención, se trataba un producto cuando menos extraño. Uno puede inspeccionar un cargamento de petróleo crudo, incluso meter el dedo en el propio producto, pero no se puede hacer lo mismo con la atención del público. El anunciante no puede estar presente en el momento en que el público ve su anuncio. Y eso si este lo ve, porque puede darse el caso de que el lector no llegue a ver el anuncio porque, aunque recibe la revista, en realidad no la lee. O porque se distrae en el preciso instante en que el anuncio entra en su campo visual. O porque el periódico va directamente a la basura y nunca llega a sus manos, aunque el ejemplar se contabilice en las estadísticas de circulación.

Existe un viejo chiste en el ámbito del marketing, una cita probablemente apócrifa y atribuida a diferentes industriales del siglo XIX, que dice: «Estoy tirando a la basura la mitad de lo que invierto en publicidad. El problema es que no sé qué mitad». La cita ilustra dos fuentes de incertidumbre persistentes en los mercados de atención. Una de ellas atañe a la cuestión (más un arte que una ciencia) de cómo saber qué mensajes funcionan a la hora de persuadir a las personas cuya atención se ha captado para que compren un producto. La otra fuente de incertidumbre, aún más esencial, resurge cada poco tiempo con el crecimiento y desarrollo de los mercados de atención y tiene que ver con una cuestión muy simple: si la atención que los anunciantes están comprando existe de verdad y si está conectada a un ser humano de carne y hueso.

Esta pregunta ha atormentado a la industria de la atención a lo largo de su existencia. Los índices de audiencia de Nielsen surgieron en la década de 1930 como una herramienta para medir las audiencias de radio.[12] Se entregaban diarios a un grupo de personas, que registraban en la libreta los programas que escuchaban. En la década de 1950, Nielsen adaptó este método para la televisión, seleccionando grupos de espectadores, que también anotaban en sus diarios lo que veían.[13] Pero ¿quién podía asegurar cuán diligentes o precisos eran estos diarios? La memoria humana es un desastre. En 1987, Nielsen reemplazó los diarios por dispositivos de medición conectados a los propios televisores de los espectadores seleccionados como muestra[14] (que en la actualidad suman alrededor de cien mil personas). La medición directa representa, como es obvio, una gran mejora con respecto a los diarios escritos, pero todavía existe un gran margen de error. El hecho de que el televisor esté encendido y sintonizado en un determinado canal a una determinada hora no significa que haya alguien en la habitación viéndolo, y, si en efecto hay alguien, no significa necesariamente que esté prestando atención.

Nielsen se convirtió en un monopolio de manera natural, lo que no deja de tener sentido: la industria necesitaba un método de medición único y estándar. Su hegemonía de la industria de las audiencias se sostenía sin embargo sobre todo tipo de algoritmos patentados y métodos estadísticos a los que ni los anunciantes ni las cadenas tenían acceso. A lo largo de su historia, Nielsen ha librado interminables batallas sobre la precisión de sus mediciones, tanto con los anunciantes como con las cadenas de televisión. En 2021, por poner un ejemplo reciente, un grupo empresarial del sector audiovisual dio el notable paso de suspender la acreditación de las cifras de Nielsen aduciendo que tenía pruebas de que la empresa de medición había subestimado de manera significativa la audiencia televisiva durante la pandemia.[15] Otra firma del sector presentó quejas similares y exigió que la consultora Ernst & Young realizara una auditoría independiente de los datos de Nielsen.[16] En 2022 un grupo de cadenas demandó asimismo a Nielsen por imprecisión en sus mediciones.[17] En otras palabras, transcurridas dos décadas del siglo XXI, todavía no existe la certeza de que las mediciones de Nielsen sean fiables.

Cabría pensar que la moderna tecnología digital debería resolver por completo esta cuestión, desde el momento en que los anunciantes pueden conocer con exactitud cuántas personas ven sus anuncios y cuántas hacen clic en ellos. Es cierto que dicha tecnología ayuda a solventar parcialmente el problema y que gran parte de la actual internet se basa de hecho en la llamada «tecnología publicitaria» (*ad tech*): el enorme y complejo mercado de atención digital que se ha desarrollado en las últimas décadas como consecuencia lógica de la mercantilización de la atención. Se trata de un sistema más vasto y rápido que el de Nielsen u otras formas de medición de audiencia y ventas. Es capaz —mucho más que cualquier versión anterior de estos mercados— de rastrear fracciones de atención cada vez más pequeñas, de modo que puede, por ejemplo, detectar qué anuncio publicitario aparece en tu pantalla tras ser subastado entre otros en décimas de segundo mientras cargas una página web. Como observa Tim Hwang, un filósofo de la tecnología que ha trabajado en sitios tan dispares como Google, Substack o Harvard, «las generaciones anteriores de anunciantes compraban y vendían atención, pero nunca a la velocidad, escala y nivel de granularidad de los mercados publicitarios programáticos actuales. Lo que diferencia al sistema actual de publicidad online es la medida en que ha permitido agrupar multitud de pequeños momentos de atención en activos líquidos y discretos que luego pueden comprarse y venderse sin problemas en un mercado global».[18]

Aun así, si rascamos un poco la superficie de la multimillonaria industria global de la tecnología publicitaria que constituye el motor financiero de toda la internet moderna, descubrimos que muchas de las preguntas y problemas que han acechado a la industria desde sus inicios siguen ahí. De hecho, sostiene Hwang, la situación del mercado de la tecnología publicitaria guarda en su conjunto peligrosas similitudes con la del mercado inmobiliario estadounidense justo antes de la gran crisis financiera de 2008.

Lo que motivó aquella crisis fue el enorme crecimiento de las hipotecas de alto riesgo (*subprime*), que se trocearon en valores que los bancos y los inversores trataron como sólidos y fiables cuando eran todo lo contrario. La mercantilización y la ingeniería se volvieron tan abstractas que los mercados ya no sabían qué estaban intercambiando. Construyeron edificios enteros sobre lo que pensaban que era roca sólida y resultó ser arena movediza.

Hwang sostiene que está sucediendo algo similar con lo que él llama «atención *subprime*». La mercantilización de la atención se ha generalizado y los mercados que compran y venden esa atención a través de transacciones computarizadas cada vez más complejas y opacas están cada vez más distanciados de la atención real (de los seres humanos reales) que supuestamente se compra y se vende. Al igual que sucedió en el mercado inmobiliario, esto ha abierto enormes oportunidades para jugar con el sistema. Es bien sabido que Meta —que conforma junto a Google el duopolio de la tecnología publicitaria que acapara aproximadamente la mitad de los ingresos publicitarios de internet— ha sido sorprendida en repetidas ocasiones exagerando en gran medida las métricas de atención que ofrece a los anunciantes. El notorio «giro hacia el vídeo» de Facebook (ahora Meta) resultó ser un enorme fracaso. Según una investigación independiente, el tiempo real que los usuarios pasaban viendo vídeos en la plataforma era tan solo una quinta parte de lo que Facebook había asegurado a los anunciantes.[19] (Facebook lo negó al principio, pero terminó por llegar a un acuerdo para resolver la demanda interpuesta).

En puridad, el problema no es solo de Facebook. Todas las pruebas apuntan a que una enorme parte de la atención que se compra y se vende en internet es consumida por *bots* y otros programas diseñados para aprovecharse de manera fraudulenta de estos mismos mercados y métricas. Un estudio de 2018 realizado por Adobe reveló que casi el 30 por ciento del tráfico web mostraba lo que los autores denominaban «fuertes indicios de señales no humanas».[20] Como explica Hwang, se trata de un volumen de fraude escandaloso. «Imagina un supermercado con el nivel de fraude de inventario que existe en el mercado programático. Es como si en algunos pasillos, uno de cada cinco de los productos de los estantes fuera falso: al volver a casa, descubrirías que esas cajas no contienen nada».[21]

Pero pongamos que no hubiera fraude ni *bots* fantasma acumulando visualizaciones. Pongamos que cada visualización o clic correspondiera a un ser humano real que presta atención al artículo o anuncio en cuestión. La mercantilización de la atención digital implica que esta se estandariza y se mide sin lugar para variaciones cualitativas. Ese es precisamente el objetivo de la mercantilización: reemplazar los juicios cualitativos por juicios cuantitativos. Cada loncha de panceta, onza de oro o barril de crudo tiene que ser igual a todos los demás. Pero ¿son equivalentes los diez segundos que uno pasa mirando la pantalla en un determinado momento a los diez segundos que pasa en otro momento? Parece… improbable. Y, si lo pensamos con un poco más de detenimiento, comprendemos que por fuerza es falso. El estado de absorción distraída y automática en el que uno está mientras escrolea en TikTok o ve al tuntún historias de Instagram no es equiparable al estado de concentración intensa y obsesiva con el que uno ve, por ejemplo, un vídeo de su hijo de ocho años metiendo una canasta en el último cuarto de un partido de baloncesto, o los climáticos segundos finales de un programa que le encanta.

A lo largo de los años, estas diferencias en la calidad de la atención no han pasado desapercibidas ni a los vendedores ni a los compradores de atención. Incluso hoy, las distintas tarifas publicitarias en televisión se basan en juicios sobre la «calidad» de la atención prestada a un programa determinado. Los programas más populares, los que generan más revuelo mediático y conectan mejor con las tendencias del momento, pueden cobrar tarifas más altas.

Dicho esto, la mayor parte de la segmentación y de la fijación de precios diferenciales en el mercado actual de la tecnología publicitaria tienen que ver con el nicho de atención que se compra («los jóvenes», «los ricos», etc.), en contraposición a la calidad de la atención que se capta. Para que la lógica de la mercantilización se mantenga y la mecánica de mercado que crea funcione, la intercambiabilidad de la atención es una pieza esencial e innegociable. De este modo, una gran parte del sector de la tecnología publicitaria —de la infraestructura tecnológica y comercial que sustenta una enorme porción de internet— se basa en la asunción de que un segundo de la atención de un usuario es igual a cualquier otro segundo de la atención de cualquier otro usuario. Todo es una mercancía que puede empaquetarse y venderse mediante subastas de nanosegundos a los anunciantes que codician tu atención.

Es así como llegamos a la fuente de la alienación en la era de la atención. Nuestra atención se ha mercantilizado hasta fragmentarse en diminutas porciones de tiempo que se subastan. Algunas de las corporaciones más ricas y poderosas del mundo contratan a los ingenieros más cualificados del mundo para hacerse con la mayor cantidad posible de esta mercancía y venderla. ¿Qué consecuencias tiene que la atención, la esencia misma de nuestra conciencia, el lugar donde nuestra mente encuentra reposo, sea empaquetada y vendida como si fuera intercambiable con la atención de los demás? ¿Cómo llamarías a una mercancía así?

En su excelente historia de la mercantilización de la atención, la historiadora económica Zoe Sherman describe la atención como una «mercancía ficticia», utilizando un término acuñado por el economista Karl Polanyi. Las mercancías, dice Polanyi, son «objetos producidos para su venta en el mercado».[22] Pero las mercancías ficticias (el trabajo, por ejemplo) se comercializan y se valoran «como si» fueran mercancías en una economía de mercado, aunque no se produzcan para el mercado como tal. Nuestra atención y nuestro trabajo, cuya existencia es previa a cualquier institución de mercado, se han convertido en mercancías que pueden comprarse, venderse y comercializarse.

Si bien siempre existe algún proceso previo mediante el cual los productos básicos se vuelven comercializables (el petróleo tiene que ser bombeado desde el subsuelo antes de ser vertido en un barril), Polanyi sostiene que el proceso por el cual se mercantilizan los productos «ficticios» implica por necesidad una especie de transformación de la sociedad en su conjunto. Para convertir el trabajo en una mercancía, hay que reordenar la sociedad, crear nuevos regímenes legales, tecnológicos e institucionales que puedan desgajar el trabajo esencial del esfuerzo humano y convertirlo en una unidad medible, con un precio.

Sin embargo, por gigantesca que sea esta transformación, señala Polanyi, nunca podrá ser total. No podemos convertir por completo algo tan esencialmente humano como «el trabajo que hacen nuestros cuerpos y cerebros» en una mercancía de mercado sin destruir a la propia humanidad. «Permitir que el mecanismo del mercado dirija por su propia cuenta y decida la suerte de los seres humanos y de su medio natural [...] conduce necesariamente a la destrucción de la sociedad —escribe—. Y esto es así porque la pretendida mercancía denominada "fuerza de trabajo" no puede ser zarandeada, utilizada sin ton ni son, o incluso ser inutilizada, sin que se vean inevitablemente afectados los individuos humanos portadores de esta mercancía peculiar. Al disponer de la fuerza de trabajo de un hombre, el sistema pretende disponer de la entidad física, psicológica y moral "humana" que está ligada a esta fuerza».[23]

La descripción se ajusta a la perfección a lo que siento que la mercantilización de la atención hace con nosotros. Nuestra atención —los fugaces segundos durante los cuales nuestra mirada se posa en un anuncio de coches— es una mercancía ofertada en un mercado en el que varios actores negocian el precio mientras compran y venden. Peor aún, en la era de la atención, en la que esta mercantilización se vuelve cada vez más totalizadora y en la que la captura de la atención se aproxima a una deshumanización completa, corremos el riesgo de despojarnos por completo de nuestra «entidad física, psicológica y moral». Porque, sencillamente, no hay forma de separar la atención en cuanto bien de mercado de nuestra experiencia subjetiva de ella como rasgo constitutivo de nuestra vida consciente, de lo que significa ser un «yo» en el interior de un cuerpo humano que habita el mundo.[24]

El concepto de «mercancía ficticia» es útil para ilustrar por qué la era de la atención es tan alienante. Porque no hay duda de que nuestra atención es valiosa en términos de mercado. No hay duda de que nuestra atención tiene un precio, establecido dentro de un mercado tan desarrollado como sofisticado de compradores y vendedores de atención. Pero ese hecho económico no puede separarse nunca del todo de una verdad más profunda que atañe al significado de lo que esta mercancía ficticia es más allá de su función económica. Como sucede con el trabajo, siempre será para cada cual algo irreductiblemente diferente de lo que significa para un actor del mercado que la compra y vende a un precio determinado.

Trabajo y atención. Ambos están presentes dondequiera que haya seres humanos y cualquier proyecto social o civilizatorio requiere su empleo y canalización. En la actual iteración del capitalismo, ambos se han convertido también en mercancías, con algunas consecuencias e implicaciones extrañas.

La experiencia definitoria de la era de la atención es un tipo específico de alienación. Es la sensación de que nuestra vida interior, la dirección de nuestros pensamientos, está siendo capturada en contra de nuestra voluntad. Ello se debe al sofisticado desarrollo de los mercados de atención, que han descubierto formas cada vez más eficientes de extraer y mercantilizar nuestra atención en cantidades crecientes. Pero nuestra atención no es como otras mercancías, es una mercancía ficticia: un bien de mercado con un precio y, al mismo tiempo, algo inseparable de nuestra propia humanidad. La alienación que sentimos nace de la tensión que existe ente la atención concebida como mercancía y la atención como sustancia de nuestras vidas.

No obstante, la atención se comporta de forma extraña incluso como bien de mercado. En un mercado líquido y operativo, si la demanda de, pongamos, almendras aumenta y la oferta se mantiene, los precios suben. Como consecuencia, y a medida que los precios suben, los agricultores se ven incentivados a cultivar más almendras y a sustituir en sus parcelas cultivos menos rentables por almendros. A medida que crece el número de agricultores que cultivan más almendras, crece la oferta y hace que el precio de la almendra baje de nuevo. Lo mismo ocurre con un producto industrial como el litio. A medida que la demanda de litio para la producción en masa de baterías eléctricas se disparaba, los inversores se apresuraron a invertir y a intensificar las operaciones de extracción de litio para aumentar la oferta.

Sin embargo, cuando se pasa de productos básicos tradicionales a productos básicos ficticios, aunque el marco básico siga siendo aplicable, las cosas empiezan a complicarse. Tomemos el trabajo. Cuando la oferta de mano de obra es limitada y la demanda aumenta, el precio de la mano de obra (los salarios) también aumenta. Cuando esto sucede, es habitual que personas que antes estaban fuera del mercado laboral (que optaban por no trabajar y se quedaban en casa) vuelvan al mercado laboral, alentadas a hacerlo por el aumento de los salarios, de modo que, como consecuencia, aumenta la oferta de mano de obra.

Pero ¿qué sucede con la atención? Es obvio que ningún agricultor puede cultivar nuevos pares de ojos para que miren pantallas, ni hay reservas de atención humana enterradas bajo el suelo. Existen un número limitado de humanos, un número limitado de horas de vigilia y una cantidad fija de atención que capturar. Cuando los capitalistas de la atención quieren aumentar la oferta, no tienen medios para crearla; en su lugar, tienen que encontrar nuevas formas de arrebatárnosla.

Y vaya si lo intentan. En los últimos quince años —sobre todo desde la llegada de los teléfonos inteligentes—, aquellos que explotan y venden nuestra atención han trabajado sin descanso para aumentar la oferta de este producto. La primera estrategia para hacerlo, y la más crucial, fue ampliar a gran escala los espacios de tiempo en que se puede captar nuestra atención, que es, sobre todo, lo que consiguieron los teléfonos inteligentes. El teléfono se mueve con nosotros, nos acompaña todo el rato. A diferencia de la radio del coche, del televisor o de una valla publicitaria, el teléfono móvil puede viajar siempre con su dueño, lo que, al menos en teoría, amplía la oferta de atención disponible hasta cubrir toda la franja horaria de vigilia (los periódicos y las revistas tenían también la ventaja de la portabilidad sobre la televisión y las películas, pero los teléfonos los han desbancado).

Recientemente, y tras una inversión estimada de veinte mil millones de dólares, Apple ha presentado las gafas Vision Pro, un intento de ampliar aún más el suministro de atención. En lugar de obligar al usuario a mirar el teléfono, lo que las Vision Pro —un dispositivo que hibrida la visión del mundo que tenemos delante con diferentes aplicaciones— pretenden es que el universo atencional de Apple se convierta en su estado basal por defecto, de modo que la atención del usuario esté en sus manos en todo momento. En un sentido profundo, la repulsión visceral inicial que el nuevo producto provocó en mucha gente era una reacción motivada por su carácter descarnadamente alienante y la ambición a la que respondía.

Los teléfonos inteligentes y los auriculares inmersivos son una forma de aumentar la oferta de atención, consistente en ampliar el total de horas potenciales de vigilia en las que se puede extraer la atención del usuario. Adviértase que hablo de horas de «vigilia», porque existe otra frontera para ampliar la oferta de atención extraíble: el sueño. Cualquiera que se haya quedado despierto más tarde de lo que quería enredando con el teléfono en la cama sabe lo bien que se las han apañado los mineros de la atención para expropiarnos el sueño en masa. En un estudio reciente, el 93 por ciento de los individuos de la Generación Z consultados reconocieron que se quedaban despiertos, mirando sus redes sociales, más allá de su hora de acostarse.[25]

Además de intentar maximizar el número de minutos al día en los que se puede captar la atención de una persona, también se puede intentar ampliar el universo de personas cuya atención se pretende captar. Durante los primeros quince años de existencia de los teléfonos móviles inteligentes, el crecimiento del mercado fue rápido. En 2011, solo cuatro años después de la introducción del iPhone, el 35 por ciento de los estadounidenses tenía uno. Una década después, la cifra era del 85 por ciento. En la actualidad, sin embargo, el crecimiento se ha estabilizado.[26] Aunque el uso de teléfonos inteligentes sigue creciendo en todo el mundo, en los mercados maduros ha alcanzado su tope, lo que significa que en esos países (como Estados Unidos) no hay forma de aumentar la oferta de minutos de atención poniendo más teléfonos inteligentes en manos de quienes los quieren pero todavía no los tienen.

De modo que otra forma de ampliar la oferta de atención es ampliar el espectro de personas de las que se puede extraer atención, lo que incluye niños e incluso bebés. Cualquier padre que haya sido víctima de CoComelon o Pocoyó sabe que en la red hay un sinfín de contenido, sobre todo en YouTube, dirigido a bebés y niños pequeños.[27] El canal de YouTube de CoComelon, por ejemplo, tiene casi ciento ochenta millones de suscriptores y ciento ochenta y dos mil millones de visualizaciones.[28]

Sin embargo, alcanzado cierto punto, uno se topa con los límites de la oferta; sobre todo si la audiencia cuya atención se intenta captar tiene ciertas características demográficas, como, por ejemplo, «adultos estadounidenses de altos ingresos». Es difícil aumentar ese público objetivo cuando todos ellos tienen ya teléfonos inteligentes. Así las cosas, y dado que la oferta es en esencia fija, cuantos más vendedores entren en el mercado para captar su atención, más competitivo se volverá dicho mercado. La forma de aumentar la propia cuota de atención no consiste entonces en hacer crecer el pastel, sino en arrebatar porciones cada vez más grandes a los competidores que intentan hacer lo mismo.

La historia de la mercantilización de la atención es la de una demanda en perpetuo crecimiento, con diferentes entidades que siempre encuentran nuevas formas de captar la atención y de venderla a los anunciantes, pero esa proliferación de ventas atencionales tiene una consecuencia perversa e inexorable: en conjunto, el crecimiento de la competencia publicitaria hace que cada anuncio tenga menos valor.

Se trata de un fenómeno bastante intuitivo en realidad. Si alguien condujera todo el día por una isla desierta, sin signo alguno de vida comercial, y de repente se topara con una solitaria y gigantesca valla publicitaria que anuncia un coche Lexus: a) el anuncio llamaría sin duda su atención y b) este se quedaría grabado en su memoria. Ahora comparemos esa experiencia con la de ver exactamente la misma valla publicitaria, del mismo tamaño, en Times Square. Lo más probable es que esa misma persona ni siquiera repare en ella.

Un mercado que funcione bien y en igualdad de condiciones debería verse beneficiado por el aumento de la competencia. Si en un pueblo pequeño hay un solo artesano que vende zapatos mal hechos y a precios excesivos, la apertura de una segunda zapatería con precios más bajos y mejores zapatos debería comportar una ganancia neta para los consumidores. Para retener a los clientes, el primer zapatero tendrá que aumentar la calidad de sus productos, bajar el precio o hacer ambas cosas.

Esta es la lógica básica de la competencia en el mercado, que en teoría (y, con frecuencia, también en la práctica) redunda en bienes y servicios mejores y más baratos para los clientes. Pero cuando aquello por lo que se compite es la atención, los resultados son extraños, a veces perversos y a menudo alienantes.

En los albores del capitalismo industrial, cuando Marx desarrolló su teoría del valor-trabajo, los trabajadores se veían acosados por una paradoja. Su trabajo era lo más valioso que poseían, pero el precio de mercado que obtenían por él era ridículo. Aunque el sistema capitalista dependía enteramente del trabajo de las masas obreras, la parte de ese valor que recibía cada trabajador era minúscula. El trabajo era al mismo tiempo la fuente de un enorme valor y algo casi desprovisto de valor.

La atención posee algunas características muy similares. Desde la perspectiva del precio, la dinámica del mercado de la atención ha seguido la trayectoria que cabría esperar. A medida que la captura de la atención crece en escala y eficiencia, el precio de cada «par de ojos» disminuye. Hoy se puede llegar a mucha más gente y a un precio mucho más barato que hace cien años. Pero, como sucedía con el trabajador cuyo cuerpo era triturado en una cadena de montaje a cambio de una miseria, lo que se abarata comercialmente no es un artilugio o un producto como el petróleo o el maíz, sino lo más preciado para nosotros: aquello sobre lo que reposa nuestra mente y dirige su rumbo y su contenido, aquello que determina cómo nos hablamos a nosotros mismos y qué objetos se exponen a la luz de nuestra conciencia. Con el tiempo, la propia lógica del mercado de la atención hace que el precio de este recurso baje, abaratando la esencia misma de nuestra vida.

Incluso en el caso de quienes se dedican a captar o a vender y comprar atención (y cada vez hay más gente que se dedica a ello), su relación principal con la atención es la que establecen con la suya propia. Todos vivimos en nuestra propia mente a tiempo completo. Solo por eso, y con independencia de cuáles sean los efectos económicos de la competencia por la atención, la experiencia principal relativa a la atención tiene que ver con lo que esta hace con nosotros y con nuestros sentidos. Desde los inicios del mercado de la atención, sus actores han comprendido que dicho mercado tiende hacia la competencia a la baja y hacia una degradación progresiva.

Creo que la mayoría de la gente, a poco que lo piensa, capta esto de manera intuitiva. Si imaginamos un espacio donde se libra una batalla hobbesiana por nuestra atención, ¿qué es lo primero que se viene a la mente? Lugares como Times Square, la sala de un casino o un carnaval. Cuando la competencia por la atención es feroz y llega a extremos en los que ni siquiera hay reglas, el resultado suele ser la sobrecarga sensorial. Al fin y al cabo, todo el mundo utiliza los mismos trucos para asaltar el sistema perceptivo y capturar la atención: ruidos fuertes, luces parpadeantes, colores brillantes.

Este tipo de atmósferas tienen su atractivo, sin duda, pero solo en dosis relativamente pequeñas. Nadie desea que su campo visual se convierta en una especie de casino a tiempo completo, pero eso es lo que los competitivos mercados de atención intentan hacer sin descanso. A lo largo de la historia de la economía de la atención, esta carrera hacia el abismo ha sido un problema recurrente.

En el París de principios del siglo xx, los artistas comerciales comenzaron a colocar carteles por toda la ciudad para anunciar locales, espectáculos y cosas similares. La estrategia resultó tan efectiva que, en poco tiempo, todas las superficies de la ciudad estaban cubiertas de carteles, lo que llevó a los parisinos a actuar de manera concertada para regular y controlar lo que derivó en una forma de contaminación visual.[29]

Como profesional cuyo trabajo consiste en mantener la atención de la gente, tengo bastante experiencia con estas dinámicas. Como ya he dicho antes, la pregunta «¿A qué prestan atención los humanos?» es una pregunta en extremo abierta. Constituye un verdadero misterio y las respuestas son a menudo sorprendentes, impactantes e incluso conmovedoras. Pero cuando, como me sucede a mí, uno se encuentra en el lado peligroso de la pregunta y la respuesta es «a ti no», uno empieza a tambalearse, presa de la desesperación.

En mi trabajo, tenemos una única métrica que es la más importante: el índice de audiencia. Esos datos se envían a toda la empresa todos los días más o menos a la misma hora, a las cuatro y cuarto de la tarde. En la empresa las llamamos «los números»: «¿Qué tal los números del bloque A?» o «Madre mía, ¿viste los números de anoche?». Los números son los que determinan el éxito de los informativos en la televisión por cable. Durante la mayor parte del tiempo que llevo en antena, nuestros números se han entregado en una hoja de cálculo con columnas amarillas y blancas que muestran los datos de audiencia diarios de las cadenas MSNBC, CNN y Fox, divididos en franjas de quince minutos. La información recoge tanto el total de espectadores como la subsección de los que están entre 25 y 54 años, que son los que más interesan a los anunciantes.

Es como si te pusieran nota todos los días, pero una nota que llevas pegada en la frente mientras caminas por el instituto. Todo el mundo ve los números y todo el mundo sabe quién tiene una buena calificación y quién tiene una mala. Cuando empecé mi programa de las ocho de la tarde, en la primavera de 2013, mis índices de audiencia eran malos. No solo eso, los números bajaban con respecto a la hora de emisión anterior a la nuestra y volvían a subir cuando llegaba el siguiente programa, conducido por Rachel Maddow. A esa clase de gráfica se la llama «hamaca» por la forma en que se hunde la curva y constituye una perceptible señal de estrés para todo el mundo.

La mayoría de las personas que ven mi programa (y todas las personas que mide el índice Nielsen) están armadas de un mando a distancia y pueden cambiar de canal en cualquier momento. Cada vez que veo algo en la televisión lineal, mi mente nerviosa e inquieta, condicionada por el constante estado de estimulación, se lanza hacia el mando a distancia o hacia el móvil en cuanto empiezan los anuncios. Un estudio reciente mostró que dos tercios de los telespectadores cogen el teléfono durante las pausas publicitarias.[30] En términos reales, esto significa que siempre estás a un segundo de perder a tus espectadores. Su atención siempre puede vagar hacia otro lado.

En cierto momento —puede que un día sentado en el sofá, mientras veía la televisión en un proyector, con un partido de baloncesto puesto en el portátil y navegando a la vez por Twitter— me di cuenta de que, cuando entro a trabajar cada noche a las ocho, mi competencia no son solo las otras dos cadenas de noticias por cable. Ellas no son más que los puntos de referencia con que nos comparamos, las otras dos columnas de la hoja de cálculo con índices de audiencia que se envía cada día por correo electrónico a toda la empresa. Pero esa comparación es engañosa, porque lo que sucede cada vez en mayor medida desde que trabajo como presentador, es que la competencia no son solo los informativos que las cadenas rivales emiten a la misma hora, sino, de manera literal, cualquier contenido disponible en cualquier medio: todas las películas alguna vez rodadas, todos los programas de televisión alguna vez realizados, todos los vídeos de TikTok y de Instagram, cada aplicación y cada videojuego disponible.

La mayoría de las noticias por las que la gente critica a los canales informativos de televisión por cable (desapariciones de jóvenes invariablemente atractivas y blancas, desapariciones de aviones, tomas en directo de un podio vacío a la espera de que aparezca Trump) son producto de intensas presiones competitivas y del deseo de captar y mantener la atención de la audiencia. Pero, aunque eso explica esas decisiones editoriales, no las justifica.

Hablando desde mi experiencia personal, puedo decir que los momentos en los que padecí con más intensidad la competición por la audiencia fueron casi con seguridad aquellos en los que hice mi peor trabajo. Cuando estás obsesionado por no perder la atención de los espectadores, la «sed» te posee e intentas agarrarlos por las solapas. ¡Escucha esto! ¡Esto es novedoso! ¡Esto es importante! Intentas exprimir cada palabra del guion —hinchar las noticias, hacerlas más aterradoras, más impactantes— y terminas persiguiendo historias de dudoso valor editorial porque la lucha implacable por los números anula el resto de criterios y de valoraciones.

La mentalidad de rebaño que gobierna la cobertura informativa suele estar impulsada por esa presión competitiva. Es algo que, de entrada, puede parecer contradictorio: cabría pensar que, en entornos tan competitivos, los diferentes medios de comunicación buscarían formas de distinguirse y diferenciarse, en lugar de imitarse. Pero las cosas no funcionan de esa manera. Cuando una cadena encuentra un tema que suscita interés, tiende a incidir en él hasta que los espectadores se cansan. Esa señal que emerge de repente en mitad del ruido explica el intenso gregarismo que caracteriza lo que hemos llegado a identificar como el «ciclo de noticias», el proceso alquímico por el cual una historia se convierte en el foco de atención de todos los medios de comunicación y luego se desvanece tan rápido como llegó.

En 2014, había muy pocas noticias capaces de generar buenos índices de audiencia de manera sostenida en los informativos de la tele por cable. Estábamos en una grave crisis. Entonces, en marzo de ese mismo año, un vuelo de Malaysian Airlines que cubría el trayecto entre Kuala Lumpur y Pekín desapareció sobre el mar de la China Meridional. Nadie tenía ni idea de lo que había sucedido ni había restos visibles. El avión se había desintegrado.

La absoluta falta de información sobre lo acontecido convirtió la noticia en un hito de audiencia. Aunque las mediciones de Nielsen son algo toscas, son capaces de detectar con claridad cuándo algo irrumpe con fuerza, de modo que todos los informativos por cable vieron que la noticia del avión captaba la atención de la audiencia y se aferraron a ella. Durante semanas. Mi hijo nació veinte días después de que el avión desapareciera y me cogí la baja por paternidad. Cuando volví al trabajo, dos semanas después, los informativos seguían hablando del avión.

En cierto momento, la cobertura adquirió tintes absurdos. No había mucho que decir sobre el avión desaparecido. Sencillamente, había desaparecido y no se conocía su paradero. Había un misterio por resolver, sin duda, y era una inmensa tragedia para las familias de los pasajeros, por supuesto; en ese sentido se trataba de una noticia fascinante. Pero, desde un punto de vista objetivo, no lo era hasta el punto de merecer tantas horas de cobertura. En las redes sociales, la gente empezó a mostrar su malestar: «¡No me puedo creer que estéis hablando otra vez del avión!». La propia cobertura se convirtió en fuente de burlas, sátira, chistes y contraargumentos, lo que generó nuevos ecosistemas de atención surgidos de la espora original que era la noticia del avión desaparecido.

Esta dinámica, por la cual los espectadores ven las noticias y se quejan al mismo tiempo de una cobertura excesiva, se convertiría en algo característico durante la primera legislatura de Trump. Se trata de un tipo particular de experiencia alienante, en la que el público se rebela contra los medios que le ofrecen lo que, según las cifras, ese mismo público exige.

Porque siempre hay una guerra interna entre lo que llama nuestra atención (las sirenas) y lo que nosotros, como criaturas conscientes, queremos ver o aquello en lo que queremos emplear nuestro tiempo. Esa competencia incentiva a quienes se dedican al negocio de la atención a encontrar nuevas e ingeniosas formas de arrancarnos la cera de los oídos y de exponernos al canto de las sirenas.

Analicemos el caso de Fox News. La cadena lleva en antena desde 1996 y, durante casi toda su existencia, ha sido líder de audiencia indiscutible de las noticias por cable.[31] Esta hegemonía tiene menos que ver con la calidad de sus contenidos que con su posición en el mercado. En un país con decenas de millones de conservadores, muchos de los cuales ni ven ni leen la mayoría de los llamados medios de comunicación convencionales —a los que consideran «medios liberales» y de los cuales desconfían cada vez más—, Fox goza de una especie de monopolio. Este monopolio es tremendamente lucrativo, aunque Fox nunca lo da por sentado. A pesar de que la cadena no ha tenido competencia real durante décadas, su cultura corporativa estaba obsesionada de forma patológica con los índices de audiencia.

Tal es así, que los analistas de audiencia se convirtieron en actores clave en la programación de la cadena, hasta el punto de participar en las reuniones editoriales y de hacer sugerencias de contratación y cobertura. La cadena estaba convencida de que tenía una ventaja en la programación del estilo a la descrita en el libro *Moneyball: The Art of Winning an Unfair Game* —donde Michael Lewis explica cómo una generación de empollones de datos sobre béisbol revolucionó el juego utilizando estadísticas avanzadas para detectar ventajas potenciales que otros habían pasado por alto. De este modo, los analistas de audiencia daban su opinión sobre qué invitados garantizaban más audiencia que otros y sobre qué temas había que tratar en diferentes segmentos de la programación (algo que, al menos en mi experiencia, jamás ha ocurrido en MSNBC).[32]

La cosa funcionaba bastante bien hasta que Donald Trump perdió las elecciones de 2020. La noche de las elecciones, la llamada Decision Desk («mesa de decisión») de Fox —una pequeña unidad dentro de la sala de redacción y sin duda aislada de esos mismos cálculos de audiencia— otorgó correctamente a Biden la victoria en el estado de Arizona, antes incluso que otros medios competidores. La noticia, sin embargo, enfureció a la propia audiencia de Fox, que no quería aceptar la derrota de Trump. Durante las semanas siguientes a las elecciones, y por vez primera en su historia, Fox empezó a perder espectadores frente a otros competidores advenedizos del espectro de la derecha, como One America News y Newsmax —cadena esta última que, según los índices de audiencia, llegó a aventajar a Fox en una hora completa el 7 de diciembre de 2020.[33]

Se trataba de una hemorragia sin precedentes para Fox. Los profesionales del resto de los informativos por cable observábamos los reportes diarios de audiencia con sorpresa y regodeo por la desgracia ajena. Los espectadores de Fox estaban desertando hacia otras opciones y la cadena se enfrentaba por primera vez en su historia a una auténtica competición por la atención de su audiencia.

La gente de Fox se asustó. Los correos electrónicos y mensajes que salieron a la luz en el marco de una demanda por difamación interpuesta por el fabricante de máquinas de votación Dominion, por la que Fox tuvo que pagar 787 millones de dólares, revelaron que tanto los directivos como los productores y estrellas de la cadena estaban aterrorizados por la pérdida de espectadores a manos de la competencia y decididos a hacer lo que fuera necesario para recuperarlos. La solución al problema parecía obvia: tenían que decir a su audiencia lo mismo que le estaban diciendo sus competidores directos, que las elecciones estaban amañadas y que se había producido el mayor fraude en la historia de la democracia estadounidense.[34] Fue una estrategia consciente. Una semana después de las elecciones, mientras los índices de audiencia de la cadena caían en picado, el presentador Sean Hannity envió una nota airada a sus productores. «La diferencia entre los índices de audiencia del martes y los del miércoles es que no teníamos nada nuevo y [fuimos] menos contundentes, en mi humilde opinión», les dijo, señalando una caída entre días sucesivos. A continuación, sugería la solución: «Tenemos que apropiarnos de la historia de Dominion».[35]

En muchos casos, quizá en la mayoría, una mentira llama más la atención que la verdad, razón por la que los informativos que compiten en el feroz mercado atencional traspasen muchas veces los límites de la verdad. Pensemos en las publicaciones que se anuncian en la zona de cajas de los supermercados o en los quioscos de prensa ingleses, espacios de gran competitividad visual en los que las portadas se lo juegan todo en su capacidad para atraer la atención momentánea del comprador e incitarlo a comprar. Dichas portadas son siempre las más espeluznantes y las de credibilidad más dudosa.

El fenómeno es tan antiguo como los propios mercados de atención. En 1835, *The Sun*, ávido de nuevos lectores que respaldaran sus ventas publicitarias, publicó una impactante serie de portadas, correspondientes a seis reportajes sobre la vida en la Luna.[36] La información estaba extraída supuestamente de una revista científica escocesa que informaba de la construcción en Sudáfrica de un potente telescopio que permitía ver la vida en la Luna. Los detallados relatos daban cuenta de la abundante vida salvaje que habitaba en el satélite —unicornios y castores convivían con una raza de alienígenas que eran mitad humanos y mitad murciélagos— y causaron sensación. Durante los ociosos días de agosto en que se publicaron, la circulación de *The Sun* se disparó. Como corresponde a la competición propia del mercado de la atención, otros periódicos respondieron con sus propios artículos sobre el reportaje de *The Sun*. Ya fuera refriendo la noticia o refutándola, todos intentaron sacar partido de la atención suscitada.

El equivalente contemporáneo de ese episodio son las típicas publicaciones en redes sociales en las que alguien pretende revelar algún secreto alucinante y que se hacen virales hasta que otra persona las desmiente con un sencillo «Esto no es verdad». Con independencia de si borra el post original o no, el autor habrá logrado su objetivo, que era llamar la atención. En periodismo, en Estados Unidos, cuando los detalles de una noticia son tan llamativos y fascinantes que uno preferiría no tener que certificar si son ciertos, por miedo a que la verdad arruine una buena historia, se usa una expresión cínica: «demasiado jugoso para comprobarlo». (Por supuesto, como periodistas, nuestro trabajo es comprobarlo de todos modos, aunque eso arruine la diversión). Una de las primeras lecciones que uno aprende como reportero es que la mayoría de las noticias son siempre mucho más confusas y complejas —incluso banales— de lo que podrían parecer en la versión sensacionalista aportada por, digamos, una sola fuente. Sin embargo, la economía de la atención incentiva la publicación de esa clase de noticias «demasiado jugosas como para tener que comprobarlas», porque esa clase de contenido que antes se llamaba sensacionalista (y que ahora llamamos ciberanzuelo) es el que capta la atención.

La competitividad fomenta la atención involuntaria y cosas como Times Square, como los carteles parisinos que cubrían cada centímetro de espacio público, o como la pantalla del iPhone, abarrotada de aplicaciones con sus correspondientes notificaciones. También incita a lo espeluznante y lo sensacionalista y, a menudo, a lo falso. Cuanto más competitivo sea un mercado atencional, más se intensificarán esos rasgos. En conjunto, y por más que existan diferencias entre un medio de comunicación y otro, entre una plataforma y otra, entre una noticia y otra, esa es la dirección hacia la que empujan los incentivos de captura atencional, como una especie de fuerza gravitatoria que arrastra todo lo que entra en su órbita.

Creo que vale la pena detenernos un momento para resituarnos en el argumento que estoy tratando de exponer en este capítulo. He comenzado con una discusión sobre la alienación, sobre su condición peculiar pero omnipresente en la era de la atención, tal como la experimentan todo tipo de personas, incluso los talibanes convertidos en oficinistas. ¿Por qué la moderna era de la conexión digital hace que nos sintamos así? Mi respuesta es que se trata de una consecuencia de la mercantilización de la atención. La atención es un tipo extraño de mercancía, una «mercancía ficticia», en palabras de Polanyi. Y el proceso de su mercantilización, similar, por ejemplo, al del trabajo asalariado, transforma nuestra intransferible experiencia subjetiva del mundo en una «mera» mercancía, con un precio.

Como sucedía en el análisis de Marx sobre el trabajo asalariado, este proceso produce alienación: la sensación de que algo integral nos ha sido arrebatado en contra de nuestra voluntad. Además, sostengo que, con el tiempo, la propia naturaleza del capitalismo de la atención conducirá a formas cada vez más alienantes de extracción de ese recurso. La creciente competencia por la atención empujará a los competidores a servirse de medios cada vez más insidiosos para captarla, aprovechando y explotando la vulnerabilidad de la atención involuntaria al canto de las sirenas. Esta experiencia produce una especie de vértigo, una sensación de dislocación.

Para describirla, Bo Burnham, un artista, humorista y cantautor que ha hecho de la crítica de la era de la atención el motivo central de su trabajo, utiliza la metáfora de la colonización. «Solíamos colonizar la tierra, que era aquello sobre lo que podíamos expandirnos. Y ahí era donde se ganaba dinero —dice—. Pero ahora están intentando colonizar cada minuto de tu vida... Vienen a por cada segundo de tu vida».[37]

Un vídeo de una intervención en la que Burnham exponía este argumento se hizo viral más o menos al mismo tiempo que Elon Musk compró Twitter. El vídeo fue recortado y luego incrustado en un tuit que acumuló cientos de miles de «me gusta» y que fue visto por millones de personas, lo que significa que generó un gran tráfico interactivo que Twitter pudo monetizar a través de anuncios. Cada fragmento de nuestra atención es una oportunidad para promover ese mismo proceso de captación comercial de la atención.

Para Marx y para muchos de los teóricos que siguieron su estela una característica crucial de la alienación es la sensación de aislamiento. La impresión de estar separados de nuestro verdadero yo o de no estar en posesión de nuestro cuerpo hace que también nos sintamos distanciados de los demás. Según Marx, eso produce efectos prácticos inmediatos: cada trabajador afronta su calvario como algo individual, no como una consecuencia del capitalismo. De modo que el primer paso consistía en la acción colectiva: ¡Trabajadores del mundo, uníos!

La alienación en la era de la atención también tiene en su núcleo una sensación persistente de aislamiento y alienación sociales. Ello se debe a que las tecnologías de la atención se han desarrollado hasta individualizar aquello a lo que prestamos atención, de modo que la cultura de masas (la electricidad de la atención colectiva) cada vez es más difícil de sostener.

Experimentamos el éxtasis de la atención colectiva cuando asistimos a algún concierto o espectáculo deportivo en una sala o un estadio abarrotados. En esas situaciones no solo tenemos algo hacia lo que dirigir nuestra atención, sino que nos vemos inmersos en un entorno social cuya atención concentrada despliega un poder que parece de otro mundo. La mayoría de la gente recuerda su primer concierto. Lo sublime de esas experiencias consiste en sentir esa forma de atención elevada y potenciada: uno se concentra en el grupo o el artista que está en el escenario y, al tiempo, percibe cómo toda la gente que está a su alrededor se concentra con la misma intensidad, creando una unión. Es como una granja industrial de energía solar, con miles de paneles que reflejan la luz y la concentran en un único punto.

En eso consiste también el poder de los rituales religiosos. Durante gran parte de la historia de la humanidad, los ritos, las ceremonias religiosas y otros espectáculos de devoción compartida han sido el foco principal de la atención colectiva. Son la forma original de «prestar atención juntos». Como observó el sociólogo Émile Durkheim, la observación colectiva de los rituales constituye una parte central de la práctica religiosa. Dichos rituales unen a las comunidades, cimientan la fe y producen un sentido de hermandad.[38] Durante el 99 por ciento del tiempo que nuestra especie lleva sobre el planeta, la única forma que los humanos teníamos de presenciar rituales, espectáculos o competiciones atléticas era en persona, junto a otros. Hoy, solemos hacerlo frente a una pantalla, en soledad.

La primera tecnología de atención «individual» fue la palabra escrita. Las formas más antiguas de literatura eran orales, se transmitían y se compartían de forma colectiva, en grupos. La escritura y la lectura transformaron esta forma colectiva de comunicación y la individualizaron. Durante sus primeros milenios de existencia, la escritura y el conjunto de conocimientos y habilidades que requería fueron algo exclusivo, reservado a unos pocos.

El auge de la imprenta y la publicación masiva de textos constituyeron un punto de inflexión en la era moderna, que permitió que cada vez más personas se entretuvieran solas, sin necesidad de recurrir a nadie más. Todavía hoy, expresiones como «ratón de biblioteca» hacen referencia a conductas de carácter tímido o antisocial, propias de quien se sumerge en el universo de la palabra escrita y se aísla de los demás. Durante siglos, los libros y, más adelante, las revistas y los periódicos constituyeron una forma de atención distintivamente solitaria, en marcado contraste con otras formas en las que las personas ocupaban su atención: la conversación, la socialización, la música o los espectáculos. Aunque existen también, por supuesto, prácticas de lectura colectiva (como sucede en las iglesias con la lectura de oraciones), durante gran parte de su historia, la lectura ha sido codificada como una práctica solitaria.

Cuando, a principios del siglo XIX, estalló el fenómeno de las revistas, muchas de las críticas que hoy vemos dirigidas contra los teléfonos, como su capacidad para aislar a los usuarios en una suerte de burbuja impermeable, se dirigieron entonces al nuevo formato impreso, capaz de hechizar la atención de muchos de los recién alfabetizados.

Los periódicos y las revistas surgieron de forma natural, siguiendo la inexorable lógica del mercado de la atención: eran más baratos de producir que los libros y estaban diseñados de manera específica para captar y mantener mejor la atención del lector mediante múltiples historias, ilustraciones y titulares. Representaban una mejora respecto a los libros en la captura de la atención, de la misma manera que Twitter, con su limitación de caracteres, ha logrado desbancar a los artículos de prensa de ochocientas palabras.

Si la lectura ha sido la forma distintiva de atención solitaria durante cientos de años, lo que el último siglo prueba de manera incuestionable es que la lógica implacable del capitalismo de la atención impulsa a cada medio, a cada forma de captación de atención, a ser tan portátil como un periódico. Con cada nueva tecnología, y con cada nuevo desarrollo, la experiencia compartida del espectáculo se sustituye por la experiencia aislada de la atención individual. Lo que antes eran experiencias colectivas devienen experiencias solitarias.

La música es un antiguo medio para canalizar la atención colectiva de un grupo de seres humanos y concentrarla en un mismo punto —ya sea tocando los tambores o cantando y bailando juntos. Durante, literalmente, cientos de miles de años, la música mantuvo este carácter colectivo, por el que se tocaba o interpretaba para grupos, ya fuesen tan reducidos como la familia de pioneros que escuchaba al padre tocar el violín a la luz de la luna en la pradera, o tan grandes como el público del primer festival de Woodstock, donde cientos de miles de hippies cubiertos de barro escucharon a Jimi Hendrix destrozar el himno nacional en la granja de Max Yasgur.

Y así fue hasta 1979, cuando Sony presentó el walkman, el primer dispositivo portátil individual para escuchar música y producido en masa. El aparato fue una creación del legendario cofundador de Sony, Masaru Ibuka, quien pidió a los ingenieros de su empresa que desarrollaran un reproductor portátil que le permitiera escuchar ópera durante los vuelos de larga distancia.[39] El walkman fue un éxito inmediato. A pesar de su precio de salida de ciento cincuenta dólares (un precio elevado en aquel momento), volaba de las tiendas. Sin embargo, el campo de fuerza atencional reconcentrada que creaba alrededor de sus usuarios provocó una reacción virulenta. El gerente de unos grandes almacenes de lujo de Manhattan lo llamó «la enfermedad de los ochenta».[40] Un ejecutivo discográfico de CBS proclamó que era «el fin de la socialización. Es como una droga: te pones el walkman y te olvidas del resto del mundo».[41] «Al tratar de controlar el clima emocional del entorno dondequiera que vayamos —se preguntaba un crítico— ¿no estamos demostrando de nuevo nuestra creciente determinación de no tratar con los demás?».[42] Una ciudad de New Jersey llegó a prohibir el dispositivo mediante una ley que permaneció en el registro hasta 2016. Sony estaba tan preocupada por la soledad y el hermetismo a los que podía inducir el aparato que su primer modelo tenía dos conectores para auriculares y un botón que permitía hablar con la otra persona conectada si uno de los oyentes se sentía demasiado solo.[43] Según *The New York Times*, «el botón naranja era como un botón del pánico, una función del tipo "COMPARTIR" para casos de emergencia». Un cofundador de Sony confesaría más tarde que «la empresa dudaba si lanzar un producto que pudiera considerarse egoísta».[44]

Resulta curioso, incluso entrañable, leer hoy acerca de estas inquietudes. Los auriculares han devenido un dispositivo tan omnipresente que ya ni siquiera advertimos la extrañeza fundamental que conlleva ver en un espacio público a alguien cuyos sentidos y cuya atención están completamente absorbidos por algún aparato personal. Así es la vida. El walkman dio paso primero al iPod y después al iPhone. En mi caso, es raro que, hoy en día, pase más de unos minutos caminando por las calles de Nueva York sin ponerme los auriculares.

La historia de los espectáculos visuales traza un mismo arco desde la atención colectiva a la individual. A principios del siglo XX, decenas de miles de años de representaciones multitudinarias en directo cedieron el testigo sin fricciones a las salas de cine, donde la experiencia todavía era colectiva y la atención de los presentes todavía se enfocaba en un mismo punto.

Pero luego llegó la televisión. La televisión es la primera tecnología que permite la contemplación solitaria. Cuando las emisiones comerciales empezaron en serio, después de la Segunda Guerra Mundial, la televisión empezó enseguida a robarle el negocio al resto de los comerciantes de la atención que ofrecían espectáculos para las multitudes. En 1948, la Comisión Federal de Comunicaciones de Estados Unidos, por razones no relacionadas, suspendió la concesión de nuevas licencias de televisión, lo que dividió el país en ciudades con televisión (aquellas donde operaban cadenas con licencia) y ciudades sin televisión. Las diferencias fueron notables. «En 1951, en casi todas las ciudades con televisión se registraron caídas de entre un 20 y un 40 por ciento en la asistencia a las salas de cine. En las ciudades sin televisión, la asistencia al cine se mantuvo o aumentó. Las zonas bien provistas de televisión informaron de una oleada de cierre de salas de cine».[45]

Sin embargo, en sus albores, la televisión también era una experiencia comunitaria. Al principio de su comercialización, el aparato era tan poco común que las dos o tres familias que tenían uno invitaban a otras a casa para verlo juntas, costumbre todavía más acusada en los países más pobres, donde la televisión era un verdadero artículo de lujo. En la novela de Elena Ferrante *La amiga estupenda*, cuando la mejor amiga de la narradora (napolitana) recibe un televisor de un chico que intenta cortejarla, su hogar se transforma de inmediato en una especie de minicine, donde los vecinos se reúnen todas las noches. «De la caja salió un objeto de todos conocido, pero que en el barrio muy pocos teníamos en nuestras casas: un televisor, es decir, un aparato en cuya pantalla se veían imágenes, exactamente como en el cine [...] y ahora, medio barrio, incluidos mi madre, mi padre y mis hermanos, iban a casa de los Cerullo a ver ese milagro».[46]

Pero incluso tiempo después de que la televisión pasara de ser la novedad del barrio a un aparato común en los hogares estadounidenses (en 1970, el 95 por ciento de las familias tenían una), gran parte, si no la mayoría, de las visualizaciones seguían produciéndose en grupo.[47] En la mayoría de los hogares, ver la televisión juntos era una de las actividades familiares nucleares, junto con las reuniones familiares y la asistencia a la iglesia. Cuando yo era niño, después de terminar los deberes y de recoger la mesa, mi hermano, mis padres y yo solíamos sentarnos en el salón y ver la televisión juntos: *Ley y orden*, *Seinfeld* o *Los Simpson*. A medida que fui creciendo, comencé a ver programas más adultos hasta bien entrada la noche, y terminaba los días viendo a Charlie Rose con mi padre después de que mi madre se hubiera ido a la cama.

Estos recuerdos me traen una sensación cálida y conmovedora: reírnos de los mismos chistes, conversar durante las pausas publicitarias. Era una forma de prestar atención juntos que funcionaba como una especie de lubricante social, sobre todo durante la adolescencia, cuando mantener una conversación con tus padres puede ser, digamos, un poco complicado. Aunque nuestra atención estaba puesta en la pantalla, prestábamos atención a lo mismo, lo que de algún modo significaba que estábamos juntos.

La llegada de nuevas pantallas (tabletas, teléfonos móviles inteligentes, televisores de pantalla plana cada vez más baratos que se podían instalar en diferentes habitaciones) transformó este comportamiento. Al igual que escuchar música, primero en el walkman y después en nuestros teléfonos, ver películas pasó de ser una experiencia familiar a una individual. Hoy en día, durante el «tiempo de pantalla» que se les concede, los niños de una misma familia se enfrascan en un dispositivo individual para ver cada uno algo diferente, prestando atención por su cuenta.

Sé que este discurso puede sonar melancólico y nostálgico, casi ludita, y no quisiera deslizarme hacia ese terreno. Porque esta historia tiene también otra cara, que tiene que ver con cómo ese modelo de «ver juntos» originó lo que podríamos llamar una «cultura televisiva» o de «emisión en abierto», basada en referencias culturales compartidas por las decenas de millones de personas que prestaban atención a lo mismo. No es que ese tipo de cultura sea intrínsecamente superior a la cultura de difusión restringida. De hecho, para grandes sectores de la sociedad estadounidenses (personas de color, personas *queer*, familias inmigrantes) la ausencia casi total de representación que encontraban en esos contenidos populares producía otro tipo de alienación.

La proliferación de pantallas impulsó a su vez —o coincidió con— una proliferación de contenidos audiovisuales diferentes: ¿qué producir si se trataba de llegar a un miembro concreto en lugar de a toda la familia? La lógica inexorable de los mercados de la atención conduce a una individualización tanto formal como del contenido, afecta tanto al dispositivo físico que actúa para captar la atención como al producto que se muestra en él. Ambos aspectos actúan juntos: el paso de la pantalla de cine a la pantalla de televisión, a la tableta y al iPhone es lo que facilita el paso de la cultura de masas a subculturas cada vez más fragmentadas.

La conclusión lógica de este proceso de individuación es el feed, la experiencia algorítmica personalizada que ofrecen aplicaciones como TikTok, que no muestra exactamente el mismo contenido ni siquiera a dos de sus mil millones de usuarios en todo el mundo. Cuando escuchabas en un walkman el nuevo sencillo de algún artista, aunque lo hicieras de forma aislada, prestabas atención a lo mismo que todos aquellos que también escuchaban la canción. Lo mismo ocurre cuando ves una serie de Netflix en tu iPad. Pero la secuencia de contenidos a la que prestas atención en tu feed de Instagram o de TikTok es única.

El nivel de individualización es tan extremo que ese contenido a medida puede fluctuar de un momento a otro y de un estado de ánimo a otro. Recuerdo muy bien la noche en la que me descargué por primera vez TikTok (en parte como investigación para este libro). Estaba solo en casa, algo poco frecuente, y decidí darme el gusto de comerme medio chicle de marihuana antes de empezar a escrolear distraídamente en el teléfono. Lo que distingue a TikTok es que el algoritmo toma el control por completo. Aunque puedes seguir a personas individuales, si te limitas a abrir la aplicación, esta comenzará a mostrarte vídeos. En función del tiempo que pases viendo cada clip, el programa aprende lo que te gusta y, con una precisión realmente asombrosa, empezará a ofrecerte contenido ajustado a tus gustos: a tus preferencias y aversiones. Y así, en algún momento de esa noche tomé conciencia de que llevaba una hora entera en TikTok viendo vídeos de sándwiches, de cómo los preparaban y luego los cortaban por la mitad. En ese instante, me di cuenta de que el algoritmo... ¡se había dado cuenta de que estaba fumado! El legendario autor de ciencia ficción Arthur C. Clarke escribió una vez que «cualquier tecnología suficientemente avanzada es indistinguible de la magia». En mi caso, aquel fue uno de esos momentos.[48] Por más que supiera que se trataba tan solo de un algoritmo, tenía la sensación de que la máquina que tenía en mis manos había descubierto algo sobre mí que yo no le había contado.

El desarrollo de tecnologías digitales como esta ha hecho que los espectáculos vayan asociados a experiencias cada vez más privatizadas y solitarias. Creo que es difícil no concluir que existe una relación entre el aumento de la soledad en la vida moderna y este proceso de individualización, cada vez más específica, de nuestra atención. En la era de la atención, la fuente central de nuestra distracción se ha atomizado intensamente, un proceso apreciable incluso en el lapso de mi propia vida. Y este proceso competitivo, unido al resto de los procesos que empujan a los mercaderes de la atención a capturar nuestra atención para apropiarse de ella contra nuestra voluntad, selecciona una forma específica y alienante de atención: la solitaria.

Pero el anhelo humano de conexión social, y en concreto de espectáculos colectivos, de prestar atención juntos, es tan poderoso que la historia no termina aquí. Las redes sociales se asientan sobre las premisas básicas de «conectar» y «compartir». Y, seamos honestos, compartir es una gran alegría. Transmitir algo que te ha gustado, de modo que otras personas a las que quieres también puedan disfrutarlo constituye una forma de conexión genuina. Por supuesto, no podemos estar todos en una misma habitación, pero estamos todos sumergidos en nuestras pantallas individuales y podemos salvar la brecha que nos separa mediante un «me gusta», comentarios, mensajes de texto y el pequeño botón de «compartir». En todos esos casos, se trata de una manifestación del impulso primario de «ver juntos», que se impone a la atomización creciente impuesta por la tecnología.

En 2022, cuando murió la reina Isabel II del Reino Unido (la monarca que más tiempo ha reinado en la historia británica), los medios de comunicación de habla inglesa de todo el mundo, no solo del Reino Unido, se lanzaron a una cobertura desaforada e ininterrumpida del acontecimiento. Muchos estadounidenses lo juzgaron excesivo. ¿Acaso no habíamos hecho una revolución para evitar precisamente esta clase de duelos públicos por la muerte de un miembro de la realeza?

Sin embargo, una forma de definir la cultura es identificarla, sencillamente, con aquello a lo que todos prestamos atención y aquello a lo que prestamos atención juntos. En Estados Unidos, la Super Bowl atrae a más espectadores que cualquier otro acontecimiento. Si hubiera que elegir un pedazo lo más representativo posible de la cultura estadounidense para mostrárselo a, pongamos, un visitante extraterrestre o un extranjero que no conociera ningún aspecto de dicha cultura, la Super Bowl sería con seguridad un buen punto de partida. En este sentido, la cobertura exhaustiva de la muerte y el funeral de Isabel II ilustraron a la perfección en qué consiste la esencia de la monarquía en la era de la atención: algo a lo que prestar atención juntos. Algo que une a los espectadores a través del espectáculo. La monarquía posmoderna es «contenido», por usar el término corporativo estrella de la época. De hecho, cuando lo enfocamos de esta manera, deja de sorprender que, cuando el príncipe Enrique y su esposa Meghan renunciaron formalmente sus funciones reales, se fueran a Estados Unidos, donde firmaron una serie de acuerdos para producir «contenido» para pódcast y programas de televisión.

El capitalismo de la atención ha capturado la experiencia holística del espectáculo de masas —la unidad social que conlleva «prestar atención juntos», el éxtasis de ser parte de una multitud concentrada en lo mismo y sumergida en una experiencia sensorial común— y la ha fragmentado en diferentes procesos, cada uno de los cuales conlleva una experiencia individual y solitaria: ver algo y luego compartirlo. Los memes virales son nuestra forma actual de «prestar atención juntos», atenuando su esencia de manera crucial. La emoción colectiva que suscita ver una ópera o un concierto o cantar juntos en misa se ha descompuesto en un proceso de dos partes, ambas solitarias. Veo y luego comparto. Veo y luego comparto. Después nos reímos a la vez de lo mismo, pero por separado.

Lo ingenioso de esta innovación desde el punto de vista empresarial es que crea dos oportunidades para captar la atención y monetizarla: la alegría o la indignación que nos suscita lo que vemos y la necesidad de compartirlo. Y sentimos esa necesidad de compartir porque somos humanos, pero también porque, cuando vemos algo que capta nuestra atención solemos estar solos, porque el mercado y las tecnologías de la atención nos han vuelto solitarios, pero no queremos estar solos. Así que enviamos el meme a un amigo y esperamos a que aparezca un «jaja» bajo la imagen. Y eso también nos alegra. No creo que sea descabellado afirmar que se trata en cualquier caso de una versión sintética de una fuerza vital esencial que no es del todo reemplazable.

La cultura de masas ha cedido el paso a una jungla de subculturas que se reproducen de forma fractal y a un discurso dominado por lo que está de moda y lo que es viral. A una atención colectiva que es asediada y manipulada de manera incesante hasta la más diminuta fracción de nuestras horas de vigilia y luego agregada en un todo que parece ser mucho menos que la suma de sus partes.

CAPÍTULO 6
EL AMANECER DE LA ERA DE LA ATENCIÓN

En 1980, el futurólogo Alvin Toffler dividió la historia de la humanidad en tres épocas en su éxito de ventas *La tercera ola*.[1] La primera ola fue, según él, la revolución neolítica, cuyo comienzo la mayoría de los antropólogos coinciden en situar hace unos doce mil años. Fue entonces cuando los grupos de cazadores-recolectores pasaron a ser sociedades agrícolas que se asentaron en un lugar y empezaron a cultivar sus propios alimentos. Solemos identificar este momento con el inicio de la civilización. Esta estructura básica de la vida humana —arraigada en la agricultura como actividad central y en el sol y el trabajo como principales fuentes de energía— perdura hasta el siglo XVIII. Es entonces cuando comienza la segunda ola, la Revolución Industrial. Este cambio radical en el desarrollo humano proviene de la mecanización impulsada por los combustibles fósiles. Con ella, miles de millones de años de energía solar almacenada quedaron de repente disponibles para nuestro uso. Casi todo lo que asociamos con la vida moderna se deriva de esa transformación.

Más adelante, a partir de algún momento de la posguerra (Toffler lo sitúa a finales de la década de 1950) se produce la tercera ola, cuando el poder de computación y la manipulación de la información transforman de nuevo la socioeconomía de la vida humana en la Tierra. Aunque otros habían intentado antes poner nombre a esa era, Toffler sostenía en el libro que «Ninguno de esos términos empieza siquiera a transmitir toda la fuerza, el alcance y el dinamismo de los cambios que se precipitan hacia nosotros ni las presiones y conflictos que suscitan».[2]

Esta división cronológica aproximada se ha convertido en una suerte de lugar común que articula nuestra forma de pensar sobre el progreso humano. Todos sabemos que vivimos en lo que comúnmente se llama la «era de la información»,[3] una época en la que la información ocupa un lugar central en la sociedad humana. Sabemos también que es diferente a la era industrial de los motores de carbón y las fábricas con cadenas de montaje y diferente a la época preindustrial de la civilización agrícola.

La primera característica distintiva de la era de la información es el aumento radical del volumen de datos al que tenemos acceso. Medir y computar información es un asunto algo peliagudo, pues, dependiendo de cómo la definamos, podemos vernos enfrentados con una cantidad casi infinita de ella —como sucede, por ejemplo, con cada hoja de los árboles que estoy mirando ahora mismo mientras escribo esto. Por eso el concepto de «datos» resulta tan socorrido. Hay muchas formas de distinguir entre datos e información, pero la más cabal para mí consiste en entender los datos como un cierto tipo de información: aquella generada o codificada por humanos. En este sentido, los datos también tienen la ventaja de ser contables y cuantificables (gigabytes en un disco duro, palabras en un libro, imágenes en un álbum) de una manera en la que no puede cuantificarse toda la «información» potencial contenida, por ejemplo, en una hectárea de la selva amazónica. Si pensamos en términos de datos, es evidente que la cantidad de datos a los que tenemos acceso y que tenemos que procesar no ha dejado de crecer exponencialmente desde antes de la era de la información hasta la actualidad.

Sin embargo, antes de la era de la información, la cantidad de datos a los que se tenía acceso era limitada. Si estabas en casa, podías acceder a la información física almacenada en ella: tus archivos y papeles, libros y enciclopedias. Podías acceder a la radio y la televisión y llamar a gente que conocías o a teléfonos específicos para obtener información actualizada sobre, por ejemplo, el cierre de escuelas por la nieve. En la era de la información, sin embargo, estamos todo el rato conectados a internet y tenemos acceso potencial a una cantidad infinita de datos. Lo que antes era una información limitada ahora está completamente disponible, sin restricciones. Pensemos por un instante en qué sucedería si ese cambio se produjera en cualquier otro ámbito: si hubiéramos pasado, por ejemplo, de tener una cantidad finita de dinero a disponer de dinero infinito. O de tener una casa de un tamaño determinado a poseer espacio ilimitado.

El salto de la sociedad preindustrial a la era industrial se debió a una transformación similar en el acceso a la energía. Dicho acceso había estado muy restringido hasta ese momento y se limitaba a cuanta pudiera obtenerse del sol, del agua y del trabajo humano. Con la utilización de combustibles fósiles, sin embargo, la cantidad de energía explotable creció de manera exponencial y el único límite pasó a ser, por encima de todo, el precio: uno podía hacer lo que quisiera dependiendo de cuánto carbón y petróleo se pudiera comprar. El cambio radical de la era industrial a la era de la información eliminó de manera similar las restricciones que existían sobre la información, que pasó de ser limitada a ser ilimitada a efectos prácticos.

Bien, he ahí por tanto el primer gran cambio que nos llevó a la era de la información: un incremento vertiginoso en la cantidad de información y en su accesibilidad. La información pasó a ser infinita y casi instantánea para todos.

La segunda gran transformación que acompañó al acceso ilimitado a toda la información del mundo fue la preponderancia económica de la información. La característica principal de la era de la información es lo que podríamos llamar «producción inmaterial»: el foco se pone en el flujo, el procesamiento y la transformación de información, en lugar de en la materia. En la producción industrial, el proceso suele comenzar con la extracción de materias primas (minería de metales, recolección de caucho), que luego se transportan a los centros de producción, donde se combinan en fábricas para crear productos. Es un proceso de conversión física, una transubstanciación secular por la cual rehacemos la materia misma del mundo que tenemos ante nosotros. Este trabajo es tan sofisticado que semeja una forma de prestidigitación: el coche no existía antes, pero ahora hay un coche saliendo de la línea de montaje. Lo mismo ocurre con la ropa que vestimos o los electrodomésticos que utilizamos. Son el fruto de derivas tan complejas que no parecen el resultado de acumulaciones de materia física procesada a partir de sus formas anteriores, sino que, más bien, nos parecen cosas creadas *ex nihilo*. Este fue el milagro de la era industrial: reorganizar los átomos del mundo para fabricar cosas a escala, doblegar la química y la física a nuestra voluntad colectiva para poder volar y circular a toda velocidad y tener habitaciones frescas a pesar del sol abrasador y cachivaches y aparatos y juguetes con los que jugar: cosas, cosas y más cosas.

Los productos de la era de la información son diferentes. ¿Qué parte del mundo físico cambia cuando envías un tuit, cuando creas una hoja de cálculo o cuando emites un programa en directo? Todo ello precisa un sustrato físico —la electricidad necesaria para hacerlo funcionar, las materias primas de los teléfonos, ordenadores y pantallas que manipulan, transmiten y muestran información— pero, en la era de la información, el trabajo principal consiste en la manipulación de bits, de dígitos binarios codificados en circuitos.[4]

Esta transformación se ve reflejada en nuestros datos económicos. Mover átomos requiere mucha más energía que mover bits, de ahí que durante la transición de la era industrial a la era de la información hayamos asistido a una marcada disminución de la intensidad energética (la cantidad de energía necesaria por unidad de PIB). Es algo que podemos aprehender de manera intuitiva: comparemos a un trabajador siderúrgico con una oficinista que procesa reclamaciones en una importante aseguradora sanitaria. Es muy posible que la perito de seguros, sobre todo si ocupa algún cargo de responsabilidad, gane más dinero que el trabajador siderúrgico, a pesar de que la tarea del trabajador siderúrgico requiere un aporte de energía mucho más intensivo que el de procesar reclamaciones sentada todo el día frente a un ordenador. Entre 1973 y 2019, la intensidad energética global del petróleo (cuánto petróleo se utiliza en relación con el PIB) disminuyó en un asombroso 56 por ciento.[5] Se trata de un dato notable, dado que durante este periodo no se hicieron apenas esfuerzos políticos con el fin de producir ese resultado. La reducción no se debió a incrementos masivos de eficiencia o conservación, sino más bien a la sustitución de tareas de alto consumo energético por otras de bajo consumo. Tal es así que, cuanto más depende una economía de la producción industrial —algo frecuente en los países más pobres, que dependen en mayor medida de la industria manufacturera—, mayores son sus índices de intensidad energética.[6]

También podemos detectar el cambio a la era de la información en la composición de los empleos y las actividades de una economía.

Los ámbitos laborales dedicados a la manipulación de la información —en términos generales, el trabajo de oficina, como el de nuestra perito de siniestros— ocupan un porcentaje cada vez mayor del empleo. En 1980, solo treinta millones de estadounidenses estaban empleados en lo que podríamos llamar la industria del conocimiento. En 2020, ese número se había más que duplicado, a pesar de que otras formas de trabajo, como la producción manual, se mantuvieron estables.[7]

Nací en 1979 y he vivido el cambio de fase a la era de la información, al igual que alguien nacido, pongamos, en 1880 fue testigo de los rápidos avances que conllevaron la electrificación, la automoción, los aviones, el agua corriente en las casas o el aire acondicionado. Cuando era niño, teníamos un teléfono de disco; si llamabas a alguien mientras estaba usando la línea, te salía el tono de ocupado. Teníamos un televisor con siete canales y ningún vídeo. Pero lo más relevante es que, como el niño curioso y empollón que era, viví la transición de un mundo en que toda la información estaba contenida en los libros a otro en el que podías tener acceso a todo el conocimiento humano.

Guardo todavía un recuerdo vívido de la sensación de asombro que me produjo atravesar este portal mágico. Formé parte de la primera generación de usuarios devotos y obsesivos de internet, justo en el momento en que la red empezaba a dejar de ser un pasatiempo para frikis devotos a convertirse en una herramienta popular de vasto alcance. Accedí por primera vez a la World Wide Web en 1992 utilizando un navegador de interfaz gráfica, después de convencer a mis padres para que abandonaran el cutre y cerrado mundo de AOL (la empresa estadounidense America Online) y se conectaran directamente a un proveedor de servicios de internet (PSI).

Por entonces, te sentabas frente a la pantalla y buscabas una respuesta a la primera pregunta que se te ocurría. En ese momento, antes incluso de la aparición de los primeros motores de búsqueda, antes de Google y de Wikipedia, el viaje para descubrir tal o cual fragmento de conocimiento era toda una aventura, como resolver un misterio. Y lo que hacía que el proceso fuera tan gratificante era que sabías que la respuesta estaba ahí fuera, en alguna parte. Esta sensación de descubrimiento era emocionante y adictiva de una manera completamente diferente a como lo es, por ejemplo, el interminable escrol de TikTok. Las metáforas de la vida digital en ese momento tendían a ser espaciales (el «ciberespacio», la «superautopista» de la información), términos que capturaban sin embargo la sensación de movimiento y de expedición, muy diferentes en textura y sensación a la estasis *zombificada* que asociamos hoy con los atracones de pantalla que nos pegamos en las redes sociales.

Dejando a un lado el asombro infantil, existía la percepción fundamental de que ese acceso a la información era transformador e importante porque la información es poder. Algo que se manifestó de innumerables maneras: el acceso que los mercados financieros tenían a información en tiempo real, la capacidad de los consumidores para comparar precios entre proveedores o la facilidad con la que los *hackers* podían publicar y compartir fallos de seguridad y líneas de código para que otros los utilizaran. Esta centralidad de la información y, de manera más específica, la capacidad para computar y procesar grandes cantidades de ella fueron en parte herencia de las labores de desencriptación llevadas a cabo durante la Segunda Guerra Mundial, en la época precedente. No es casualidad que los padres de la era de la información trabajaran durante el gran esfuerzo bélico en inteligencia y criptografía. Fue la innovación de estos pioneros en codificar y descifrar códigos a gran escala lo que permitió desarrollar gran parte de la teoría de la información que sustenta conceptualmente la informática moderna. Para estos descifradores y creadores de códigos, la información era poder: el enemigo tenía información que tú necesitabas y conseguirla otorgaba una ventaja decisiva en el campo de batalla.

La emoción que animaba la primera era de la información tiene que ver con la gratificación que conlleva desbloquear una información a la que no tenías acceso (y a la que tal vez no debieras tenerlo). Internet era como un nuevo continente que podías explorar paso a paso, estirando el cuello y abriendo bien los ojos para asimilarlo todo. Encontrarte con todo aquello, tan a mano y tan de repente, provocaba una sensación de vértigo. Información que antes requería un esfuerzo enorme encontrar —como la media de carreras ganadoras de un lanzador de béisbol de relevo medio de los Cubs en 1984, enterrada en algún oscuro índice de la enciclopedia de béisbol de Elias Sports Bureau— ahora era accesible, si no al instante, al menos con un poco de dedicación.

La descarga de dopamina que producía encontrar alguna codiciada pepita de información, o algún nuevo rincón de aquel palacio mental en construcción, era real. Si eras un niño insaciablemente curioso, con una afición compulsiva por recopilar datos y conocimientos, la sensación era casi de euforia, como si te soltaran en una tienda de caramelos donde todo fuera gratis y no hubiera nadie que pusiera límites a lo que podías coger. Ese acceso instantáneo a todo el conocimiento del mundo sigue siendo una realidad hoy, por supuesto, y de hecho se ha hecho omnipresente con la incorporación de los teléfonos móviles inteligentes. Pero en la era anterior a las redes sociales, una gran parte de la actividad en línea consistía en buscar información como si fuera un tesoro. Creo que la gente de mi generación ha acabado por perseguir esa sensación en la versión comercializada y sintética que ofrecen en la actualidad las redes sociales.

Con todo, el poder no estaba solo en el acceso a la información, sino en la posibilidad de compartirla e intercambiarla. En conectar a las personas que tenían preguntas con aquellas que tenían respuestas. En conectar a las personas que buscaban algo (sexo informal, un compañero de piso, una oscura grabación de un concierto del grupo Grateful Dead) con aquellas que podían proporcionarlo. Entre los más comprometidos de los primeros informáticos y entusiastas de las redes, existía la creencia compartida, casi evangélica, de que conectar al planeta entero a una red que contenía todo el conocimiento humano marcaría el comienzo de una nueva era de ilustración y cooperación globales. «Estamos creando un mundo en el que todos pueden entrar, sin privilegios o prejuicios debidos a la raza, el poder económico, la fuerza militar, o el lugar de nacimiento», proclamó el letrista de Grateful Dead y pionero de internet John Perry Barlow en su «Declaración de Independencia del Ciberespacio» de 1996. Uno de los primeros editores de *Wired*, la publicación semioficial de la revolución digital, prometió que la revista provocaría «una revolución sin violencia que abarque una nueva forma apolítica de mejorar el futuro basada en una economía más allá del control macroeconómico, un consenso más allá de las urnas, una educación cívica más allá del gobierno y unas comunidades más allá de los límites del tiempo y la geografía».[8]

Pero ¿qué valor tiene realmente la información? Hasta un animal dotado de cierta inteligencia, como, por ejemplo, un perro, tiene acceso en cada momento a lo que puede considerarse en esencia un campo infinito de información: cada olor, movimiento, color y sensación. Nada de eso, sin embargo, importa realmente en un sentido profundo para la existencia del perro. Lo que le importa, y lo que importa a cualquier animal, es discernir qué fragmentos de información son decisivos para la supervivencia. El exceso de información (que haya demasiadas hojas de árbol en su campo visual puede ocultar, por ejemplo, la llegada de un depredador) es un peligro siempre presente.[9]

Ese peligro resulta ser el problema endémico de la era de la información. Cuando ves una captura de pantalla del teléfono de alguien, es habitual que el pequeño círculo rojo que aparece sobre el icono del buzón de voz muestre una cantidad enorme de mensajes de voz no escuchados. Las bandejas de entrada de los correos están atascadas con mensajes no leídos. Mensajes de texto, de audio, llamadas, *spam*, invitaciones a reuniones de Zoom, etc. Todo el mundo sufre la presión que conlleva vivir en un mundo en que la información es barata y abundante hasta lo abrumador. La analogía con la comida vuelve a ser de utilidad aquí. Durante la mayor parte de la historia de la humanidad, el principal reto alimentario era asegurarse de tener suficientes reservas: hacer frente a las inundaciones y las sequías, encontrar formas eficaces de almacenar los cereales o de curar las carnes para sobrevivir durante los periodos en los que el clima hacía imposible cultivar alimentos. Pero a finales del siglo XX, al menos en el mundo desarrollado y rico, la gran abundancia de alimentos fabricados a bajo coste y altamente procesados con, entre otros productos, jarabe de maíz provocó un fuerte aumento de las enfermedades relacionadas con la obesidad. Después de luchar durante miles de años contra la escasez de calorías, los seres humanos habían pasado a luchar (al menos en ciertas sociedades y clases) contra las consecuencias derivadas de la abundancia.

Lo mismo ocurre con la información hoy en día: antes pasábamos hambre y ahora tenemos una indigestión. Este problema ya fue detectado y abordado a principios de la era de la información. En su éxito de ventas *El shock del futuro*, publicado en 1970, Toffler identifica la «sobrecarga de información» como uno de los principales aspectos psicológicos del fenómeno que da título a su libro. Invocando un concepto central de la teoría de la información, la «capacidad del canal», Toffler sostiene que los humanos tienen una cantidad limitada (podemos procesar un número finito de bits) y que «la sobrecarga del sistema perjudica gravemente la eficacia».[10] Toffler llega a asociar la experiencia de esta sobrecarga con una especie de pérdida de cordura, similar a «los síntomas observados en los soldados con psicosis de guerra, en las víctimas de las catástrofes y en los viajeros atacados por el "shock" cultural».[11]

El shock del futuro identificó relativamente temprano este fenómeno y expuso una serie de convicciones sobre la creciente abundancia y accesibilidad de la información que hoy son moneda común: hay demasiada información, nos distrae y nos abruma de forma constante y nos está volviendo un poco locos.

En el transcurso de las décadas siguientes, este fenómeno de sobrecarga de información se convirtió en una fijación de la cultura pop. En 1990, el grupo Living Colour lanzó el sencillo «Information Overload» (Sobrecarga de información), en el que cantaba: «A veces siento / que mi mente va a explotar / A veces siento / que no tengo control...». En 1992, Bruce Springsteen interpretó en el programa *Saturday Night Live* su nuevo sencillo, «57 Channels (and Nothin' On)» (57 canales [y nada que ver]), que versa sobre el vacío absoluto del entretenimiento sin límites. En el vídeo de la canción, el Boss narra cómo dispara a su televisor con una pistola del calibre 44. Un año después, Duran Duran lanzó el sencillo titulado sin rodeos «Too Much Information» (Demasiada información), que denunciaba el bombardeo de mensajes comerciales a través de diferentes plataformas: «Oye, hijo de la televisión / Mírame a los ojos / Mediante esta intervención / exijo tu atención». Las crecientes demandas que planteaba un mundo en el que la información era ilimitada hicieron que la gente empezara a pensar muy en serio en la capacidad humana para procesar esa información. Lo que nos lleva de vuelta al poder de la atención.

En la ahora famosa conferencia de 1971 «Designing Organizations for an Information-Rich World» (Diseñar organizaciones en un mundo rico en información), a la que hicimos referencia en el capítulo 2, el economista y ganador del Premio Nobel Herbert Simon argumentó que la atención era la clave para comprender la era de la información. El pasaje más citado del texto contiene su idea central:

> En un mundo rico en información, la riqueza de información implica una escasez de otra cosa: escasez de lo que sea que consuma la información. Lo que consume la información es bastante obvio: consume la atención de sus receptores. Por lo tanto, una gran cantidad de información crea una pobreza de atención y una necesidad de asignar esa atención de manera eficiente entre la sobreabundancia de fuentes de información que podrían consumirla.[12]

Lo que Simon identificó mucho antes que la mayoría es que, de manera lógica, la creciente importancia de la información en una sociedad implica un aumento del valor de la atención. Lo que equivale a decir que la era de la información ha de ser también la era de la atención. Las dos nociones son inseparables porque la información consume atención. Cuanta más información, más competencia por la atención, que es escasa por definición. Cuanta más demanda hay de un recurso escaso, más valioso se vuelve este recurso.

Suele atribuirse a Simon la invención del término «economía de la atención» y su artículo se cita como el texto fundacional de ese campo de estudio. Aun así, la preocupación principal de Simon difería en gran medida de nuestras preocupaciones actuales sobre las poderosas fuerzas del mercado (grandes corporaciones, plataformas y empresas tecnológicas) que intentan captar nuestra atención. El breve y elegante artículo de Simon planteaba una cuestión más profunda, que explica por qué la era de la información es y siempre ha sido la era de la atención.

El problema del procesamiento de la información que Simon identifica atormenta a cualquier organización de cualquier tamaño, ya sea un restaurante familiar o una gran empresa de la lista Fortune 500, una asociación de vecinos o una armada imperial. En principio, la capacidad de procesamiento de un ordenador debería ofrecer a cualquier organización una herramienta increíblemente útil para lidiar con este problema desalentador: la automatización del procesamiento de la información debería liberar recursos para otros usos y hacer que las organizaciones fueran más eficientes. Pero la cosa casi nunca funciona así. Al contrario, el aumento del poder de computación tiende a incrementar a su vez la necesidad de procesamiento de información, como si fuera una especie de máquina de movimiento perpetuo.

Este es el problema que Simon identifica en su artículo. Para cualquier organización, la cuestión del procesamiento de la información no atañe en realidad a cuánta información puede procesar un sistema determinado, ya sea un ordenador o un grupo de personas. Se trata más bien de si un sistema determinado de procesamiento de información reduce realmente las exigencias de atención de la organización en su conjunto:

> Un subsistema de procesamiento de información (un ordenador o una nueva unidad organizativa) reducirá la demanda neta de atención del resto de la organización solo si absorbe más información de la recibida que la que produce, es decir, *si escucha y piensa más de lo que habla.*[13] (El énfasis es mío).

Esta es una de esas ideas que parecen obvias cuando uno topa con ellas *a posteriori*, pero se trata de una revelación pionera. Lo que determina la utilidad de un sistema de procesamiento de información para una organización no es la cantidad de información que genera, ni siquiera la cantidad bruta de información que puede procesar. Más bien, «la pregunta crucial *es cuánta información permitirá sustraer de la atención de otras partes del sistema*». En otras palabras, «para cumplir la función de ser un conservador de la atención dentro una organización, un sistema de procesamiento de información [SPI] debe ser un condensador de información».[14]

Este marco mental se opone a la forma en que muchas organizaciones abordan el problema de la información y los recursos organizativos. Simon utiliza el ejemplo de una oficina gubernamental encargada de asuntos exteriores cuyo ámbito específico de competencia es procesar información de inteligencia. Desde el punto de vista de este hipotético departamento, el problema es que ni hay «suficiente» comunicación ni se transmite «suficiente» información. «Cuando los acontecimientos mundiales eran intensos, los teletipos que transportaban los despachos entrantes a menudo se quedaban atrás respecto a la actualidad. La solución: sustituir los teletipos por impresoras de línea de mucha mayor capacidad. Al parecer, sin embargo, nadie preguntó si los SPI (incluido el propio ministro de Asuntos Exteriores) que recibían y procesaban los mensajes de los teletipos estarían preparados y capacitados para procesar el volumen mucho mayor de los mensajes de las impresoras de línea».[15] Simon tenía experiencia de primera mano con este tipo de dilemas organizativos, ya que había realizado trabajo de campo con una agencia gubernamental dependiente del Departamento de Estado.

En un mundo rico en información, todas las organizaciones trabajan a tiempo completo para resolver el problema de la escasez de atención. El diseño de todos los sistemas, sobre todo a medida que aumenta la capacidad de comunicar y generar información, debe, quiérase o no, resolver el problema de la atención. Este principio se cumple incluso cuando no nos damos cuenta de que eso es precisamente lo que estamos haciendo.

Tomemos, por ejemplo, la organización más poderosa del mundo: el gobierno federal de Estados Unidos. Cuando la totalidad del poder ejecutivo está en manos de una sola persona, el tiempo y la atención de esa persona se convierten en el recurso más preciado del gobierno. La Casa Blanca funciona (o debería funcionar) mediante una implacable delegación y protección del tiempo del presidente, de modo que solo una pequeña fracción de toda la información procesada por la organización que encabeza llega hasta él.[16]

El límite estricto que conlleva la atención del presidente contrasta con el crecimiento exponencial a lo largo del tiempo de la cantidad de información que el gobierno debe procesar. El escuálido y precario gobierno federal que dirigió George Washington tenía tantos presidentes como el de ahora: uno. Por más complejo que se vuelva el mundo y por más información que el gobierno de Estados Unidos sea capaz de procesar, solo hay un presidente.[17] Ese presidente es capaz de asistir a un número limitado de reuniones, de tomar un número limitado de decisiones y de procesar un número limitado de informes. Por eso todo en la Casa Blanca gira en torno a la preservación de la atención del presidente, en tanto recurso sumamente valioso. De ahí también que haya tantos niveles y compuertas intermedios entre cualquier cuestión específica y la mesa del presidente.

Resulta irónico que fuera Steve Jobs, el hombre que ayudó a inventar el dispositivo más distractor de la historia, el iPhone, el directivo que quizá comprendió mejor esta regla. Al recordar su experiencia trabajando con Jobs, el legendario diseñador de Apple, Jony Ive, explicaba que Jobs era implacable a la hora de administrar su atención, con el fin de concentrarla solo en los asuntos más importantes. «Steve era la persona más extraordinariamente centrada que he conocido en mi vida [...] Una de las cosas que siempre me decía —porque creo que le preocupaba que yo no estuviera [centrado]— era "¿A cuántas cosas has dicho que no?"».[18] La atención es negación. En un entorno organizativo, Simon identificaba este filtro con la cantidad de información que un sistema determinado no transmitía y lo conceptualizaba como decir «no» a proyectos e ideas.

Saber decir «no», en particular a información nueva, es una habilidad difícil de adquirir en contextos en los que la información es escasa. Simon, que nació en 1916, señalaba que, para las personas de su edad, la pobreza informacional era una herencia generacional. «La mayoría de nosotros es intrínsecamente incapaz de tirar un volumen encuadernado a la papelera».[19] Con frecuencia, yo mismo observo cómo los *baby boomers* (personas nacidas entre 1946 y 1964) que me rodean tienden a filtrar la información mucho menos que las personas de mi edad, nacidas en plena era de la atención. Los teléfonos de las personas mayores no suelen tener silenciadas las llamadas ni las notificaciones de las aplicaciones, de modo que, por regla general, el teléfono es un festival continuo de sonidos y alarmas, como si fueran los fuegos artificiales del Cuatro de Julio. Las generaciones anteriores crecieron en entornos de pobreza informacional: si alguien quería comunicarse contigo porque tenía noticias importantes y tú no estabas en casa, no podía hacerlo. Cuando estás condicionado por la escasez de información, es probable que te cueste más reconocer el valor de la atención.

Entender que la atención es un recurso finito y escaso ayuda a explicar uno de los grandes misterios económicos de los últimos cincuenta años: por qué la productividad no ha crecido más. En la década de 1980, durante los primeros años de la revolución de la información, el economista Robert Solow hizo la conocida chanza de que «La era de la informática se nota en todas partes menos en las estadísticas de productividad».[20] La observación probó ser algo prematura, porque al final del siglo XX sí se produjo un estallido de productividad claramente derivado de la adopción masiva de ordenadores conectados en red. Antes y después de ese periodo más o menos breve, sin embargo, el incremento de la productividad ha terminado por ser decepcionante y ni de lejos se acerca a las tasas explosivas que se alcanzaron a mediados del siglo XX (en particular entre 1920 y 1970). De modo que, al menos en lo que respecta al crecimiento, lo que se nos ha vendido como una transformación revolucionaria ha resultado no ser para tanto si lo comparamos con la época precedente.

Los economistas miden la productividad de varias maneras, pero el dato más amplio es el que mide la «productividad total de los factores», que no solo cuantifica la productividad laboral (cuántos productos puede fabricar un trabajador en una hora), sino la productividad de todos los factores de producción: cuántos productos puede fabricar toda la fábrica en una hora. Durante el decenio más productivo de la era de la información, 1994-2004, la tasa de crecimiento anual apenas superó el 1 por ciento. En la década siguiente cayó al 0,4 por ciento. De 1920 a 1970 fue casi del 2 por ciento anual. La tasa de crecimiento anual de la productividad a mediados del siglo pasado fue el doble que la de la década de apogeo de la revolución de la información, y se mantuvo durante cincuenta años.[21]

Entre 1920 y 1970, nuestro mundo físico y las actividades cotidianas se transformaron con la llegada de la electrificación, la instalación de agua corriente en los hogares, los teléfonos, las carreteras, los automóviles, el aire acondicionado, los viajes aéreos comerciales, la calefacción interior fiable, las lavadoras y los televisores. Todas las comodidades de la vida moderna surgieron durante este periodo. Ahora comparemos esos avances con los obtenidos en el periodo que va de 1970 a 2020. Se ha incrementado la calidad de los coches, los aviones, el aire acondicionado, la fontanería, la electrificación y los electrodomésticos, pero no se han producido cambios importantes en la infraestructura física básica. Si quitamos los ordenadores y los teléfonos móviles, nada ha cambiado tanto.

Es cierto que, aunque se tarda lo mismo en cruzar el Atlántico en avión que en 1970, los ordenadores se han vuelto más rápidos, muchísimo más rápidos.[22] Aun así, por más rápido que compute y mayor sea su capacidad de procesamiento, el ordenador tiene que seguir interactuando con nosotros. Somos los presidentes de nuestras vidas: nuestra atención es la condición limitante. Y ningún avance real ha superado ese límite infranqueable.

Pensemos en la que en teoría es la empresa más exitosa e innovadora de la historia de la era digital: Google. Encontrar cosas en internet antes de Google era bastante difícil. Había demasiada información y no había forma de conservar la atención. El término «navegar» (en inglés, *surf*), acuñado en los inicios de internet describía bien la forma (complicada, agotadora y recreativa) en que uno se movía por el espacio digital. Hacía falta práctica, pero una vez lograbas adquirirla, la experiencia resultaba divertida y estimulante.

La «búsqueda» es el método principal para focalizar la atención en internet. Antes de Google, hubo muchos otros intentos para sistematizar las búsquedas, pero ninguno funcionó tan bien. El éxito de Google radica en que es capaz de codificar en el propio algoritmo de búsqueda decisiones humanas reales sobre la relevancia e importancia de la información, algo que el motor consiguió mediante un truco sencillo y elegante. Dado que la web está conectada a través de hipervínculos y que los hipervínculos son insertados en los sitios web por personas que juzgan por sí mismas qué enlaces son relevantes, se podían usar esos enlaces como una especie de indicador cuantificable de relevancia y fiabilidad.

Voy a simplificarlo un poco, pero la cosa funciona básicamente de la siguiente manera. Pongamos que las siglas ESPN puedan corresponder a dos cosas diferentes: la famosa cadena de deportes estadounidense y una empresa de alcantarillado y fontanería llamada Erickson Sewer and Plumbing of Nashville. Los motores de búsqueda anteriores a Google, lo crea el lector o no, podían tener serias dificultades para distinguir entre ambos resultados si ambos estaban indexados como ESPN. El avance de Google consistía en detectar cuántas páginas externas enlazaban a cada sitio web —en este caso, a ESPN.com, una cadena global de deportes, y a ESPN.net, un fontanero de Nashville— y usar ese dato como un indicador fiable de la relevancia de uno y otro para la búsqueda.[23] Los detalles técnicos son un poco más complicados, pero esta es la noción clave que produjo un cambio radical en la fiabilidad de las búsquedas. Google se convirtió rápidamente en el mejor motor de búsqueda de internet y transformó internet casi por sí solo, pues, gracias a él y ahora sí, los usuarios podían acceder en un instante a todo el conocimiento disponible.

Desde el punto de vista del marco teórico establecido por Herbert Simon, Google constituía el sistema de procesamiento de información definitivo: era omnipresente, de uso gratuito, accesible a cualquiera y, lo que es más importante, trabajando con una entrada gigantesca de información, era capaz de devolver una cantidad muy pequeña y precisa, lo que le permitía conservar la atención del usuario.

Es difícil calibrar hasta qué punto Google revolucionó internet. En el eslogan que describía su misión, la empresa sintetizaba con claridad su objetivo: «organizar la información del mundo y hacerla universalmente accesible y útil».[24] Suena grandioso, pero es exactamente lo que logró su motor de búsqueda.

Pero, aunque el producto era revolucionario, no estaba claro que pudiera ser rentable. Por eso Google desarrolló también un ingenioso modelo de negocio. Lo que hace que Google sea tan lucrativo es que, al conservar la atención del usuario, también la captura. Uno entra en Google para filtrar información irrelevante y poder atenerse al resultado fiable que arroja el sistema de procesamiento de información de Google. Pero eso le da a Google el acceso exclusivo al recurso más preciado del usuario, que es su atención. Y, una vez obtenida la atención del usuario, la empresa puede venderla a las partes interesadas.

Así nació AdWords, el principal producto publicitario de Google. La firma comenzó a subastar espacio en su página de resultados y a colocar pequeños anuncios, identificados como tal, junto a los resultados orgánicos. A diferencia de lo que sucedía con gran parte de la publicidad del siglo pasado, en la que los anunciantes no podían distinguir la causa del efecto, Google desarrolló un modelo en el que solo cobraba a los anunciantes si el usuario hacía clic en el enlace del anuncio.[25]

Algunas búsquedas valían mucho más para los anunciantes que otras porque la propia búsqueda indicaba a qué estaba prestando atención el buscador. Por ejemplo, es muy probable que alguien que busque «mesotelioma» —un tipo de cáncer de pulmón relacionado con la exposición al amianto— padezca la enfermedad o conozca a alguien que la padezca. La atención de ese usuario es por tanto muy valiosa para los abogados que llevan demandas colectivas relacionadas con casos de exposición al amianto, razón por la que la tarifa que Google cobra por cada clic en esos anuncios ha llegado a ser de 233 dólares.[26]

Y eso solo por esa palabra. Pensemos en la cantidad de términos de búsqueda que hay y en cuántos negocios y empresas diferentes buscan captar la atención de los clientes potenciales que están buscando información relacionada con un producto o servicio que ellos venden, del tipo «abonos de gimnasio cerca de mí», «los mejores restaurantes en Madrid», o «precio de un Ford Fiesta de 1996». Tan pronto comenzó a funcionar, AdWords (más tarde Google Ads) obtuvo unos beneficios astronómicos. En 2004, cuando Google salió a bolsa, el 99 por ciento de los tres mil doscientos millones de dólares de ingresos de la empresa procedían de la publicidad.[27]

Desde el momento en que salió a bolsa, Google ha sido una verdadera máquina de fabricar dinero. De hecho, ha configurado la internet moderna, tanto desde la perspectiva del usuario final (cómo interactuamos con internet) como desde la perspectiva del negocio subyacente (cómo se gana dinero con internet), basándose cada vez más en el uso de la información que extrae sobre sus usuarios para segmentar y dirigir los anuncios. La teórica digital

Shoshana Zuboff llama a este modelo, columna vertebral de gran parte de la internet moderna, «capitalismo de vigilancia». Zuboff sostiene que «Google inventó y perfeccionó el capitalismo de la vigilancia en un sentido muy similar a como General Motors inventó y perfeccionó el capitalismo gerencial hace un siglo».[28]

Sin embargo, llega un momento en que, de manera inevitable, la fuerza imparable del capitalismo choca con el obstáculo inamovible de la atención humana. La naturaleza del capitalismo contemporáneo exige que las empresas cotizadas crezcan sin cesar. En el caso de Google, una máquina de hacer dinero, lo que los accionistas suelen comprar, más que ingresos estables, es crecimiento futuro. De modo que Google tiene un gran incentivo para vender en cantidades cada vez mayores la atención de sus usuarios. Sin embargo, cuanto más vende esa atención —que es lo que otorga tanto valor al producto en primer lugar—, menos la conserva.

Cuando sacaron la empresa a bolsa en 2004, los fundadores de Google, Sergey Brin y Larry Page, parecían comprender bien esa tensión. En su folleto S-1 para inversores explicaban que fundaron Google porque «creíamos que podíamos ofrecer un gran servicio al mundo, proporcionando al instante información relevante sobre cualquier tema. Servir a nuestros usuarios finales es la esencia de lo que hacemos y sigue siendo nuestra prioridad número uno».[29] Al enumerar los posibles riesgos a los que se enfrentaba la empresa, sin embargo, mencionaban una y otra vez los diferentes desarrollos que podrían poner en peligro de diversas maneras el servicio básico que ofrecían (conservar la atención a través de la búsqueda). «Somos vulnerables a manipulaciones de nuestros índices, lo que podría dañar la integridad de nuestros resultados de búsqueda web», reconocían. «Nos tomamos este problema muy en serio porque proporcionar información relevante a los usuarios es fundamental para nuestro éxito», añadían, conscientes de que, si esa garantía desapareciera, «nuestra reputación de ofrecer información relevante podría verse mermada. Ello podría causar una disminución del tráfico de usuarios, lo que perjudicaría nuestro negocio».[30]

A medida que Google se ha ido haciendo cada vez más grande, su producto principal ha ido empeorando. Hay varias razones para ello, algunas de las cuales tienen que ver de hecho con la manipulación de resultados que citaban ellos mismos en el documento S-1. De hecho, la «optimización de motores de búsqueda» (SEO por sus siglas en inglés) es hoy una industria multimillonaria en sí misma. La atención que genera un buscador es tan valiosa que existe un enorme incentivo financiero para descubrir cómo manipular las búsquedas de manera que el usuario vea lo que uno quiere que vea.

Con todo, el mayor problema lo ha creado el propio Google. Si uno busca, como hice yo hace poco, un «vehículo eléctrico con tres filas de asientos», los CUATRO primeros resultados que obtiene son anuncios pagados por empresas de automóviles que, en principio, quieren venderme su coche eléctrico de tres filas. Con la salvedad de que el primer resultado que aparece es un modelo Subaru Solterra, que en realidad no tiene tres filas de asientos. Y de que el siguiente resultado es un modelo Nissan Ariya eléctrico que… ¡tampoco tiene tres filas! El tercer anuncio es de un Infiniti QX80, que sí tiene tres filas, pero… no es eléctrico. Le sigue un anuncio de Polestar, una nueva empresa de vehículos eléctricos que no tiene coches de tres filas. Solo después de revisar los cuatro primeros resultados llego a un enlace «real», no patrocinado: «Todos los vehículos eléctricos con tres filas de asientos que puedes comprar al momento».[31] Por fin, la información que de verdad estaba buscando.

En mi opinión, este episodio resume en un solo pantallazo la paradoja de la era de la información y de la economía de la atención. Google es el producto definitivo de la era de la información y todo su valor radica en que es capaz de filtrarla y de entregarte solo aquella pequeña porción de ella que es relevante y merece tu atención. Pero es precisamente el valor de ese pequeño espacio sobre el que se posa tu atención lo que la empresa monetiza a tan gran escala. Y la colisión entre esa monetización y el propósito del usuario termina por generar un juego de suma cero. La empresa necesita manipular nuestra atención para ganar dinero, pero si se excede, si pasa de la manipulación al abuso, destruye la utilidad del producto subyacente, que es lo que sostiene la atención en primer lugar. Aunque los fundadores de Google comprendían bien desde el principio que su producto principal estaba diseñado, precisamente, para resolver el problema de lo que se conoce como *spam* (correo basura), en su búsqueda de beneficios, la empresa ha terminado enviando *spam* a sus propios usuarios.

De hecho, me atrevería a decir que, en términos generales, el *spam* es el problema propio de la era de la atención, el equivalente a lo que el humo de las chimeneas y la contaminación de los cielos fueron para la Revolución Industrial. El *spam* vendría a ser, de hecho, la peor pesadilla de Herbert Simon. Dado que el límite absoluto de todas las tecnologías de la información es el propio límite de nuestra atención, la pugna entre aquellos que quieren monetizar nuestra atención y aquellos que quieren proporcionar un servicio que conserve esa atención (a veces son la misma empresa, como en el caso de Google) termina por propiciar un juego de suma cero en el que al final se impone la búsqueda de beneficios económicos. Es una especie de película de espías contra espías que se desarrolla día tras día en el corazón de internet y de su arquitectura fundamental. Cualquier producto o servicio que capte nuestra atención de manera efectiva es susceptible de verse atrapado en esta dinámica: si sirve para atraer y sostener nuestra atención y mantener nuestro enfoque, servirá también para intentar arrebatárnoslos con otros fines, lo que significa que, antes o después, se convertirá en un canal de *spam*.

Se trata de una especie de ley física que impera en la era de la atención: no se puede derrotar al *spam*; como mucho, se puede gestionar. Porque la basura informática publicitaria existirá dondequiera que se concentre la atención, de la misma manera que las malas hierbas crecen dondequiera que se den las condiciones adecuadas para el cultivo. Unas y otros crecen en el mismo suelo.

Finn Brunton, autor de una fascinante historia sobre el *spam*, lo define como «el uso de la infraestructura de las tecnologías de la información para explotar las agregaciones existentes de atención humana».[32] El término no proviene solo del *spam*, un infame producto cárnico procesado y enlatado (creado por la empresa estadounidense Hormel Foods Corporation en 1937), sino también de un célebre *sketch* de 1970 en el que los humoristas británicos Monty Python aludían a dicho producto.[33] Se trata de un número cómico de humor absurdo y unos dos minutos de duración en el que una pareja entra en un establecimiento para desayunar. Una vez que toman asiento, la camarera que está detrás del mostrador enumera las opciones del menú, comenzando por las más habituales. «Bueno, tenemos huevos y beicon; huevos, salchichas y beicon; huevos y *spam*». A medida que prosigue enumerando opciones, sin embargo, cada vez hay más *spam* y menos variedad del resto de los ingredientes: «*Spam*, beicon, salchicha y *spam*; *spam*, huevos y *spam*; *spam*, beicon y *spam*; *spam*, salchicha, *spam*, *spam*, beicon, *spam*, *spam* y *spam*». Al final, la camarera y el resto de los clientes del restaurante (entre los que se cuentan, por alguna razón inexplicable, unos vikingos) terminan cantando a pleno pulmón «¡SPAM! ¡SPAM! ¡SPAM!». Cuanto más gritan «¡SPAM!», más absurdas se tornan la conversación y la escena.

En los albores de la computación en red, a mediados de la década de 1970, los usuarios de grandes redes pasaban mucho tiempo interactuando en salas de chat basadas en texto. Sucedía a menudo que algunos participantes intentaban captar la atención del resto —cuando no abusar de ella— escribiendo grandes bloques de texto que ocupaban toda la pantalla (el equivalente a gritar «¡OÍD, MIRADME!» en una sala llena de gente). Dentro de esos primeros foros de mensajes, pronto se convirtió en una broma interna hacer referencia al *sketch* de Monty Python cuando alguien se comportaba de esa manera. «Debido a que es una broma cuyo humor se basa en la repetición, y a que a los frikis les encanta Monty Python, [lo del *spam*] se convirtió en un chiste recurrente y bastante cansino dentro de las primeras comunidades de usuarios de redes».[34]

Los usuarios escribían «SPAM» en mayúsculas, o usaban un atajo de teclado para repetir el mensaje y crear un enorme bloque de texto que ocupaba toda la pantalla, visible por todos, y que consumía lo que, en aquel momento, eran recursos considerables de la red. Fue así como nació la connotación moderna del término *spam*, que, según Brunton, «sirvió para identificar una forma de pensar y de hacer online, perezosa e indiscriminada, que malgastaba el tiempo y la atención de los demás».[35] En aquellos días, sin embargo, las intrusiones estaban motivadas por el simple de deseo de llamar la atención y la gratificación que eso reportaba, no con propósitos comerciales. Era algo «molesto, pero más juguetón y travieso que malintencionado, como hacer sonar de repente una bocina en mitad de una conversación».[36]

Pero si la internet precomercial tenía *spam* precomercial, los generadores de *spam* no tardaron en captar el enorme potencial económico de las vastas reservas de atención que circulaban por los ordenadores conectados en red. Fue así como, un 12 de abril de 1994, un matrimonio de abogados de Arizona especializados en trámites de inmigración inventaron el *spam* comercial.[37] La pareja andaba a la caza de clientes para sus servicios, sobre todo de inmigrantes expertos en tecnología con visados temporales de trabajo y desesperados por conseguir la tarjeta de residencia permanente, conocida como *green card*. El gobierno estadounidense concede por sorteo abierto algunos de estos permisos y, lo único que tenían que hacer los candidatos era enviar por correo una sencilla solicitud. Aunque el proceso en sí es relativamente sencillo, algunos abogados de inmigración aprovechaban la circunstancia cobrando una «tarifa» por tramitar estas solicitudes. La pareja de abogados Laurence Canter y Martha Siegel contrató a un programador para que creara un *script* sencillo, mediante el cual se publicara un anuncio de sus servicios en cada uno de los seis mil tablones de anuncios activos de los grupos de noticias de Usenet. Estos foros se mantenían de forma cooperativa (no formaban parte de ningún servicio corporativo, como AOL) y estaban segmentados por intereses: de cine a noticias o coleccionismo de cromos de béisbol. Se trataba, en esencia, de una protoversión colaborativa y no comercial de Reddit, mucho antes de que existiera Reddit.

El 12 de abril de 1994, apareció el siguiente mensaje en todos los grupos de noticias de Usenet, sin importar su tema: «¡La lotería para obtener la *green card* de 1994 puede ser la última! / SE HA ANUNCIADO LA FECHA LÍMITE... FECHA LÍMITE ESTRICTA EN JUNIO. AHORA ES EL MOMENTO». Los abogados incluyeron en el mensaje su información de contacto. Más tarde, aseguraron que la publicación les generó actividad por valor de cien mil dólares.

La reacción fue rápida y severa y varios frikis informáticos idearon enseguida una respuesta para hacer justicia digital: saturaron el buzón de voz de los abogados con llamadas automáticas y desbordaron su proveedor de servicios de internet bombardeándolo con correos electrónicos. La pareja se mantuvo firme y se proclamó adalid de la libertad de expresión. Canter y Siegel llegaron a publicar un libro titulado *Cómo hacerse rico con las autopistas de la información. Guía para vender en internet y otros servicios en línea.* En 1997, Canter fue inhabilitado para ejercer la abogacía, condenado por, entre otras cosas, prácticas publicitarias engañosas.[38]

Canter y Siegel eran dos personajes en gran medida anodinos, pero poseían en abundancia una cualidad que, como veremos, probaría ser esencial en la era de la atención: la desfachatez. No les importó convertirse en el enemigo público número uno en internet, al contrario, se lo tomaron muy bien. Parecían disfrutar de la controversia, e incluso jaleaban a las hordas de usuarios irritados. La mayoría de la gente se lo pensaría dos veces antes de emprender una acción que sabe que molestará y enfurecerá a miles de personas, integrantes además de una comunidad muy unida y autorregulada, con normas de comportamiento bien establecidas. Pero Canter y Siegel dijeron: que les den, lo que estamos haciendo no es ilegal y, si a la gente le molesta, más atención obtendremos.

Para los participantes habituales en los grupos de noticias, la irrupción de aquel anuncio en MAYÚSCULAS producía un efecto similar a la un vendedor de cuchillos de carne en un club de lectura. Para Canter y Siegel, sin embargo, los grupos de noticias de Usenet eran parte de una infraestructura pública, el equivalente a grandes paredes vacías que pedían a gritos ser cubiertas con carteles. Como argumentarían más tarde en su guía para hacerse rico rápidamente haciendo marketing en internet, para ellos no existía una comunidad real en internet, solo personas y sus reservas colectivas de atención.

Por desgracia, se trata de una idea fundamental que, desde entonces, se ha probado cierta una y otra vez, a medida que las esperanzas depositadas en la era de la información dieron paso a la cruda realidad de la era de la atención, que viene a ser su *alter ego.* La historia de los inicios de lo que hoy reconocemos al instante como *spam* comercial (¡¡¡INTERPELACIONES URGENTES EN MAYÚSCULAS Y CON SIGNOS DE EXCLAMACIÓN!!!) resulta instructiva, si tenemos en cuenta que sus creadores fueron dos personas cualesquiera con algo que vender y la intuición fundamental de que el coste marginal de anunciar algo en internet era básicamente nulo, mientras que la atención que se podía captar a cambio era muy valiosa.

Hoy en día, el *spam* se ha propagado y funciona en gran medida a través de *botnets*, ordenadores conectados entre sí, sin el conocimiento de sus propietarios, que utilizan *malware* para enviar silenciosamente millones de mensajes al día. Según diversas estimaciones, entre el 50 y el 90 por ciento del tráfico diario de correo electrónico en el mundo es *spam*.[39]

Todo ello ha transformado la experiencia de usuario y la propia utilidad de internet. El correo electrónico fue una vez una tecnología casi mágica que redujo la distancia geográfica e hizo que mantenerse en contacto con amigos y familiares a través de vastas extensiones fuera fácil e instantáneo. Aunque no ha dejado de cumplir esa función, el correo electrónico también se ha convertido en una especie de río contaminado. Si se quiere vadear, no queda más remedio que esquivar toda la basura que flota en la superficie.

Dondequiera que miremos, nos topamos con este fenómeno. Cada vez que alguna estrategia o medio para captar la atención se prueba exitosa, entra en juego el *spam*. Son cada vez más las personas, empresas y entidades que lo emplean para intentar captar una parte de la cantidad disponible de atención, ejerciendo así una presión cada vez mayor sobre lo que fuera que atrajera la atención de la gente hacia ese medio o plataforma en un principio.

Durante los primeros años en que se empleó el sistema, la recaudación de fondos para campañas políticas a través del correo electrónico tuvo una tasa de éxito asombrosa. En octubre de 2003, la campaña presidencial del candidato demócrata Howard Dean, quien tenía pocas posibilidades de ganar, recaudó tres millones de dólares en tan solo ocho días, lo que le permitió adelantar en captación de fondos al resto de los candidatos.[40] En 2012, cuando Barack Obama se presentó a la reelección, recaudó hasta seiscientos noventa millones de dólares en línea, la mayor parte a través de una campaña de correos electrónicos.[41]

Pero, por supuesto, una vez que la industria comprobó lo fácil que era captar la atención de los posibles donantes con un «¡¡¡URGENTE FECHA LÍMITE ESTA NOCHE!!!: SOLO TÚ PUEDES SALVAR NUESTRA CAMPAÑA», todo el mundo empezó a usar esa estrategia. Las bandejas de correo se llenaron de peticiones como esa y, como consecuencia, la eficacia del método se derrumbó. El mismo ciclo se ha repetido con las campañas de captación de fondos a través de mensaje de texto, que al principio lograron abrirse paso entre el caos del correo basura, pero que han terminado por convertirse también en mensajes basura.

Podemos observar el mismo fenómeno en el ámbito corporativo. Slack es un software de mensajería instantánea de gran éxito, utilizado por las empresas para permitir que sus equipos se comuniquen rápidamente. Al principio, la adopción de Slack correspondió en muchos casos a una iniciativa espontánea y paralela de empleados que estaban frustrados con los medios de comunicación existentes en sus oficinas, sobre todo con el correo electrónico. Slack se promocionaba de hecho como la herramienta llamada a acabar con el correo electrónico y en sus materiales promocionales advertía de que «colaborar a través del correo electrónico abre la puerta a riesgos como el *spam* y la suplantación de identidad (*phishing*)».[42]

Slack surgió como una solución al incremento del coste atencional del correo electrónico tradicional, que, para muchas personas, había dejado de ser un «sistema de comunicación interpersonal» (IPS por sus siglas en inglés) útil porque generaba demasiada información y consumía demasiada atención. Sin embargo, a medida que Slack aumentaba en número de usuarios y volumen, empezó a recrear el problema que supuestamente debía resolver. En un ensayo publicado en la plataforma Medium titulado «Death by a Thousand Pings: The Hidden Side of Using Slack» (Muerte por mil notificaciones: el reverso oculto de usar Slack), su autor, un usuario temprano de Slack, expuso su declive inexorable, de herramienta que ahorraba tiempo a herramienta que lo malgastaba, de software que concentraba la atención a software que la quemaba: «Me encontré comprobando Slack de manera compulsiva incluso cuando no tenía necesidad de hacerlo. Como resultado, estaba en un estado constante de distracción».[43] El problema, explicaba el autor, era que «como Slack es tan fácil de usar, la barrera para iniciar una comunicación se reduce enormemente». De modo que el nuevo sistema de procesamiento de información no tardó en consumir también demasiada atención.

No se trata solo de un problema de las tecnologías digitales o de internet. En tanto forma de explotación de la atención colectiva, el *spam* es anterior al acuñamiento del propio término y a internet.

Allí donde exista una concentración suficiente de atención colectiva, de hecho, siempre habrá *spam*. ¿Recuerda el lector la proliferación de carteles en el París de principios del siglo xx? Un observador contemporáneo señaló que la Ciudad de la Luz se había convertido en «poco más que una inmensa pared de carteles esparcidos desde las chimeneas hasta las aceras, con amasijos de cuadrados de papel de todos los colores y formatos, por no hablar de las simples inscripciones».[44]

Los carteles se habían convertido en *spam*. Y al igual que nosotros odiamos el *spam*, también lo hacía una parte cada vez mayor de los parisinos, quienes empezaron a organizarse en diversas agrupaciones cívicas con nombres como la Sociedad para la Protección del Paisaje y la Estética de Francia. Al final, esos grupos ganaron la batalla: los carteles se regularon de manera estricta y esas regulaciones siguen vigentes.[45]

El correo ha seguido una trayectoria similar, pero sin el mismo éxito regulatorio. El Servicio Postal de Estados Unidos (USPS) es uno de los grandes logros de la humanidad en materia de comunicación y, en tiempos, la gente prestaba atención por defecto a todo lo que encontraba en el buzón. Al fin y al cabo, cada carta y paquete iba dirigido al destinatario: facturas, correspondencia... cosas que requerían su atención. Por supuesto, no pasó mucho tiempo hasta que vendedores, captadores de fondos y políticos, entre muchos otros, empezaron a bombardear esa atención mediante el envío masivo de correo publicitario. En 1972, el correo basura constituía una cuarta parte del correo entregado. En 2019 representaba ya casi dos tercios del total. Una revisión de 2015 realizada por el inspector general de USPS halló que los estadounidenses recibían dieciocho envíos de correo publicitario por cada envío de correspondencia personal.[46]

Pero ni siquiera estos ejemplos pretéritos de *spam* logran captar el fenómeno en toda su magnitud. Brunton dice que la forma en que los distribuidores de *spam* utilizan nuestra atención «es explotadora, no porque extraigan algún valor de ella, sino porque al hacerlo, devalúan la de todos; es decir, en lenguaje sencillo, nos hacen perder el tiempo en su propio beneficio».[47]

Nos hacen perder el tiempo en su propio beneficio. Cuando lo enfocamos así, comprendemos que el *spam* no es un problema secundario o trivial, sino el problema de nuestro tiempo. El *spam* son todas esas cosas a las que no queremos prestar atención y que sin embargo reclaman nuestra atención. El *spam* surge de la tensión entre los dos hechos fundamentales de la era de la atención: la información es infinita y la atención es finita. O, en términos más económicos: el coste marginal de solicitar atención se acerca a cero, mientras que el coste personal de que nos roben la atención aumenta a medida que aumenta el valor de la atención como recurso. A quien *spamea* no le cuesta nada distraernos. Pero distraerse tiene un gran coste.

Preferiríamos ignorar casi todas las interrupciones, solicitudes y tentaciones que pugnan por captar nuestra atención a cada momento. Esta sensación de deambular por un zoco abarrotado, asediados por las constantes súplicas de comerciantes que no aceptan un no por respuesta, constituye una experiencia fundamental de la vida contemporánea. Tratamos de defender lo que es nuestro y lo más preciado para nosotros de forma constante, mientras los mercaderes de *spam* intentan arrebatárnoslo en contra de nuestra voluntad, y a menudo con éxito, debido a la naturaleza diabólica de la atención preconsciente.

Podría pensarse que es una cuestión de tiempo; que, como sucedía con las búsquedas en internet antes de la aparición de Google, sencillamente no hemos encontrado todavía la solución adecuada y que el problema del *spam* quizá pueda superarse con una nueva tecnología lo suficientemente sofisticada. Mientras escribo esto, existe un enorme debate sobre el papel que desempeñará la inteligencia artificial basada en modelos de lenguaje de gran tamaño (LLM por sus siglas en inglés) en la creación de una salida a este límite fijo. En ese sentido, no sorprende que los primeros módulos interactivos de IA de LLM se estén usando sobre todo como una especie de complemento a las funciones de búsqueda. Microsoft ha presentado a bombo y platillo una versión de su motor de búsqueda Bing impulsada por IA, prometiendo «reinventar el futuro de las búsquedas».[48] En este momento, uno no puede navegar por internet sin que le vendan a cada clic trucos para sacarle mayor partido al otro gran producto de OpenAI: ChatGPT.

Como SPI, ChatGPT es realmente impresionante. Cuando le pido que resuma en una frase el artículo de Simon sobre las organizaciones en un mundo rico en información, responde: «El artículo de Herbert Simon propone que un diseño organizativo efectivo que haga frente a la creciente disponibilidad de información implica crear estructuras y procesos que prioricen la asignación de la atención, la eficiencia en la toma de decisiones y los mecanismos de filtrado de la información para gestionar y utilizar la información de forma efectiva». No está mal.

Si atendemos al bombo publicitario que rodea a esta forma de IA, nos creeremos que se trata del mejor SPI jamás concebido: una mejora revolucionaria en nuestra capacidad para procesar instantáneamente enormes cantidades de información y reducirla a pequeños resultados digeribles que preservan nuestra atención. Pero hay una trampa. Porque por muy buenos que sean estos modelos sintetizando información, la IA generativa también es muy buena... en fin, generando información. Si quieres que genere informes legales, ensayos académicos, artículos de opinión o un escrito de queja muy largo sobre un nuevo desarrollo urbanístico dirigido al ayuntamiento de tu ciudad, también puede hacerlo al instante.

Es fácil imaginar un mundo en el que ambos bandos de la batalla por la atención se sirven de la IA: generación de *spam* mediante IA frente a filtros de *spam* impulsados por IA, un poco como en la última etapa de la era dorada de los esteroides en el béisbol, cuando tanto los bateadores como los lanzadores estaban dopados hasta las trancas. Jonathan Frankle, informático de la empresa de IA Databricks, describía este escenario a Ezra Klein, de *The New York Times*, como una suerte de «aburrido apocalipsis» de la IA: «Usamos ChatGPT para generar largos correos electrónicos y documentos, y luego la persona que los recibe usa ChatGPT para resumirlos en unos pocos puntos. Hay toneladas de información cambiando de manos, pero todo es pura tontería. Solo estamos inflando y comprimiendo contenido generado por IA».[49]

Casi cualquier tecnología que sea buena filtrando información para preservar nuestra atención será buena generando contenido que intente capturar y explotar nuestra atención. Es como una especie de ley de hierro de la tecnología en la era digital. Y la presión ejercida para incrementar la parte de generación y captura es enorme e incesante. Se trata de una tensión irresoluble, inherente al capitalismo de la atención: nuestra atención constituye un recurso fijo y finito, mientras que el capitalismo exige un crecimiento ilimitado. En la práctica, esa necesidad de crecimiento seguirá chocando con el límite de la atención: por definición, solo podemos concentrarnos en un objeto a la vez. Google no puede hacer más espacio en pantalla; no puede ampliar el número de resultados de búsqueda en los que podemos concentrar nuestra atención. Cuando el anhelo de un crecimiento ilimitado de los ingresos choca con los límites humanos, una de las dos partes tiene que ceder.

Esta tensión guarda paralelismos con la generada por la necesidad de crecimiento económico ilimitado del capitalismo industrial, denunciada a su vez por generaciones de ecologistas. El núcleo del problema es, en esencia, el mismo: el capitalismo opera sobre la proyección de un crecimiento infinito, pero requiere recursos e insumos de la tierra (petróleo, madera, cobre, etc.) que son finitos. Como consecuencia, en algún momento ha de producirse un ajuste de cuentas, ya sea en forma de escasez masiva, de aumento de los costes, de destrucción del medio ambiente o de una combinación catastrófica de esas tres cosas.

Esta perspectiva tiene su manifiesto más famoso en *Los límites del crecimiento*, un informe publicado en 1972 por el laboratorio de ideas Club de Roma. Los autores emplearon sofisticados modelos informáticos para proyectar un futuro caracterizado por precios disparados, escasez masiva y catástrofes naturales. La lógica que lo animaba era sencilla: el desarrollo económico global estaba impulsando un crecimiento exponencial de la demanda de todo tipo de recursos, mientras que la oferta de esos mismos recursos crecía de forma lineal. Tarde o temprano, esa disparidad había de provocar subidas masivas de los precios de las materias primas, junto a otros problemas, hasta provocar el colapso de todo el sistema de producción mundial. «Si se mantienen las tendencias actuales de crecimiento de la población mundial, industrialización, contaminación ambiental, producción de alimentos y agotamiento de los recursos —escribieron los autores—, este planeta alcanzará los límites de su crecimiento en el curso de los próximos cien años. El resultado más probable será un súbito e incontrolable descenso tanto de la población como de la capacidad industrial».[50]

La escuela de los límites del crecimiento terminó acertando a medias. El grado de destrucción que ha sufrido la Tierra por la expansión global del capitalismo industrial ha sido realmente espantoso: plásticos en los océanos, humedales destruidos, especies extinguidas, el 17 por ciento del Amazonas aniquilado.[51] Pero las afirmaciones más específicas asociadas con esta escuela de pensamiento, sobre grandes carestías mundiales, hambrunas masivas y extinción de la población, por fortuna no se han cumplido, o al menos no todavía. En los países ricos, los mecanismos de precios capitalistas han funcionado lo suficientemente bien como para impulsar la innovación y sortear y superar los obstáculos y limitaciones físicas vaticinados. El informe predecía asimismo que «la gran mayoría de los recursos no renovables actualmente importantes será extremadamente costosa dentro de cien años», pero lo cierto es que la mayoría de las materias primas se ha abaratado en los más de cincuenta años transcurridos desde que se publicó el documento.[52] Por poner un ejemplo: gracias a una técnica particularmente ingeniosa y destructiva, la fracturación hidráulica o *fracking* (consistente en inyectar líquido a alta presión en capas de roca para extraer gas natural), se han podido liberar miles de millones de litros de petróleo y de metros cúbicos de gas que hasta ese momento eran inaccesibles y permanecían bloqueados. Otras mejoras similares han permitido optimizar también los procesos de extracción de ciertos metales preciosos y minerales.

Todo ello ha comportado un enorme coste ecológico, social y humano. El cambio climático es el mayor desafío al que se enfrenta el modelo actual de capitalismo industrial global, ya que solo tenemos una atmósfera y esta solo puede absorber una cantidad determinada de carbono sin recalentar nuestro planeta con consecuencias catastróficas. En este sentido, la idea fundamental expuesta en *Los límites del crecimiento* sobre el rumbo de colisión entre el capitalismo global y la Tierra no solo ha probado ser profética, sino que ilustra bien el mayor reto civilizatorio al que la humanidad se ha enfrentado en toda su historia. Pero en lo que atañe a las previsiones sobre el suministro de recursos y la capacidad de la Tierra para producirlos, cabe admitir que el ingenio humano ha encontrado nuevos métodos para seguir exprimiendo cada vez más un planeta finito.

¿Y qué hay de la atención? ¿Se trata realmente de un recurso fijo y limitado, o la fuerza implacable de la innovación capitalista hallará también formas de ampliarlo? Creo que todos experimentamos a diario el modo en que el capitalismo de la atención, al practicar la «fractura hidráulica» en nuestras mentes (en la memorable expresión del teórico de la atención D. Graham Burnett),[53] logra extraer ese recurso en cantidades superiores a lo que parecía posible en un principio.

Porque todos hemos experimentado también una gran expansión de nuestra atención, por más que su calidad se haya degradado mientras aumentaba el número de cosas a las que prestamos atención. Cuando, a principios del siglo XX, empezaron a comercializarse los automóviles, la idea de poder prestar atención tanto a la conducción como a la radio hubiera parecido absurda. Pero, en la década de 1930, las radios se convirtieron en un accesorio habitual de los coches y a generaciones enteras de conductores les llegaría a parecer inconcebible conducir sin ellas. Hace tan solo una generación, yo estaría escribiendo que no podemos prestar atención a más de un estímulo visual a la vez; de hecho, la afirmación parecería casi una tautología, de puro evidente. Sin embargo, hoy es común sentarse a ver un programa de televisión o una película mientras se navega en el teléfono móvil. Para toda una generación de infantes, esta es la forma normal de ver la televisión.

De modo que ese supuesto «límite infranqueable» de la atención no está fijado del todo. Pero ha de existir. Los seres humanos somos procesadores «en serie», podemos concentrarnos —me refiero a concentrarnos de verdad— en una sola cosa a la vez y, tarde o temprano, los sistemas que pretenden optimizar nuestro rendimiento cognitivo chocan con ese límite.[54]

Simon muestra por qué, en entornos organizativos (trabajo, escuelas, instituciones, burocracias, empresas), la llamada era de la información se entiende mejor si se concibe como la era de la atención.

Sin embargo, gran parte de nuestras vidas —los momentos más preciados, íntimos y emocionantes— transcurre fuera del contexto de esas organizaciones, durante el tiempo que pasamos con la familia, los amigos y los vecinos. En el contexto de las relaciones humanas que dan sentido a la vida, la pregunta central de Simon sobre cómo se procesa la información en las organizaciones se antoja remota. Por más que la inevitable relación de atracción entre información y atención defina la vida en esos entornos, ¿por qué debería definir también la vida social?

En 1997, cuando internet estaba despegando y veintiséis años después de que Herbert Simon impartiera su conferencia sobre la economía de la atención, un físico teórico reconvertido en filósofo de internet, Michael Goldhaber, dio su propia charla, titulada «La economía de la atención y la Red», ampliando de manera significativa al ámbito social las ideas principales de Simon.[55] La charla se enmarcaba dentro de una conferencia titulada «Economía de la información digital» y, a decir verdad, a pesar de toda la bibliografía posterior que se ha publicado sobre el tema, las ideas de Simon y de Goldhaber, expresadas de forma elegante y sucinta, siguen proporcionando la mejor guía para pensar la época actual.

La incipiente teorización de Simon sobre una «economía de la atención» se construyó sobre la idea de que la información consume atención y la atención es un recurso limitado. Toda economía consiste, en última instancia, en estudiar cómo se racionan unos recursos escasos. La aportación clave de Goldhaber a este marco fue demostrar que la atención no es tan solo un recurso finito, que puede agotarse. No, la atención es un recurso que puede ponerse en circulación: puede intercambiarse, regalarse y comercializarse.

Goldhaber incide en que la atención no tiene que ver solo con aquello a lo que prestamos atención, sino también, como he comentado ampliamente en el capítulo 4, con el hecho de que podemos prestar atención a otras personas y ellas pueden prestárnosla a su vez a nosotros. La noción de «atención social» es la clave para entender cómo se puede mover la atención, cómo se puede distribuir, compartir, regalar e intercambiar, para comprender cómo fluye.

Una conversación, una de las formas más básicas de comunicación humana y de vínculo social, es, sostiene Goldhaber, un intercambio no de información (que a menudo es secundaria) sino «principalmente, un intercambio de atención»:

> Si quiero tu atención por cualquier motivo, puedo empezar pidiéndote información, como quién eres y qué haces, no necesariamente porque eso sea de gran interés para mí, sino porque es una buena manera de llamar tu atención. Los niños hacen innumerables preguntas con este objetivo, a menudo evidente, y los adultos no tienen por qué ser diferentes. [...] Así que lo que de verdad importa en toda conversación es el intercambio de atención, un intercambio que por regla general debe guardar cierto equilibrio si no se desea que una de las partes pierda el interés.[56]

Estos flujos de atención, que en una conversación van y vienen de manera recíproca, pueden adoptar también otras formas. Si en una conferencia un orador pide a alguien del público que se ponga de pie para reconocer su contribución a la charla que está dando, ese orador está utilizando la atención que ha captado para redirigirla luego hacia otro foco. «Una verdad clave es que si logras captar la atención de una audiencia, puedes traspasarla a otra persona —explica Goldhaber— y el hecho de que la atención pueda pasar de quien la tiene a otra persona, y así sucesivamente, es, por supuesto, una característica vital si ha de existir algo parecido a una economía».[57]

Goldhaber predijo que, a medida que una sociedad se hiciera más rica y las preocupaciones materiales inmediatas decrecieran en importancia en segmentos cada vez más grandes de la sociedad, la captación de la atención se volvería una actividad cada vez más importante y se convertiría en un motivador clave de la acción humana:

> A medida que avanzamos hacia una economía de la atención en un sentido más pleno, el espíritu de la vieja economía, según el cual buscar conscientemente la atención es a menudo un gesto de mal gusto o una mala estrategia, parece estar dando paso a una actitud que hace que obtener mucha atención sea algo admirable y que buscarla no esté mal visto en absoluto. [...] Las energías liberadas por los éxitos de lo que yo llamo la economía monetaria-industrial apuntan cada vez más en la dirección de obtener atención. Y eso conduce a una

> competencia creciente por lo que es cada vez más escaso, que es, por supuesto, la atención. Se establece una lucha interminable, una lucha que también aumenta las exigencias que se nos imponen a cada uno de nosotros para que prestemos la escasa atención que podamos.[58]

Lo que Goldhaber profetizó, mucho antes de la llegada de la moderna economía de la atención, fue que la atención sería pronto la moneda del reino. Concebir la atención como una forma de riqueza que puede acumularse en paralelo a la riqueza monetaria real ayuda a comprender muchos aspectos de la era postindustrial en la que vivimos, tanto en el ámbito laboral de las organizaciones como en el ámbito social. ¿Por qué internet tiene contenido interesante? ¿Por qué es un lugar en el que puedo perder horas navegando desde mi primera conexión en línea en 1993, a los catorce años? Porque la gente está dispuesta a dedicar mucho tiempo y esfuerzo, sin recibir compensación monetaria alguna, a hacer cosas que quiere que otros vean: publicar en grupos de noticias de Usenet, escribir en blogs, chatear en foros o crear páginas web con chistes tontos. Toda esa creatividad, ese humor y ese conocimiento se despliegan, en cierto modo, en busca de atención. Todo ello se basa en una economía de la atención en gran medida no comercial, por la que la gente intercambia su atención y la hace circular de un lado a otro.

Goldhaber hacía predicciones aún más ambiciosas, que no se han cumplido, al menos no todavía. En sus textos afirma que la atención es tan valiosa que desplazará al propio dinero, porque, si bien se pueden intercambiar grandes cantidades de atención por dinero y riquezas, el intercambio no funciona de la misma manera en la dirección opuesta. Según Goldhaber, el dinero fluye hacia la atención en mayor medida que la atención fluye hacia el dinero. Es decir, si eres bueno atrayendo la atención, como, por ejemplo, la política estadounidense Marjorie Taylor Greene, podrás cambiar esa atención por dinero en efectivo (en su caso, en forma de recaudación de fondos). Pero el intercambio no funciona igual a la inversa: tener una montaña de dinero no garantiza que puedas comprar la atención ajena para dirigirla hacia tu persona.

Sin duda hay algo de verdad en esta afirmación: que alguien pague para poner un anuncio delante de ti no implica necesariamente que te fijes en él o que lo recuerdes. Aun así, el capitalismo y el intercambio mercantil han probado ser más flexibles (o insidiosos) de lo que Goldhaber pudo anticipar. Gran parte de la economía de la atención gira hoy, precisamente, en torno a esta forma de intercambio de dinero por atención. Es decir, el intercambio entre dinero y atención fluye en ambos sentidos. Las personas acumulan atención y la convierten en dinero, como los *influencers* de Instagram que firman lucrativos acuerdos con las marcas, y, de la misma manera, pueden usar el dinero para comprar atención, como Elon Musk, que se gastó cuarenta y cuatro mil millones de dólares para que leamos sus terribles tuits.

Hasta ahora, he argumentado que deberíamos concebir la atención como un recurso —una sustancia que se extrae por su valor de mercado— y que este recurso ha ido aumentando su valor hasta ser el recurso más importante. Esas son las dos sencillas afirmaciones sobre las que se apoya este libro. Este capítulo pretende desarrollar el segundo punto: que, por su propia naturaleza, lo que a menudo se considera la «era de la información» conlleva que la atención sea, de forma inevitable, el recurso más importante en una sociedad y una economía dominadas por la información.

Pero creo que conviene dedicar un espacio a rebatir un contraargumento que acecha en los márgenes de mi exposición y que podría resumirse de forma sencilla como sigue: hay muchas personas, organizaciones, corporaciones e instituciones con un poder y una riqueza enormes que operan en gran medida fuera del foco de nuestra atención y de la economía de la atención. Podemos, es cierto, nombrar a muchos políticos y multimillonarios, pero la gran mayoría de quienes ejercen el poder desde la cúspide de lo que el sociólogo C. Wright Mills llamó la «élite del poder» son hasta cierto punto anónimos.[59] Escapan a nuestra atención y obtienen su poder de otras fuentes.

Solo en Estados Unidos, hay más de ochocientos multimillonarios. Si nos presentaran una lista con sus nombres, lo más probable es que conociéramos como mucho a unas pocas decenas. La mayoría de la gente no ha oído hablar de muchos de ellos, y sospecho que estos últimos prefieren que las cosas sigan siendo así.

Lo mismo ocurre con los altos funcionarios del gobierno, solo un pequeño grupo de los cuales es ampliamente conocido. Es poco probable, por ejemplo, que el principal responsable de asignaciones de la Cámara de los Representantes de Estados Unidos —el presidente del Comité de Medios y Arbitrios— sea muy conocido o que lo persigan los *paparazzi*. Del mismo modo, muchos senadores estadounidenses son relativamente anónimos, aun cuando ocupan puestos de enorme influencia. Existen también cientos de funcionarios ministeriales, gobernadores de la Reserva Federal, influyentes grupos de presión y socios de bufetes de abogados de primer nivel que no atraen la atención pública, ni a título personal ni profesional y que, sin embargo, son en extremo poderosos aunque no tengan una conexión real con la atención entendida como recurso: no la cultivan, no la compran ni la venden. Llevan una vida anónima y ejercen su poder, en gran medida, sin que la sociedad lo advierta. Pueden ser objeto de mucha atención en sus entornos específicos, pero no en la esfera pública.

De hecho, uno podría ir un paso más allá y decir que la atención es moneda falsa. Que, entre las personas con verdadero poder y riqueza, solo la codician las más necesitadas y psicológicamente inestables, porque las más afianzadas saben que la atención no es en realidad un recurso tan valioso, por más deseable que pueda parecer.

Cabe también la posibilidad —y aquí voy con todo a la hora de contraargumentarme a mí mismo— de que mi visión del valor de la atención esté sesgada de manera irremediable. Es evidente que soy una persona que valora la atención de los demás, como lo demuestra, bueno, para empezar, el libro que tienes en las manos, pero también mi trayectoria profesional. Trabajo en la industria de la atención, así que la atención es, por supuesto, un recurso importante para mí. Quizá mi apreciación general de su valor se deriva de lo mucho que la valoro yo personalmente y no puedo advertir mi propio sesgo, debido a lo inmerso que estoy en la economía de la atención.

Vale, con esto casi logro convencerme a mí mismo, pero permítame el lector dar un paso atrás y explicar por qué creo que ese razonamiento no es correcto. Es cierto, por un lado, que hay innumerables personas, corporaciones e instituciones poderosas y ricas que prosperan fuera de nuestro foco de atención y que ejercen su poder de manera invisible. Creo sin embargo que cuando analizamos la cuestión con más detenimiento, advertimos que se está produciendo una suerte de cambio generacional. Como sucede con cualquier nuevo sistema de relaciones sociales y materiales, la era de la atención está conformada por un conjunto de procesos que se desarrollan a lo largo del tiempo, no por un equilibrio estático. Y en el momento presente puede observarse una ruptura real entre los sujetos que son nativos de la era de la atención y los que no lo son.

Por ejemplo: a comienzos de la tercera década del siglo XXI, Elon Musk era la persona más rica del mundo. Los factores que determinan quiénes son las personas más ricas del mundo (invariablemente hombres) pueden ser inestables y variar mucho con las fluctuaciones del mercado de valores, pero el patrimonio neto de Musk estimado en 2023 rondaba los doscientos cuarenta mil millones de dólares. No había objeto material sobre la faz de la tierra que el hombre no pudiera poseer. Su riqueza excedía con mucho cualquier cosa que a uno se le pueda ocurrir: coches, casas, yates, lo que fuera.

Sin embargo, lo que Musk quería era atención. No al principio, ya que durante los inicios de su carrera Musk se mostraba hasta cierto punto tímido con la prensa. Sin embargo, más adelante, y como tantos otros, se unió a Twitter. Una vez en la plataforma, la dinámica del deseo de reconocimiento expuesta por Alexandre Kojève —la dialéctica de la Estrella y el Fan— fue imponiéndose y Musk empezó a publicar cada vez con más frecuencia, con un grado de desesperación cada vez más patético. Hasta embarcarse en la compra impulsiva más cara de la historia y adquirir Twitter por un precio absolutamente hinchado de cuarenta y cuatro mil millones de dólares.[60]

Musk intentó echarse atrás, tal vez al darse cuenta de que estaba pagando de más. Sin embargo, ante la posibilidad de tener que enfrentarse a una demanda de Twitter y a un proceso judicial potencialmente desastroso, se vio obligado a completar la compra. A pesar de sus múltiples declaraciones altisonantes sobre la defensa de la libertad de expresión y la pluralidad de opiniones, con su forma compulsiva de postear y de trolear enseguida dejó muy claro que lo que de verdad quería era convertirse en el personaje principal de Twitter.

Convertido en el protagonista indiscutible de la plataforma, impulsó teorías conspirativas viles y falsas (como la referida a los supuestos motivos ocultos del salvaje ataque sufrido por Paul Pelosi, esposo de la por entonces presidenta de la Cámara de Representantes, Nancy Pelosi); se burló de la idea de que un francotirador asesino con tatuajes de esvásticas pudiera ser un supremacista blanco; y promovió sin cesar publicaciones racistas sobre las tendencias criminales de las personas negras, así como tuits degradantes sobre las personas trans.

Todo ello logró en efecto granjearle atención: Musk figuraba siempre entre las principales tendencias de Twitter y sus payasadas gozaban de una cobertura casi obsesiva por parte de los medios generalistas. Para muchos usuarios de Twitter, sin embargo, aquello era demasiado. Los anunciantes comenzaron a retirarse y terminaron huyendo en masa. En mayo de 2023, siete meses después de que Musk comprara Twitter por cuarenta y cuatro mil millones de dólares, Fidelity Investments estimó que el valor total de la plataforma era de solo quince mil millones de dólares.[61] Desde el punto de vista de la mayoría de los analistas, Musk había tirado a la basura casi treinta mil millones de dólares, pero lo cierto es que los había utilizado para comprar algo, y ese algo era la atención del mundo, algo más valioso para él que cualquier otra cosa imaginable. Cuando un entrevistador de CNBC le preguntó por qué tuiteaba a todas horas cosas como que George Soros «odia a la humanidad», Musk guardó silencio unos instantes para dar más efecto a sus palabras y respondió: «Hay una escena en *La princesa prometida*, una gran película, en la que él [el personaje de Iñigo Montoya] se enfrenta al asesino de su padre y le dice: "Ofréceme dinero. Ofréceme poder. Me da igual […] Diré lo que quiero decir, y si la consecuencia de eso es perder dinero, que así sea"».[62] Aunque se ocultaba tras la máscara de los principios, lo que Musk estaba diciendo en realidad era: la atención que obtengo bien lo merece; no hay nada en absoluto que valore más.

Musk está tan obsesionado con la atención que exigía a sus empleados que dedicaran su tiempo a asegurarse de que la recibía, aun cuando la rentabilidad y el valor de la empresa se estaban hundiendo. Tal es así que, según un informe de principios de 2024, Musk fijó una reunión diaria a las once de la mañana con los ingenieros de la firma para que evaluaran y potenciaran su presencia en la plataforma que para entonces había rebautizado como «X». «El problema que estamos resolviendo es simple», explicaba un programador a *Business Insider*. «¿Por qué están cayendo las visualizaciones de los tuits de Elon? Se trata exclusivamente de eso, no se habla de otras cuentas».[63]

Musk es un ejemplo extremo, pero no es el único. Entre sus colegas y compañeros de generación puede apreciarse una pareja y codiciosa sed de atención: multimillonarios de Silicon Valley que ponen en marcha sus propios pódcast o publican online de manera compulsiva, como el multimillonario especialista en fondos de cobertura Bill Ackman. Los nuevos plutócratas de nuestra era están obsesionados con la atención.

He aquí una fábula perfecta de la era de la atención. He aquí un hombre, Elon Musk, que cuenta con todos los recursos materiales y financieros a su disposición. Con todo aquello producido a lo largo de la historia de la humanidad que pueda ser comprado o poseído por un solo hombre. Y, sin embargo, ese hombre está dispuesto a cambiarlo todo por atención.

La relación de Musk con la atención es opuesta a la que tiene el presidente de Ucrania, Volodymyr Zelensky. Antes de entrar en política y de convertirse en un líder en tiempos de guerra, Zelensky fue un cómico y actor de gran éxito. Ante la difícil situación que atraviesa su país, el ahora presidente aprovechó las habilidades que había perfeccionado a lo largo de los años (la capacidad para captar y mantener la atención) y las desplegó para mantener la atención del mundo y convertir esa atención en recursos materiales: dinero y armas. Que la atención sea un recurso tan potente se debe en parte a que es susceptible de transacción: si eres tan bueno captando y manteniendo la atención como lo es Zelensky, puedes convertir ese recurso en otros recursos, como él ha hecho con tanta eficacia. Musk, sin embargo, representa el ejemplo inverso. Si Zelensky es un artista nato, Musk es todo lo contrario: un agujero negro de carisma negativo. Pero desea tanto la atención que está dispuesto a pagar un dineral por ella. Si Zelensky intercambia atención por recursos materiales, Musk intercambia recursos materiales —literalmente decenas de miles de millones de dólares— por atención. No hay nada en el mundo que le importe más.

CAPÍTULO 7
ATENCIÓN PÚBLICA

En el otoño de 1858, mientras Estados Unidos se recuperaba de una crisis financiera y se sumía en uno de sus recurrentes episodios de fervor espiritual, dos hombres se enfrentaron en una carrera por el Senado que se convertiría en la contienda política estatal más famosa de la historia de la república. Por un lado, el aspirante y congresista de Illinois Abraham Lincoln, en representación del recién formado Partido Republicano, que se oponía al fallo proesclavista del Tribunal Supremo en el «caso Dred Scott» y a la expansión de la esclavitud a nuevos territorios. Por el otro, el senador demócrata en ejercicio Stephen A. Douglas, quien había ayudado a elaborar el Compromiso de 1850, que consagraba la Ley de Esclavos Fugitivos por la que se criminalizaba el acto de acoger a esclavos fugitivos y obstaculizar su captura. Esta ley se apoyaba en el principio de la «soberanía popular» para alegar que competía a los estados individuales decidir si permitían o no la esclavitud, posición que Douglas defendería a lo largo de su carrera política. Los dos candidatos debatieron hasta siete veces en siete ciudades diferentes en el transcurso de dos meses. Aunque estos debates acontecieron antes de la llegada de los medios de comunicación modernos, se convirtieron en acontecimientos nacionales. Un periódico de Dallas calificó la competición como «una de las contiendas políticas más emocionantes jamás vividas».[1] Un corresponsal de un periódico de Richmond (Virginia), escribió que «rara vez se ha esperado con tanto interés una elección local, rara vez los políticos de tantas poblaciones diferentes han tomado partido con tanto empeño y se han expresado con tanta determinación a favor de uno u otro candidato».[2] «Illinois está en llamas en este momento»[3], publicaba el periódico abolicionista *The Liberator*. Los debates atrajeron tanta atención nacional que, solo dos años después, ambos contrincantes se presentarían a las elecciones presidenciales como candidatos de sus respectivos partidos.

Desde una perspectiva actual, los debates Lincoln-Douglas resultan impactantes y extraños. En primer lugar, estos debates eran grandes espectáculos, una forma de entretenimiento de masas más parecida a las batallas de gallos en el rap que a una conferencia magistral en un aula universitaria. La gente se agolpaba en los recintos para ver a los dos grandes oradores y reaccionaba con estridente entusiasmo. Las interjecciones han quedado plasmadas en las transcripciones, y la capacidad de Lincoln para interpelar a la multitud y jugar con ella era una de sus cualidades distintivas.

A pesar de ello, sin embargo, para nuestros gustos y hábitos modernos, el formato en sí era soporífero. El primer orador pronunció un discurso de una hora. El segundo orador respondió con una refutación de noventa minutos, a la que siguió una réplica de treinta minutos del primer orador. Juntas, las intervenciones sumaban tres horas de discursos ininterrumpidos, más de lo que duran la mayoría de las películas y partidos de fútbol americano. En su crítica a la cultura del entretenimiento televisivo de finales del siglo XX en Estados Unidos, Neil Postman presentaba estos debates como ejemplo de una valiosa cultura democrática de la comunicación —«un tipo de oratoria que puede describirse como literaria»— que se perdería por completo en el siglo XX.[4]

Aunque el ingenio, la inteligencia y el talento retórico de ambos oradores, recogidos en las transcripciones aproximadas de estos debates, siguen siendo manifiestos muchos años después, es innegable que la densidad del lenguaje y de los argumentos resultarían casi impenetrables hoy en día.[5] Así, por ejemplo, es como Stephen Douglas articuló lo que se conocería como la Doctrina de Freeport, su opinión de que los ciudadanos de un nuevo territorio fronterizo podían optar por prohibir o permitir la esclavitud según les pareciera:

> No importa lo que el Tribunal Supremo decida en lo sucesivo sobre la cuestión abstracta de si la esclavitud puede introducirse o no en un

> territorio según la Constitución; el pueblo tiene los medios legales para introducirla o excluirla a su antojo, dado que la esclavitud no puede existir ni un día ni una hora en ningún lugar, a menos que esté respaldada por las normas policiales locales. Esas normas policiales solo pueden ser establecidas por la legislatura local, y si el pueblo se opone a la esclavitud, elegirá representantes para ese organismo que, mediante una legislación hostil, impedirán efectivamente su introducción en ese territorio.[6]

No es incomprensible, pero es mucho más complejo y estratificado, a nivel sintáctico, que cualquier parlamento de cualquier político actual. Al leer las transcripciones, llama la atención la abundancia de oraciones parentéticas y de subordinadas anidadas, con ideas que se anticipan al principio de una frase y que se abandonan por unos momentos antes de retomarse para proseguir. Leídas hoy, las transcripciones suenan más a lenguaje escrito que oral, lo que constituía uno de los argumentos de Neil Postman: estos debates son un ejemplo de comunicación de masas en una sociedad definida por la palabra escrita, en oposición a la imagen.[7] Como sucede en el lenguaje escrito, las intervenciones están de hecho llenas de citas de otros textos, de referencias al debate nacional más amplio sobre la cuestión de la esclavitud y a diversas disputas y conflictos de menor entidad, englobados dentro del debate general. Todo lo cual hace que, para un lector moderno, el hilo de la discusión sea a veces endiabladamente difícil de seguir. Este es Lincoln en el cuarto debate:

> Se advertirá que el juez Trumbull demuestra que el senador Bigler, en el pleno del Senado, declaró que hubo una conferencia entre los senadores, en la cual se determinó aprobar una Ley Habilitante para que el pueblo de Kansas pudiera redactar una Constitución, y que en dicha conferencia se acordó que lo mejor era no incluir una disposición que sometiera la Constitución a votación popular una vez que estuviera redactada. Luego expone, y al hacerlo considera demostrado, que el juez Douglas devolvió el proyecto de ley al Senado con dicha cláusula eliminada. A continuación, muestra que se insertó en el proyecto una nueva cláusula, cuya naturaleza impediría que la Constitución fuera sometida nuevamente a votación popular, si es que, en

> efecto, pudiera asumirse que el mero silencio de la ley otorgaba al pueblo el derecho a votarla.[8]

¡Y la gente se quedaba embelesada escuchando estas cosas durante tres horas!

El hecho de que, más de siglo y medio después, los debates Lincoln-Douglas sigan siendo un modelo de excelencia en lo que respecta a los discursos democráticos en su máxima expresión se debe en parte a esta complejidad retórica y de pensamiento. Generaciones enteras de estudiantes estadounidenses de bachillerato han competido entre sí en debates inspirados en los de Lincoln y Douglas, un formato que sigue siendo de los más populares en los concursos escolares.

Cuando hablamos de cómo se expresa una sociedad democrática en la esfera pública, casi siempre usamos el modelo del debate. Nuestros órganos parlamentarios funcionan según ese formato: un orador sube al atril y habla durante un tiempo determinado, seguido de otros oradores, a menudo con opiniones opuestas. Las partes se turnan la palabra, argumentando y rebatiendo. El discurso público también se modela siguiendo estas líneas. Dado un «tema» (por ejemplo, la inmigración), se plantean diferentes posturas al respecto (a favor o en contra, restricción o ampliación, etc.), que la gente defiende o refuta con diferentes argumentos y contraargumentos, debatiendo en la esfera pública, ya sea en la televisión, en internet, en las iglesias o en los bares. Son muchos los programas de actualidad (como *Crossfire* o *The McLaughlin Group* en Estados Unidos) e informativos (¡en algunos de los cuales he participado!) que han empleado este robusto marco a lo largo de los años.

Un debate es una suerte de «régimen atencional», un medio formal para regular la manera y la dirección en que fluye la atención. Cualquier tipo de discurso, desde una simple charla informal de presentación en una primera cita hasta los diálogos socráticos de Platón, se basa en un régimen de atención explícito o implícito. Este régimen de atención puede adoptar diversas formas, siempre que prescriba dónde ha de enfocarse la atención en cada momento. Las tribus indígenas del noroeste del Pacífico utilizaban un «bastón de la palabra» como medio para regular la atención durante las reuniones o *powwows* y las sesiones de deliberación. En las conferencias académicas, el orador principal y los demás intervinientes se sitúan en la parte delantera de la sala, mientras que en los seminarios, más reducidos, cualquiera puede levantar la mano para ser añadido a la lista de oradores. Las reuniones tienen un orden del día y, por lo general, alguien las dirige. Los clubes, las organizaciones y los comités de todo tipo tienden a utilizar alguna forma de lo que en Estados Unidos se conoce como «Robert's Rules of Order» (las reglas de orden de Robert), un conjunto de directrices para la buena conducción de reuniones ideadas por Henry Martyn Robert, un general de brigada durante la guerra de Secesión. Robert redactó el manual después de que le encomendaran presidir una reunión en una iglesia local de New Bedford (Massachusetts) y se sintiera abrumado por la responsabilidad, ya que no lo había hecho antes:[9]

> Mi embarazo era supremo [...] Me lancé a ello, confiando en la Providencia para que la asamblea se comportara. Pero junto con el ruego vino la determinación de que nunca asistiría a otra reunión hasta que supiera algo de [...] procedimientos parlamentarios.[10]

Lo que Robert comprendió ya en su primer contacto con el problema es que, sin un régimen establecido y compartido para regular la atención del grupo, esa atención se desplazaría como si fuera una mariposa, de aquí para allá, y los presentes en la reunión tratarían en vano de perseguirla.

Es decir, fijar un régimen de atención es esencial para cualquier tipo de comunicación grupal. A tal punto se trata de algo básico para cualquier empresa humana colaborativa que una de las primeras cosas que se enseñan a los niños pequeños en el colegio es el régimen de atención: no hables cuando el profesor u otros niños estén hablando; levanta la mano si quieres hacer una pregunta. Estos comportamientos se inculcan a los niños desde una edad muy temprana porque las reglas para regular la atención en entornos grupales no son necesariamente «naturales» o intuitivas. De hecho, en el patio de recreo, donde cada cual puede hacer lo que quiera, pueden surgir también otras formas orgánicas de regímenes atencionales.

La reglas básicas de distribución de la atención también se inculcan a los niños porque sin ellas la clase sería un caos. Si todo el mundo habla y grita al mismo tiempo, es difícil enseñar o aprender. Los niños necesitan familiarizarse con las normas y reglas de atención en el aula como parte de un proceso más amplio de aculturación e integración en la sociedad humana, ya que todas las interacciones sociales se rigen por un conjunto de reglas de atención.

Estos regímenes atencionales son tan ubicuos que se dan por sentados. Pero son como los cimientos de un edificio bajo la línea de congelación: sin ellos, todo lo que construye sentido (certificar hechos, deliberar, decidir) se derrumba. Como sucede a menudo con la atención, es necesaria pero no suficiente, un factor indispensable pero modesto.

Volvamos junto al congresista Abraham Lincoln y al senador Stephen Douglas y a esos debates considerados como un modelo de discurso democrático. Existen varias capas en el régimen atencional que lo sustentaban. La más obvia la constituyen la reglas básicas del debate: una declaración inicial de sesenta minutos, una respuesta de noventa minutos a cargo del segundo orador y una refutación final de treinta minutos a cargo del primer orador. Los dos hombres alternaban posiciones de una ciudad a otra, abriendo en una ciudad y respondiendo en la siguiente.

Dado que vivimos en la era de los clips de diez segundos y el escrol infinito, es indudable que una parte de lo que nos asombra y admira de estos debates públicos es la gran capacidad de concentración que exigían, tanto a los oradores como a los espectadores. Cuando el 3 de octubre, en Springfield, el mal tiempo obligó a Douglas a presentar su discurso en el salón principal del capitolio estatal, «entre mil y mil doscientas personas» se agolparon allí, llenando el espacio «hasta los topes».[11] Una multitud de tamaño similar acudió a escuchar la respuesta de Lincoln, anunciada para el día siguiente

Se trataba de algo más que pura resistencia. Entraba en juego también la relación entre la duración de los discursos y las respuestas y la sofisticación del pensamiento y la retórica que facilitaba ese formato de debate. Todos comprendemos de manera intuitiva que las ideas más complejas o matizadas requieren más tiempo para comunicarse y analizarse que las ideas simples. Y, a la inversa, que los fragmentos de comunicación frenéticos y cada vez más cortos que consumimos tan a menudo en la actualidad degradan tanto nuestra capacidad para mantener la concentración como la calidad del pensamiento que se comunica y su comprensión.

El filósofo Noam Chomsky ha argumentado que la naturaleza de la televisión comercial, y en particular la necesidad de intercalar el contenido entre las pausas publicitarias, tiene una especie de efecto ideológico sobre la sustancia de este, aunque se trate de una mera restricción formal. «Debes cumplir la condición de la concisión —afirmó en cierta ocasión—. Tienes que decir cosas entre dos anuncios o en seiscientas palabras. Y eso es determinante. La belleza de la concisión radica en que solo puedes repetir ideas convencionales».[12] Según Chomsky, las declaraciones no convencionales, del tipo «La peor campaña terrorista del mundo es con diferencia la que se está orquestando en Washington», requieren mucha más elaboración y explicación de las que admiten estas limitaciones formales y, por lo tanto, es muy difícil que salgan en antena.[13]

Tengo mis reparos con esta afirmación y creo que Chomsky atribuye a los poderes corporativos más mano e intención de las que realmente tienen en ese diseño de formato. Aun así, no hay duda de que su tesis básica —que limitar el tiempo dedicado a la discusión de un tema produce un efecto sustantivo en las ideas presentadas— es cierta.

Este es un campo que conozco bien. A lo largo de mi carrera en los medios he presentado: un programa de una hora, en horario de máxima audiencia, en el que los segmentos duran entre dos y quince minutos; un programa de debate de dos horas en el que los bloques a veces se alargan hasta los treinta minutos de conversación; y un pódcast semanal en el que converso con un solo invitado y que dura aproximadamente una hora. En el pódcast he abordado muchos temas diferentes —sobre el funcionamiento de la red eléctrica y cómo debería actualizarse para adaptarse a una era descarbonizada; o sobre cómo, según un filósofo de renombre, la gente no creyente debería reflexionar sobre el sentido de la vida si no hay un cielo al que aspirar— en conversaciones que han dado lugar a episodios fantásticos en ese formato, pero que resultarían totalmente inadecuados como segmentos de un programa televisivo de actualidad en horario de máxima audiencia.

Cuando elogiamos los debates entre Lincoln y Douglas, lo que elogiamos es hasta qué punto ambos oradores están inmersos en aquello sobre lo que polemizan, con qué facilidad se mueven entre principios abstractos (la igualdad humana) y cuestiones legislativas específicas (el Compromiso de Missouri), cómo responden a cada uno de los argumentos del oponente, por detallados o específicos que estos sean. Pero pensemos qué sucedería si el mismo debate, con los mismos oradores, tuviera que desarrollarse sometido a las restricciones del formato televisivo moderno: «Senador Douglas, tiene noventa segundos para explicar la soberanía popular». «Congresista Lincoln, le daremos treinta segundos para responder al señor Douglas sobre la sentencia en el caso Dred Scott». El resultado sería, desde luego, mucho, muchísimo más inane y superficial.

Pero las reglas básicas de los debates Lincoln-Douglas y el tiempo asignado a cada orador constituye solo la primera capa del régimen atencional que lo regulaba y, en cierto modo, la menos importante. El aspecto central de estos debates fue la atención exclusiva que ambos candidatos prestaron a la cuestión de la esclavitud. Dicha atención abarcaba también muchas cuestiones secundarias: las virtudes relativas del compromiso pragmático frente a la visión moral; la cuestión de la igualdad racial y la naturaleza de la esclavitud; el estatus de la revisión judicial y las opciones de un sistema político democrático frente a un Tribunal Supremo cuyas decisiones clave tantos consideraban intolerables.

No obstante, el tema central de los debates, hora tras hora, día tras día, ciudad tras ciudad, fue la esclavitud. Una vez más, resulta instructivo imaginar cómo se desarrollaría esta serie de debates en un contexto contemporáneo. Sería impensable, casi imposible, dedicar un debate entre dos candidatos a un solo tema. Los moderadores sentirían la necesidad de hacer preguntas sobre otros temas importantes y urgentes de la actualidad.

Los debates Lincoln-Douglas son un ejemplo de atención y de enfoque sobre un solo tema de gran relevancia. Dado que se trataba del tema más importante en ese momento, y posiblemente de toda la historia de Estados Unidos, ese enfoque se antoja ilustrado.[14]

Recordemos que, si bien estos dos hombres se presentarían a la presidencia solo dos años después, en ese momento competían para ocupar un escaño en el Senado. Y su elección no dependía de los ciudadanos, sino de los representantes estatales de la circunscripción de Illinois, ya que los senadores todavía no se elegían por sufragio directo. El ganador representaría al estado de Illinois y defendería sus intereses en el Congreso. Teniendo todo eso en cuenta, resulta extraordinario que ambos dedicaran la práctica totalidad de sus campañas electorales a una sola cuestión, más aún cuando competían por representar a Illinois, cuyo estatus oficial como estado libre no estaba en cuestión.

Yo diría que ese es el aspecto más relevante del sustrato atencional sobre el que se construyeron estos debates. La atención de la nación, de los candidatos, de las multitudes y de los periódicos, se enfocó en una sola cuestión. Ningún tema de la vida estadounidense dominó nunca la atención nacional como lo hizo la esclavitud en los años previos a la guerra civil.

La pregunta de por qué en 1858 la atención nacional se enfocó casi exclusivamente en la cuestión de la esclavitud es objeto de un largo y enjundioso debate académico, sin que se haya consensuado una respuesta definitiva. Hubo una confluencia de factores. Estaba, en primer lugar, la tensión fundamental, inherente a la propia fundación de la nación, entre su etérea visión de la autodeterminación y la horrible tiranía multigeneracional impuesta sobre millones de almas humanas mediante una de las instituciones más espantosas de la tierra. Estaba también el mecanismo de expansión forzosa hacia el oeste, que requería asimismo tomar una serie de decisiones afirmativas sobre la expansión de la esclavitud, lo que ya no permitía a los políticos considerar la cuestión como un equilibrio cerrado y establecido. Luego estaban los intentos de llegar a compromisos sobre esta cuestión: el Compromiso de Missouri y la Ley de Kansas-Nebraska, que solo sirvieron para exacerbar las contradicciones y tensiones. Todo ello, partiendo, por supuesto, de que ningún compromiso podría haber enmascarado el crimen humano histórico y mundial que fue la esclavitud.

Pero la «esclavitud de bienes muebles» no era nada nuevo en el continente americano, por desgracia. Si dos candidatos al Senado de los Estados Unidos debatieron la cuestión de la esclavitud en las llanuras de Illinois fue porque el movimiento abolicionista, muy pequeño entre los estadounidenses blancos, había logrado captar la atención de la nación y dirigirla hacia ese tema. Gracias al primer movimiento multirracial de la nación en pro de la igualdad, los abolicionistas negros y blancos consiguieron obligar al país a enfrentarse a su pecado original. Para concienciar a la opinión pública e incluir el tema en la agenda nacional, los activistas emplearon diversas herramientas, desde folletos y periódicos hasta giras de conferencias y novelas controvertidas, como *La cabaña del tío Tom*, de Harriet Beecher Stowe, que fue un éxito de ventas arrollador (lo que hoy calificaríamos de «viral»). (El también escritor James Baldwin afirmaría, célebremente, que el libro era un fiasco como novela, reconociendo que era pura propaganda de principio a fin, aunque, como tal, cabe admitir que fue eficaz en grado sumo).[15]

Tanto si lo concebían en estos términos como si no, los abolicionistas entendían el funcionamiento de un modelo básico de discurso público en dos pasos, modelo que aún compartimos hoy. El primer paso para ganar un debate público, el primer paso, de hecho, en cualquier comunicación efectiva, ya se trate de anunciar un producto o de acabar con la esclavitud, es llamar la atención sobre tu mensaje. No importa lo persuasivo y lo eficaz que seas si nadie te escucha. Pero no basta con eso. Una vez más, la atención es una condición necesaria pero no suficiente. Es un prerrequisito para hacer cualquier otra cosa, pero, por sí sola no basta para cumplir tu propósito. En el contexto de la lucha de los abolicionistas, o de cualquier causa, la atención es el medio, no el fin, porque el fin es la persuasión. Solo una vez que se capta la atención de la gente, se puede intentar persuadirla. Este modelo básico se ha desmoronado en la era de la atención. Se está viniendo abajo ante nuestros propios ojos, aunque nos cuesta aceptar colapso. En los debates entre Lincoln y Douglas había dos regímenes de atención en funcionamiento: uno formal y otro sustantivo. El régimen formal correspondía a las reglas de los debates, cuánto tiempo tenía cada participante para hablar y en qué orden lo hacía. El régimen sustantivo consistía en el foco que ambos oradores —y, de hecho, la propia nación— ponían en la cuestión de la esclavitud. Hoy todavía confiamos colectivamente en que el discurso público esté respaldado por ciertos regímenes atencionales subyacentes, tanto formales como sustantivos, pero cuando intentamos apoyarnos con firmeza sobre ellos, nos desplomamos.

La realidad de la era de la atención es que, mires donde mires, los regímenes de atención formales y sustantivos se han derrumbado. Y donde no hay un régimen atencional, ni un conjunto formal de instituciones que fuercen a la atención pública a enfocarse en un tema, ni reglas básicas que establezcan a quién le toca hablar y a quién le toca escuchar y por cuánto tiempo, la necesidad de atención deviene exclusiva: se traga el debate, se traga la persuasión, se traga el discurso entero. La atención pasa de ser un medio a ser un fin en sí misma. Ahora mismo es más fácil que nunca gritar y más difícil que nunca ser escuchado. Y, si no te escuchan, da igual lo que digas. Los incentivos propios de la era de la atención crean un nuevo modelo de debate público en el que la atención constituye un fin en sí misma y hay que capturarla sea como sea.

Esta transformación ha tardado mucho tiempo en gestarse y son muchos los críticos que han identificado y descrito su trayectoria a lo largo de los años. Antes de la era digital existió la era de la televisión, que a su vez representó una revolución en la forma en que se regulaba la atención en el discurso público. En *Divertirse hasta morir*, publicado en 1985, Neil Postman sostiene que durante sus primeros ciento cincuenta años de historia, Estados Unidos fue una cultura de lectores y escritores, y que el medio impreso —panfletos, periódicos, discursos y sermones escritos— estructuró no solo el discurso público, sino también los modos de pensar y las instituciones de la propia democracia. Según Postman, la televisión destruyó todo eso, reemplazando la cultura escrita por una cultura de imágenes que, en un sentido muy literal, carecía de «sentido». «Los estadounidenses ya no hablan entre ellos, se entretienen —decía Postman—. No intercambian ideas, sino imágenes; no discuten con propuestas, sino con buenas apariencias, celebridades y anuncios».[16]

Postman empezó a elaborar su argumento mientras trabajaba en otro ensayo sobre dos diferentes visiones distópicas del futuro, recogidas en dos novelas de mediados del siglo XX: *Un mundo feliz*, de Aldous Huxley, y *1984*, de George Orwell. Según Postman, estos dos libros, aunque tienden a agruparse, retratan visiones esencialmente opuestas de la distopía de la información.[17] En la novela de Orwell, toda la información está estrictamente controlada por el Estado y la gente solo tiene acceso a la estrecha y machacona propaganda que se le impone por la fuerza y en forma de adoctrinamiento (los «odios de dos minutos», los eslóganes contradictorios tipo «LA GUERRA ES PAZ», etc.). Para construir esta ficción, Orwell se inspiró de manera evidente en los regímenes totalitarios (y, en particular, en la Unión Soviética de Stalin), entornos donde la información está estrictamente controlada.[18]

La visión de Huxley era la contraria. En *Un mundo feliz*, el problema no es la falta de información, sino el exceso de información, o al menos el exceso de entretenimiento y distracción.[19] La población se vuelve dócil, anestesiada por un flujo constante de placeres y diversiones hedonistas que aturden el cerebro. «A quien Orwell temía —escribe Postman— era a aquellos que pudieran prohibir libros, mientras que lo que Huxley temía era que no hubiera razón alguna para prohibirlos, debido a que nadie tuviera interés en leerlos. Orwell temía a los que pudieran privarnos de información. Huxley, en cambio, temía a los que llegaran a brindarnos tanta que pudiéramos ser reducidos a la pasividad y el egoísmo. Orwell temía que nos fuera ocultada la verdad, mientras que Huxley temía que la verdad fuera anegada en un mar de irrelevancia».[20]

La idea clave que impulsa la obra ya clásica de Postman, escrita en 1984, es que Huxley describió el futuro mucho mejor que Orwell. En esa fecha, sobre todo en Occidente, habíamos emprendido ya la senda que conduce hacia la visión distópica anticipada por Huxley, mucho más que hacia la descrita por Orwell.[21]

Postman no cimentó su reflexión sobre el concepto de atención, pero lo que yo tomo de su exposición es cómo, en los mercados competitivos de atención, la diversión siempre prevalecerá sobre la información, y el espectáculo sobre los argumentos. Cuanto más fácilmente atrae algo nuestra atención, menor es su carga cognitiva, menos fricción se produce para que nos sintamos atraídos. ¿Por qué leer un libro cuando puedes ver una película? ¿Por qué leer un periódico cuando puedes jugar a un videojuego?

Al argumento de Postman se le puede achacar sin duda cierto esnobismo del tipo «yo ni siquiera tengo televisión», pero lo que es indiscutible es que el poder atencional de la televisión y su gramática formal transformaron por completo el discurso público y el funcionamiento de la democracia estadounidense. En la década de 1980, el formato dominante de comunicación política era el anuncio de treinta segundos, y el argumento de Postman acerca de la trágica distancia que separan los parlamentos de noventa minutos de Lincoln y Douglas y el célebre anuncio de Reagan «Morning in America» parece irrefutable.

La televisión tiene más medios para captar la atención que la palabra escrita: imágenes y texto locutado, luz, color y toda la paleta de recursos de la producción visual. Como cualquier medio, puede emplearse para hacer el bien o el mal, pero desde el punto de vista de la atención, las ventajas de este formato también implican una competición más feroz por captarla.

Poco más de dos décadas después de que Postman publicara su libro, el brillante escritor estadounidense George Saunders desarrolló algunos de sus temas en un ensayo sobre la estupidez de los medios de comunicación estadounidenses en la era posterior al 11-S y en el periodo previo a la guerra de Irak.[22] En él, Saunders propone un experimento mental que nos resultará familiar, pues ya ha aparecido en este libro. Imagina, dice Saunders, que estás en un cóctel y estás teniendo la típica conversación informal con personas instruidas y de trato agradable. Pero entonces «entra un tipo con un megáfono. No es la persona más inteligente de la fiesta, ni la que tiene más experiencia en algo, ni la más elocuente. Pero tiene un megáfono».

El hombre comienza a expresar sus opiniones y muy pronto crea una especie de fuerza gravitatoria conversacional: todo el mundo reacciona a lo que dice. Esto, sostiene Saunders, arruina enseguida la fiesta. Tener a un descerebrado dando la turra con un megáfono no solo hace que el discurso general resultante sea más estúpido, sino que también vuelve más estúpidas al resto de las personas presentes en la sala:

> Digamos que no piensa mucho las cosas que dice. Básicamente, escupe palabras. Y, a pesar de tener el megáfono, tiene que gritar un poco para que le oigan, lo cual limita la complejidad de lo que es capaz de decir. Como además siente que tiene que ser entretenido, salta de un tema a otro y se decanta por lo conceptual-general («¡Estamos comiendo más trocitos de queso y los estamos disfrutando mucho!»),

> por lo que puede provocar ansiedad o controversia («¿Se está acabando el vino debido a una oscura conspiración?»), por todo lo que anime al chismorreo («¡Se rumorea que alguien está echando uno rápido en el baño del ala sur!») y por lo trivial («¿Qué zona de la fiesta prefieres TÚ?»).[23]

Sí, Saunders escribió eso en 2007, y sí, lo que describe recuerda mucho al parloteo de cierto presidente estadounidense reciente, ¿verdad? Pero la crítica de Saunders va más allá del ruido y las trivialidades insidiosas de los informativos televisivos, anteriores y posteriores al 11-S. Demuestra que la forma de los discursos configura a su vez nuestra arquitectura conceptual, que la sofisticación de nuestro pensamiento está determinada en gran medida por la sofisticación del lenguaje que usamos para describir nuestro mundo.

No se trata de una afirmación novedosa: la idea de que unos medios de comunicación estúpidos nos hacen más estúpidos está ya presente en las primeras críticas a los periódicos, los panfletos y prensa sensacionalista de Estados Unidos a finales del siglo XVIII. O en el discurso pronunciado en 1961 por el entonces presidente de la Comisión Federal de Comunicaciones del país, Newton Minow, quien vino a decirles a los miembros de la Asociación Nacional de Radiodifusores que, en esencia, su producto apestaba y que la televisión equivalía a un «vasto páramo».[24]

Como muchos otros, en su día pensé que internet iba a resolver este problema. Que todo el mundo podría tener su propia voz y que se acabarían los guardianes que controlaban el acceso al lugar de la enunciación, con sus anticuadas y embrutecedoras concepciones sobre quién podía hablar y quién no. Que acabarían los burdos cálculos comerciales de las megacorporaciones sobre lo que el público quiere ver y oír. Que, nosotros, el público en general, recuperaríamos los medios de comunicación y que transformaríamos el mundo a través de una gran conversación global, de forma radicalmente democrática. Que por fin imperaría la sabiduría de la multitud.

Pero no sucedió tal cosa. Internet sí permitió incorporar nuevas voces al discurso de una esfera pública nacional que había estado controlada durante demasiado tiempo por un grupo demasiado reducido (demasiado blanco, demasiado masculino, demasiado rico). Pero no logró que nuestra cultura democrática y nuestros modos de pensar volvieran al logocentrismo propio de la era pretelevisiva. El breve renacimiento de los argumentos y textos largos en los blogs y los foros de discusión duró poco. Los textos fueron haciéndose cada vez más cortos, al tiempo que proliferaban las imágenes y los vídeos, hasta que internet alumbró una nueva forma discursiva que combinaba palabra e imagen: el meme y toda la cultura asociada a él. Sin embargo, y por más que puedan ser ingeniosos, incluso reveladores en ocasiones, los memes no son el tipo de discurso público que Postman añoraba.

¿Y qué hay del tipo con el megáfono que parloteaba sobre los taquitos de queso? Bueno, en lugar de quitarle el megáfono, lo que hicimos fue darle un megáfono a cada uno de los asistentes a la fiesta. Y adivina qué: la cosa no mejoró. Como ahora todo el mundo tenía que gritar para que le oyeran, la conversación se transformó en una versión del juego del teléfono roto, con todo el mundo vociferando variaciones de los mismos fragmentos de lenguaje, de frases y eslóganes, en un interminable laberinto aural de espejos. Navegar durante un periodo largo de tiempo por las redes sociales desorienta de tal modo que uno puede llegar a sentir un profundo vértigo.

No solo eso: las personas que gritan más fuerte siguen siendo las que reciben más atención, en parte porque sobresalen del ruido de fondo oscilante que constituye hoy el sonido ambiente generalizado de nuestra mente colectiva. No hace falta decir que el resultado de este proceso no ha sido una fiesta mejor, ni tampoco la conversación global entre iguales que muchos de nosotros esperábamos. Y es en este contexto en el que llegó al poder, en Estados Unidos, el tipo con el megáfono más ruidoso y con el ansia de atención más gigantesca y desesperada de la historia de la nación.

Por desgracia, en este punto del libro me veo obligado a hablar por extenso de Donald Trump. Como periodista, he pasado más de ocho años de mi preciada vida cubriendo a Donald Trump casi a tiempo completo. No es una persona a la que uno quiera dedicar tanto tiempo mental, la verdad. Lo que hace que su presencia en la psique nacional estadounidense sea tan exasperante y agotadora es que uno no deja de ser consciente en ningún momento de que, al prestarle atención, le está dando lo que quiere. Y, sin embargo, Trump hace cosas —como intentar derrocar la república constitucional de Estados Unidos— que no pueden ignorarse. Intenta intimidar a testigos y jueces, tilda de veneno a los inmigrantes y de alimañas a sus oponentes políticos, y comparte en voz alta sus planes para una especie de Estados Unidos posdemocrático y autoritario. Uno no puede ignorar todo eso si está comprometido con la preservación de nuestro orden democrático y constitucional, como yo lo estoy, y además trabaja cubriendo noticias y tratando de dirigir la atención de la gente hacia donde uno cree que debe dirigirse.

Por otro lado, sencillamente no se puede escribir sobre el funcionamiento de la esfera y el discurso públicos en la era de la atención, y sobre cómo la transformación de la atención en el recurso más valioso ha transformado también la política, sin escribir sobre Trump. Trump es el político que más ha explotado las nuevas reglas de la era de la atención. Su larga experiencia con los tabloides de la ciudad de Nueva York, combinada con sus propias necesidades psicológicas, tan salvajes como tristes, parecen dotarlo de una intuición especial para comprender que la atención es lo único que importa. Dirigió su primera campaña presidencial siguiendo las reglas del legendario showman estadounidense P. T. Barnum, del que dice la leyenda que, al ser informado por una periodista de que estaba escribiendo un libro sobre él y de que parte del contenido sería negativo, respondió: «No importa, señora [...], diga lo que quiera sobre mí, mientras escriba correctamente mi nombre [...] me complacerá de todos modos».[25]

Digamos que Barnum tenía entradas que vender: cuanta más gente supiera de su circo, mejor, sin importar lo que pensaran de él personalmente. O, al menos, ese era su cálculo. Esta estrategia no suele ser aplicable en el caso de los políticos.[26] El trabajo de los políticos depende de gustar a la gente y de tener índices altos de aprobación. Es cierto que necesitan atraer la atención para que la gente los reconozca y sepa quiénes son, pero ese es solo el primer paso. Como comprendieron los abolicionistas de la época de Lincoln, primero había que captar la atención del público y luego persuadirlo. Un político necesita atención como medio para lograr que la gente lo quiera y vote por él.

Pero si tu único objetivo es maximizar la atención que recibes, puedes hacer todo tipo de cosas para conseguirla. Recuerda las diferentes estrategias a las que recurría, en el capítulo 2, nuestro asistente ficticio al cóctel: disparar un arma al aire, gritar o tirar las copas al suelo. Si, del mismo modo, un candidato a un cargo local se centrara únicamente en maximizar la atención, podría optar, por ejemplo, por correr desnudo, gritando por el vecindario. No cabe duda de que sería la comidilla de la ciudad y muy probablemente saldría esa noche en el telediario local. No obstante, y como es obvio, esa clase de estrategia está vedada para los políticos, ya que no quieren suscitar una atención negativa. Por lo general, no quieren ser conocidos por ser odiosos o por estar, en apariencia, mal de la cabeza.

El modelo tradicional de discurso público no consiste solo, por lo tanto, en un proceso de dos pasos —llamar la atención y, una vez que la obtienes, persuadir a la gente—, sino que ambos objetivos requieren un equilibrio. Hay formas de llamar la atención —como correr desnudo por tu distrito— que resultarán infalibles a la hora de conseguir el primer objetivo, pero que podrían perjudicarte a la hora de persuadir a tus vecinos de que voten por ti.

Sin embargo, desde que Trump entró en la carrera por la presidencia de Estados Unidos en el verano de 2015, su estrategia de comunicación política ha sido un equivalente a correr desnudo por el vecindario, generando tanta repulsión como fascinación.

Para sus competidores, el espectáculo era agotador y exasperante. Hicieran lo que hicieran —desvelar un nuevo plan de política fiscal, dar un discurso sobre el papel de Estados Unidos en el mundo, presentarse en una fábrica para promocionar su agenda de competitividad—, las preguntas que les hacían eran sobre Donald Trump. Tim Miller, que trabajó en la campaña de Jeb Bush, cuenta que un miembro de su equipo hizo un seguimiento en una hoja de cálculo de todas las menciones a Bush en los medios de comunicación. La categoría más nutrida, con diferencia, eran las menciones de las reacciones de Bush a declaraciones del propio Trump.[27] En términos atencionales, Trump era el sol alrededor del cual orbitaban el resto de sus competidores. Y, aunque estos lo sabían, hicieran lo que hicieran, no hallaban la forma de escapar de esa fuerza de atracción gravitacional. Por supuesto, todo lo que dijeran sobre Trump (ya fueran críticas, comentarios sarcásticos o elogios) solo servía para concentrar todavía más la atención en él.

A diferencia del amor o del reconocimiento, la atención es neutral en términos de valores. Puede ser positiva o negativa; puede ser la base de la adoración o de la repulsión. A Trump le importa mucho ser admirado, sin duda, pero es una persona tan rota, con unas necesidades psicológicas tan acuciantes, que codicia la atención en cualesquiera de sus formas. Aceptará de buen grado las condenas, el rechazo, incluso el asco, siempre y cuando se hable de él. El único truco de Donald Trump para asaltar la esfera pública en la era de la atención consiste en que está dispuesto a cortejar la atención negativa a costa de la persuasión.

Bajo su aparente caos, esta estrategia esconde una lógica profunda. Trump intuyó que, si lograba dirigir la atracción hacia ciertos temas en los que él y el Partido Republicano tenían ventaja en las encuestas, aunque lo hiciera de una manera provocadora y divisiva, los beneficios superarían los costes. He aquí un ejemplo concreto: en 2016, las encuestas mostraban que los republicanos tendían a gozar de mayor confianza que los demócratas en la gestión de la inmigración. Trump quería que la inmigración ganara relevancia pública, es decir, que la gente prestara mayor atención a esa cuestión. Con ese objetivo, no paraba de decir cosas disparatadas, extravagantes y execrables sobre el tema. En los primeros minutos de su primer discurso, acusó al gobierno mexicano de «enviar» violadores y otros delincuentes a Estados Unidos, una acusación tan ridícula y ofensiva que provocó que varias empresas y corporaciones (incluida la cadena NBC, que emitió *The Apprentice* [*El aprendiz*], película que recrea los turbios inicios de la carrera de Trump) cortaran de inmediato sus lazos con él. Pero eso fue solo el principio. En sus mítines electorales, comenzó a reiterar la infame promesa de que ordenaría construir un muro a lo largo de los más de tres mil kilómetros de la frontera entre Estados Unidos y México y, lo que es aún más absurdo, aseguró que haría que México cargara con los costes. Según una encuesta de Gallup realizada en junio de ese año, el 66 por ciento de los estadounidenses se oponían a la construcción de un muro a lo largo de toda la frontera sur.[28]

Uno pensaría, dados esos números de las encuestas, que Trump no seguiría aferrándose a ese tema. Pero su machacona insistencia resultó efectiva y logró atraer la atención pública hacia la inmigración, cuestión en la que los republicanos suelen aventajar a los demócratas en apoyo popular.[29] Trump llegó a hacer cosas tan despreciables e intolerantes como atacar a un juez federal por su ascendencia mexicana, convirtiendo el proceso judicial que este llevaba (un caso de fraude relacionado con la extinta Trump University) en una nueva oportunidad para dirigir la atención hacia la cuestión de la inmigración.[30]

Lo mismo puede decirse de la vil propuesta —a todas luces inconstitucional y por completo inviable— que hizo en campaña de prohibir la entrada a Estados Unidos a los dos mil millones de musulmanes que viven en el mundo. Por desgracia, dicha propuesta obtuvo un apoyo cercano al 50 por ciento en las encuestas (según una de ellas, ese apoyo incluía ¡a casi la mitad de los votantes de Obama!), de modo que no se la puede considerar políticamente tóxica de por sí (aunque debería serlo).[31] De nuevo, la estrategia atrajo una gran cantidad de atención. Trump anunció su intención de prohibir la entrada de musulmanes al país tras un tiroteo masivo en San Bernardino (California) perpetrado por una pareja musulmana. El anuncio ocupó gran parte de la cobertura mediática y, una vez más, las reacciones al mismo, todas las críticas y el debate suscitado, no hicieron sino redoblar la atención prestada al tema de la inmigración.

La atención pública, sobre todo en el marco de una campaña política, funciona como un juego de suma cero: a la hora de votar, los votantes lo harán pensando tan solo en un número reducido de cuestiones, y cuáles sean esas cuestiones será un factor tan determinante como el grado de coincidencia que sientan que existe entre su punto de vista sobre ellas y el de los candidatos. Al final de la campaña de 2016, la empresa de encuestas Gallup pidió a los votantes que mencionaran qué palabras asociaban con cada candidato y después representó las respuestas mediante una infografía de nubes de palabras donde el tamaño de cada término se correspondía con la frecuencia de la respuesta. La nube de palabras asociadas con Hillary Clinton estaba tristemente dominada por el término CORREOS ELECTRÓNICOS, mientras que en la de Trump destacaban MÉXICO e INMIGRACIÓN.[32] Así es como Trump obtuvo —entre muchos otros factores— su ajustada victoria en el Colegio

Electoral: al trocar de manera improbable persuasión por atención, y simpatía por prominencia mediática.

Con todo, tampoco quisiera exagerar la cuestión. Cuando uno elige, como hace Trump, buscar a todas horas la atención y lo hace a expensas de la persuasión y de caer bien a la gente, puede convertirse en una de las figuras más vilipendiadas de la esfera pública estadounidense. Las valoraciones favorables de Trump son escasas.[33] Perdió el voto popular por tres millones de sufragios en 2016 y por siete millones en 2020 y, cuando dejó el cargo tras su primer mandato, el promedio de su valoración como presidente fue el más bajo de la historia de las encuestas de Gallup.[34] Los riesgos de esa estrategia son reales.

Muchos de los que han intentado seguir su modelo —lo que podríamos llamar el estilo P. T. Barnum, provocador y sensacionalista, aplicado a la política— han cosechado un éxito limitado, cuando no fracasos rotundos. En 2022, un grupo de «cazadores de atención» del estilo de Trump —de Blake Masters a Kari Lake, pasando por Doug Mastriano y Herschel Walker— logró dominar el espacio atencional de sus campañas, diciendo y haciendo cosas controvertidas y acaparando titulares. Sin embargo, en su caso, esa estrategia terminó por situarlos en el lado equivocado del binomio atención/persuasión con resultados diferentes a los de Trump.[35] El precio que pagaron por obtener atención fue suscitar el rechazo de muchos votantes, tantos como para perder unas elecciones que podían haber ganado.

En Arizona, la oponente de Kari Lake, la secretaria de Estado demócrata Katie Hobbs, se negó incluso a debatir con Lake y mantuvo de manera intencionada un perfil bajo, hasta el punto en que parecía rehuir la atención.[36] La estrategia de Hobbs, inversa a la de Trump, chocaba también con la de Lake, una expresentadora de la televisión local encantada de figurar ante cualquier cámara. El enfoque de campaña de Hobbs funcionó y logró una estrecha victoria. Por su parte, Vivek Ramaswamy, irrumpió en escena en las primarias republicanas de 2024 con la intención de acaparar todos los focos en el primer gran debate del Partido Republicano. Con ese fin, aparecía continuamente en los medios haciendo declaraciones provocativas y ofensivas.[37] Sin duda logró llamar la atención en los debates, pero, de nuevo, el problema fue que su personalidad resultaba tan repulsiva que su popularidad se desplomó y no tardó en pasar a un segundo plano. «Ramaswamy es bueno llamando la atención —comentó un analista—, pero llamar la atención no equivale a tener talento político».[38]

De modo que buscar la atención sin descanso no garantiza en absoluto la victoria política. De hecho, creo que el éxito de Trump —por otra parte, ambivalente— ha enseñado a toda una generación de futuros candidatos, y en particular a los republicanos, lecciones equivocadas sobre cómo hacer campaña. Aun así, y con independencia de si su estrategia pueda funcionar en algún caso o incluso en la mayoría de ellos, el dominio de Trump sobre la atención pública se deriva de un hecho tan simple como cierto, y es que la atención nunca ha importado tanto como en esta era definida por ella, por lo que uno tiene que estar preparado para hacer cualquier cosa con el fin de conseguirla.

A medida que los regímenes de atención se erosionan, lo que resta es una cruda lucha por la propia atención, una guerra incesante de todos contra todos, siempre y en todo lugar.[39] Esto conlleva que el «debate» público —consista este en un intercambio, una conversación, una discusión o en cualquiera de los formatos que operan bajo los regímenes funcionales de atención— no logra captar de verdad lo que está sucediendo. Trump ha comprendido esto a un nivel celular.

Cuando los abolicionistas trataban de captar la atención pública y de dirigirla hacia la cuestión de la esclavitud a través de periódicos, panfletos, discursos y novelas, lo hacían en un mercado de atención mucho más pequeño y restringido que el actual. Lo mismo puede decirse acerca del movimiento por los derechos civiles que emergió en la segunda mitad del siglo XX, cuando la televisión llegó a dominar el discurso público. Martin Luther King Jr. y sus acólitos comprendieron lo importante que era la cobertura televisiva para predisponer a la opinión pública en favor del movimiento. Pero ese régimen atencional, el de los telediarios nocturnos, ha sufrido un drástico declive desde entonces. Si antes constituía un vasto imperio, ahora es tan solo otra ciudad-Estado asediada por los competidores.

A pesar de estar inmersos en la era de la atención, a pesar de nuestros lamentos por sus efectos, de nuestra adicción al teléfono móvil, del estado de distracción, a pesar de estar siempre absorbidos, pero nunca concentrados de verdad, creo que los estadounidenses mantenemos una concepción anticuada del modelo que rige la conversación pública en nuestro país. Seguimos pensando en términos de «debate». Esperamos o asumimos que existe algún régimen atencional que sostiene la conversación pública, uno que permita tener un debate genuino dentro de las reglas y limitaciones que impone ese régimen.

Pero eso no es, ni de lejos, lo que sucede. Trump es un polemista terrible en cualquier acepción clásica del término. Siempre que ha podido, ha eludido los debates, y, cuando ha participado en ellos, no ha debatido propiamente. Su estilo retórico es el opuesto al que caracterizaba los debates entre Lincoln y Douglas. No responde ni argumenta realmente, no aborda a fondo las cuestiones, no construye refutaciones y réplicas largas y lógicas. Si uno transcribe sus intervenciones, sorprende de hecho lo deslavazadas que son desde el punto de vista sintáctico, la abundancia de elipsis e interrupciones en que incurre, la absoluta falta de contenido proposicional de sus palabras y oraciones. Lo de Trump es un numerito, un discurso barato de vendedor, una mezcla rancia de insultos faltones y de eslóganes publicitarios. Su objetivo es que le prestes atención y que no te quede más remedio que lidiar con el mensaje que quiere colocar, sin importar lo ridículo o lo despreciable que sea dicho mensaje.

Durante el primer debate con Joe Biden en 2020, Trump interrumpió continuamente a Biden, casi cada vez que este intentaba hablar, hasta el punto en que Biden llegó a decirle, exasperado: «¿Te quieres callar?». El recurso a la interrupción constante es un ejemplo de la estrategia de comunicación pública de Trump, en la que conseguir atención lo es todo. El régimen atencional más básico es la alternancia de palabra propia de la conversación y sirve como guía de casi cualquier interacción humana. Interrumpir a un interlocutor sirve siempre para atraer la atención hacia uno mismo, pero solo a costa de violar esa norma básica implícita y de hacer que uno parezca odioso, desquiciado o algo peor. Las constantes interrupciones de Trump son solo la deriva lógica de su intuición fundamental: que ya no existe un régimen de atención. Que ya no existe un medio primordial para fijar la atención en una determinada cuestión, problema o controversia, que luego pueda ser debatida.

A lo largo de este capítulo, he utilizado el término «régimen de atención» para describir un conjunto de reglas, normas o estructuras que rigen la distribución de la atención en un entorno determinado. Puede tratarse de un régimen muy básico, como la alternancia de palabra en una conversación, o más complejo, como el que rige el tiempo de las intervenciones en el Senado de Estados Unidos. Sea como fuere, en uno y otro caso, los participantes tienen un cierto conocimiento de las reglas que operan y aceptan hasta cierto punto su validez.

La época en que vivimos se asemeja sin embargo a la vida en un Estado fallido. Somos una sociedad cuyo régimen de gobierno se ha desintegrado y ha caído en una especie de caudillismo de la atención. En toda sociedad en la que el monopolio gubernamental sobre el uso legítimo de la fuerza se desmorona, surgen diferentes facciones y centros de poder basados en su capacidad para conquistar e imponer su voluntad mediante la coacción y la violencia. En un régimen gubernamental operativo, la conquista del poder puede fundarse en la persuasión, en el carisma, en la capacidad para movilizar a las masas o en la habilidad para manipular las estructuras y alianzas de los partidos de la élite. En los Estados fallidos, sin embargo, el poder tiende a reducirse a sus elementos esenciales más brutales, sobre todo al uso de la fuerza.

En la era de la atención, la clave radica, por encima de todo, en la capacidad de llamar la atención. En la desvergüenza de interrumpir. Mientras que, en el marco de un régimen atencional que funciona bien, uno puede exhibir otras cualidades para distinguirse en la esfera pública, a medida que estos regímenes colapsan, lo que gana peso es la capacidad de llamar la atención. Y, como sucede con la violencia en un Estado fallido, no se produce un equilibrio estático: la competencia por la atención es implacable, constante y dinámica, siempre cambiante. En cualquier momento, la atención puede ser atraída en una dirección o en otra. Los centros de poder y las alianzas cambian.

Estas condiciones básicas tienen consecuencias revolucionarias para el discurso público en la era de la atención, una época en la que el modelo del debate se ha desmoronado casi por completo, reemplazado por la versión atencional de lo que Thomas Hobbes describió como el «estado de naturaleza», esa «condición o estado que se denomina Guerra; una guerra tal que es la de todos contra todos».[40]

En esta caracterización hay que introducir una salvedad notable: el papel de las empresas de redes sociales, a menudo denominadas en su conjunto como las «plataformas»: Google, Facebook, X, TikTok y similares. Si existe algún régimen de atención en esta época, son las plataformas las que lo determinan. Sus fronteras son no obstante porosas, su poder es real pero limitado y existen en mutua competencia y tensión. Más que al estado de naturaleza descrito por Hobbes, el escenario recuerda a un régimen feudal, con diferentes ciudades-Estado en guerra.

El propio término «plataforma» nos da pistas inequívocas de lo que estas empresas son en esencia: medios para regular y controlar la atención. Una plataforma es una de las tecnologías más antiguas para atraer y distribuir la atención. Basta elevar a alguien un metro o dos por encima de una multitud para que su figura sea visible y su voz pueda proyectarse más lejos. Este sencillo recurso constructivo crea por sí solo un régimen de atención. Eso mismo es lo que hacen las plataformas de nuestros días, aunque con tecnologías mucho más sofisticadas y de formas mucho más complejas.

Todos reconocemos que las plataformas son una forma de gobierno. Tienen reglas y prácticas que regulan la atención, y reciben presiones y peticiones de todas partes, igual que las que reciben los legisladores o los gobiernos de los Estados reales. Tal es así, que Meta llegó a verse sometida a tanta controversia y a tanta presión por sus decisiones ejecutivas que creó su propio «tribunal supremo», la Junta de Supervisión (Oversight Board por su nombre en inglés), que cuenta entre sus miembros con intelectuales, juristas y académicos de todo el mundo para tomar decisiones difíciles sobre cómo regular la atención en la plataforma más poderosa del mundo.[41]

En el sistema feudal que rige la era de la atención, las plataformas actúan como soberanas que gobiernan los territorios bajo su control con normas de conducta, mecanismos de aplicación (a menudo mediocres) y castigos por las infracciones. Pero ¿para qué sirven esas reglas? Existe una enorme bibliografía sobre cómo las plataformas —que se remontan a los primeros foros de mensajes en ARPANET— han intentado moderar el contenido producido por los usuarios. Suele abordarse este aspecto como una cuestión relacionada con la libertad expresión, pero creo que ese enfoque oculta en parte la realidad. Las plataformas intentan regular la atención porque ese es el recurso que monetizan.

He aquí el origen de muchas confusiones y disfunciones. Las plataformas regulan la atención para maximizar su monetización, lo que las diferencia de otros regímenes atencionales, en los que la regulación de la atención es un medio para algún otro fin (ya se trate del vigoroso debate necesario para la deliberación democrática, de la administración ordenada de la toma de decisiones en grupo, etc.). Las plataformas regulan la atención para mantener la atención de los usuarios dentro de la plataforma. Ese es su único propósito. Esa es su propuesta de valor.

Sin embargo, una esfera pública dominada en su totalidad por plataformas comerciales que buscan maximizar la cantidad total de atención que atraen con el fin de monetizar esa atención producirá a la fuerza un público con dificultades para mantener la concentración. Volvamos al ejemplo de los niños en sus primeros años de escolarización. Todo buen maestro o maestra de primaria enseña a los infantes desde el primer día las normas que regulan la atención en la clase. Establece los hábitos, reglas, costumbres y directrices que determinan dónde debe ponerse la atención en cada momento: quién puede hablar durante la actividad de «mostrar y contar», cómo se festeja a los miembros de la clase que cumplen años, quién habla cuando se levanta la mano para preguntar, cuándo toca estar en silencio y concentrarse en la explicación después de que la maestra dé tres palmadas, y así sucesivamente. En general, los niños cumplen estas reglas mucho mejor que los adultos (basta comparar la capacidad de un grupo de niños de cinco años para enfrascarse en sus libros durante la hora de lectura con la actitud dispersa —las miradas aturdidas, las continuas consultas del teléfono móvil— de una audiencia de académicos en una conferencia o de un grupo de ejecutivos en una reunión de empresa).

Pero ahora imaginemos que entra en la clase una persona cuya remuneración depende de que los alumnos le presten atención a ella, en lugar de a lo que se supone que deben prestar atención. Con ese fin, dicha persona comienza a hacer ruidos graciosos, muestra una película en la pantalla de su teléfono e instala una consola de videojuegos. A continuación, imaginemos que en el aula hay de hecho varias personas con el mismo incentivo y que compiten entre sí por la llamar la atención de los alumnos. Es evidente que el maestro o maestra no tendría posibilidad alguna de hacer su trabajo y que los alumnos no aprenderían nada. Sé que puede parecer un experimento mental absurdo, pero creo que ilustra bastante bien cuál es el estado actual de nuestra esfera pública.

La propia dificultad para mantener la atención que caracteriza nuestra era, hace que la atención sea cada vez más importante. Las noticias, las controversias y los temas que logren obtener una gran atención pública tendrán enormes consecuencias en el funcionamiento del gobierno y en las decisiones políticas y ejecutivas que tomen nuestros representantes electos. Y aunque esto siempre haya sido así —lo era en la época de Lincoln, con la cuestión de la esclavitud; lo era cuando Walter Lippmann escribió *El público fantasma*—, hoy lo es de manera más imperiosa y desesperada que nunca. La competencia cada vez mayor por la atención, el colapso casi total de los regímenes de atención no comerciales y el desarrollo de tecnologías cada vez más sofisticadas para captar y monetizar nuestra atención hacen que la cuestión de a qué temas prestamos atención determine más que nunca el futuro de nuestra democracia y nuestra cultura.

Por simple que parezca, esta verdad comporta profundas implicaciones para nuestra salud cívica. Porque, por decirlo de forma simplista, aquello que sirve para llamar la atención es algo muy diferente de aquello que sirve para garantizar el florecimiento de una sociedad próspera. El mayor reto de trabajar en la industria de la atención, y más concretamente en el periodismo, como hago yo, consiste en lidiar con esa tensión. Los que trabajamos en programas de noticias tenemos —por tomar prestada una expresión empleada para describir la función de la Reserva Federal— un «doble mandato»: hemos de captar la atención de la audiencia y, al mismo tiempo, informarla de asuntos que son importantes para el autogobierno en una sociedad democrática.[42] De manera similar a como la Reserva Federal tiene que intentar mantener bajas la tasa de inflación y la tasa de desempleo, nosotros tenemos que intentar cumplir los dos objetivos mencionados, incluso cuando entran en conflicto.

He aquí un ejemplo, elegido al azar, de este dilema, que se ha repetido de una forma u otra casi cada día en los trece años que llevo presentando un programa de noticias en la televisión por cable.

El 18 de junio de 2023, el Titan, un pequeño sumergible de aguas profundas, perdió la comunicación unos ciento cinco minutos después de partir para hacer un recorrido turístico por los restos del Titanic frente a la costa canadiense, en el Atlántico Norte.[43] Los cinco pasajeros que se encontraban a bordo de la cápsula (del tamaño de una furgoneta pequeña) contaban con unas noventa y seis horas de oxígeno. En poco tiempo, se organizó una gran misión internacional para rescatarlos antes de que se quedaran sin aire.

Supe de inmediato que la noticia iba a tener un gran impacto, sobre todo en los informativos de televisión. El suceso reunía todas las características necesarias para captar y sostener la atención de la audiencia. En primer lugar, estaban el suspense y la tensión narrativa inherentes a la difícil situación de los cinco pasajeros: ¿qué les sucedería? Las situaciones en que hay personas atrapadas vivas y equipos de rescate que tratan de salvarlas siempre suscitan un gran interés, sin importar mucho de quién se trate. Puede ser un infante, como Jessica, la niña pequeña que se cayó en un pozo en Midland (Texas) y cuyo rescate fue retransmitido en directo por televisión dos días después; los treinta y tres mineros chilenos que quedaron atrapados en una mina tras un derrumbe y fueron rescatados sesenta y nueve días después; o los doce adolescentes de un equipo de fútbol que pasaron dos semanas atrapados junto a su entrenador en una cueva inundada en Tailandia y tuvieron que ser rescatados por buzos.[44]

Luego siempre está —al menos en el contexto de las noticias por cable— la fascinación por las tragedias relacionadas con medios de transporte (barcos hundidos, accidentes aéreos). Si a todo ello le añadíamos que el accidente del sumergible se había producido en las inmediaciones de los restos del Titanic (quizá la tragedia de este tipo más emblemática de la historia), no era difícil anticipar que el caso del Titan generaría un enorme interés y una cobertura completa por parte de muchos medios, como así sucedió.

Sin embargo, a medida que la búsqueda se prolongaba y que la cobertura se ampliaba, la gente empezó a quejarse por la desproporción del propio despliegue mediático. Daba la casualidad de que esa misma semana se había producido otro terrible desastre marítimo: un barco pesquero que llevaba a bordo cientos de migrantes procedentes de Pakistán, Egipto y Siria se había ido a pique en aguas del Mediterráneo cuando intentaba llegar a las costas de Italia. Cientos de hombres, mujeres y niños perecieron ahogados mientras un barco de la guardia costera griega observaba desde cerca lo ocurrido, sin prestarles auxilio.[45] No era el primer incidente de este tipo en la zona. Al contrario, la espantosa tragedia se había convertido en un suceso habitual en el Mediterráneo, como consecuencia de la gran cantidad de solicitantes de asilo que, desesperados, se hacinaban en barcos destartalados, manejados por traficantes de personas, con la esperanza de arribar a Europa y empezar una nueva vida.

A pesar de ello, el naufragio del barco en el que viajaban cientos de migrantes había recibido tan solo una pequeña fracción de la cobertura mediática dedicada al Titan y a sus cinco tripulantes (de los que después se supo que habían fallecido de hecho al principio del recorrido, al implosionar el sumergible). A medida que la cobertura del accidente del Titan se apoderaba del ciclo de noticias, fue surgiendo sin embargo otro subgénero de artículos que hacían hincapié en lo profundamente deshumanizador y erróneo que era dedicar tanta atención al aprieto de cinco turistas ricos, mientras cientos de migrantes desesperados se ahogaban en silencio.

Sin embargo, analizados con frialdad —con tantos años como llevo en el negocio de la atención no puedo hacerlo de otra manera—, los artículos que denunciaban el doble rasero de esa cobertura eran en sí mismos piezas sobre el sumergible, un intento de capturar el viento que soplaba hacia esa noticia y de usarlo luego para impulsar el interés en otra dirección. Cuando *The New Republic* se sumó a estas decenas de artículos con uno titulado «A los medios les importa más el submarino del Titanic que los migrantes ahogados», mucha gente hizo notar que el propio medio no había publicado hasta ese momento ninguna noticia propiamente dicha sobre el hundimiento del barco cargado de migrantes.[46]

La atención no es una facultad moral. Sin un esfuerzo, un hábito y una formación previos y concertados, lo que atrae nuestra atención y lo que juzgamos importante y digno de atraerla no guardan por necesidad una relación intrínseca. De tanto en tanto, ambas cosas pueden coincidir por casualidad, pero la mayoría de las veces están tan alejadas como lo están el «ello» y el «superyó» en el psicoanálisis. Contamos con un repertorio muy variado de términos que sirven para describir la clase de cosas que nos atraen pero que nos parecen moralmente reprochables: «morboso», «escabroso», «lascivo». No es casual que esa categoría de contenidos ocupe una parcela tan grande de la economía de la atención. Lo morboso y lo escabroso constituían casi en exclusiva el sustento de la prensa sensacionalista de Benjamin Day, y son lo que suele copar los telediarios nocturnos y lo que ahora llamamos «ciberanzuelos» y antes se llamaba «tabloide».

Aunque es algo difícil de cuantificar con precisión, esa clase de contenido constituye asimismo una parte enorme de internet. Por poner un ejemplo, según las estimaciones más fiables, la pornografía equivale a un diez por ciento del tráfico total de internet.[47] Con ello no quiero decir que la pornografía sea inmoral *per se*, pero sí que millones de personas en todo el mundo dedican miles de millones de horas a ver cosas de las que luego se arrepienten o que se avergüenzan de haber visto, solo para volver a verlas. Y eso es solo un ejemplo. Hay muchas otras madrigueras de conejo en las que la gente cae y de las que sale después sintiendo que han desperdiciado horas y horas de su vida.

Esta brecha entre lo que capta nuestra atención y lo que, en un sentido más reflexivo, juzgamos importante es al menos tan antigua como los medios de comunicación modernos. Y para gran frustración de los críticos a lo largo de las décadas, lo superficial se impone a lo profundo cuando se trata de atraer la atención del público. Walter Lippmann encontraba exasperante que los intereses del público fueran tan predecibles en su infantilismo y que la gente prestara más atención a los asuntos triviales que a los sustantivos. «Un niño, por ejemplo, debería tener un gran interés en los negocios de su padre, pues determinarán muchas de sus oportunidades en la vida. Pero a un niño no le interesan lo más mínimo las discusiones sobre los negocios del padre. Del mismo modo, aunque al pueblo de Estados Unidos debería interesarle el acuerdo sobre las reparaciones de guerra alemanas, está mucho más interesado en leer sobre el vestido de novia de la princesa María».[48]

La orientación de la atención pública tiene enormes consecuencias. Volviendo a las dos tragedias marítimas: una vez que se hizo público que se había perdido toda comunicación con el sumergible Titan, los gobiernos de Estados Unidos, Canadá y Francia pusieron en marcha una gran operación de búsqueda y rescate. Es difícil hacer una estimación precisa de cuánto dinero gastaron, pero sin duda fueron millones de dólares. Se trata de consecuencias materiales reales, derivadas de forma directa de imperativos atencionales. En el caso del barco de migrantes que naufragó en el Mediterráneo, no se coordinó ningún esfuerzo para organizar un rescate de ese tipo.

Es solo un ejemplo, pero sirve como una especie de alegoría. En casi todos los ámbitos de la política, desde el municipio más pequeño hasta el gobierno federal, el dinero sigue a la atención, y el coste literal de una vida depende en gran medida de cuán llamativa fue la muerte.

Sin embargo, los mayores problemas y desafíos a los que nos enfrentamos suelen ser invisibles o silenciosos, ocurren en secreto, entre las sombras, y generan lo contrario del espectáculo. Escribo estas palabras en el verano de 2023, el más caluroso de la historia. Según las estimaciones más fiables, puede que se trate del más tórrido en ciento cincuenta mil años.[49] Al récord de temperaturas, se han unido varios desastres climáticos en Estados Unidos, desde incendios en Maui hasta inundaciones en el Valle de la Muerte cuando una tormenta tropical azotó el sur de California por primera vez en ochenta años.[50]

Los efectos del cambio climático son visibles, a veces de forma espectacular, pero el cambio climático en sí mismo —la lenta, constante e invisible acumulación de carbono en la atmósfera— es literalmente imperceptible. Es casi lo contrario de una sirena: elude nuestra atención en lugar de atraerla. Ninguno de nuestros cinco sentidos puede detectarlo. Resulta llamativo que, a la hora de rodar una superproducción de Hollywood sobre el cambio climático, repleta de estrellas, y de buscar cómo sostener la atención de los espectadores durante más de dos horas, el cineasta Adam McKay optara por contar la historia a través de una alegoría: un cometa que se acerca hacia la Tierra y que destruirá el planeta y extinguirá toda la vida humana si colisiona con él.[51]

Uno de los momentos más dramáticos de la película es la escena en la que el cometa —sobre el que los científicos ya habían advertido y que los escépticos habían menospreciado— aparece en el cielo. Es entonces cuando la gente cobra conciencia del peligro, el tráfico se detiene y conductores y pasajeros salen de los coches para mirar hacia arriba con asombro y terror. Aunque la película me encantó y me sobrecogió, lo que pasa con el cambio climático es precisamente que no produce esa clase de revelación. Tenemos gráficos, imágenes de sequías, incendios forestales y desprendimientos de glaciares. Olas de calor que cierran aeropuertos y matan a personas en sus casas. Pero no podemos ver ni oír el fenómeno «en sí». No existe un momento único y clave —como el momento en que el cometa aparece en el cielo o el momento en que el segundo avión se estrelló contra las Torres Gemelas— que logre hacernos cobrar plena conciencia del desastre.

Los activistas climáticos de todo el mundo han tomado medidas cada vez más desesperadas parar crear el tipo de espectáculos que atraen la atención del público. Algunos optan por bloquear carreteras, metiendo los brazos en tubos para entrelazarse unos a otros e impedir que los separen. El tráfico se acumula, la gente se enfada y, finalmente, aparecen las cámaras de televisión. Las imágenes de los conductores bloqueados gritando a los activistas se vuelven virales durante un corto espacio de tiempo. Están también las protestas llevadas a cabo en museos, donde unos cuantos activistas arrojan pintura sobre alguna obra de arte famosa, una acción que parece concebida para generar conmoción y repulsión.

Otras protestas han consistido en interrumpir competiciones o actuaciones deportivas. Durante la semifinal femenina del Abierto de Estados Unidos de 2023, cuatro manifestantes comenzaron a corear consignas sobre el cambio climático durante un breve descanso del partido. Uno de ellos usó pegamento para adherirse al suelo. Tardaron más de cuarenta y cinco minutos en despegarlo y llevárselo, tiempo durante el cual el juego estuvo detenido. Cuando, más tarde, los periodistas preguntaron a la tenista estadounidense Coco Gauff (quien acabaría ganando el torneo ese año) sobre el episodio, la joven estrella mostró una notable ecuanimidad: «No estaba enfadada con los manifestantes. Sé que el estadio sí lo estaba, porque interrumpieron el espectáculo —dijo en la rueda de prensa posterior al partido—. Siempre hablo de predicar lo que sientes y aquello en lo que crees. Es obvio que prefiero que no suceda algo así cuando voy ganando [...] Pero oye, si ellos sentían que tenían que hacer eso para hacerse oír, no seré yo quien se enfade por ello».[52] Ese mismo año, en el festival de Lucerna, dos activistas suizos subieron al escenario para interrumpir un concierto de la Orquesta de la Ópera Estatal de Baviera y pedir al Gobierno suizo que declarara una emergencia climática. Vladímir Jurowski, el prestigioso director de la orquesta, detuvo el concierto y permitió a los manifestantes que se dirigieran al público antes de reanudar el espectáculo.[53]

No obstante, se trata de casos excepcionales. Las reacciones a estas acciones suelen ser casi siempre negativas, del tipo «¡Esto no ayuda a la causa! Solo genera el rechazo de la gente, que os ve como bichos raros y frikis, de modo que predisponéis de manera negativa precisamente a las personas que queréis persuadir». A lo que cabe responder: perfecto, muy bien, pero el impulso puro, honesto y desesperado de estas manifestaciones, su grito de POR-EL-AMOR-DE-DIOS-PRESTAD-ATENCIÓN captura algo cierto desde el punto de vista objetivo: nos estamos precipitando hacia el desastre y nadie parece estar prestando a ese hecho, ni de lejos, la atención debida.

Esta clase de interrupciones se basan en la misma estrategia que Trump empleó con tanto éxito. ¿De qué sirve la persuasión si nadie presta atención? ¿Qué más da si la gente tiene una reacción negativa mientras reaccione al fin de algún modo? Puedes ser educado, tímido y civilizado y que nadie te haga caso, o puedes liarla parda y hacer que la gente te preste atención. Esas son las dos opciones en la guerra hobbesiana de todos contra todos en que consiste la era de la atención, y me resulta muy difícil culpar a estas personas por elegir la segunda.

Todos los que trabajan en la vida pública en la era de la atención (en política, en relaciones públicas, en activismo, en periodismo o en cualquier ámbito que tenga que ver con lo que llamamos el «ciclo de noticias») sienten que persiguen la atención en lugar de dirigirla. También aquellos que, como yo, ostentan un poder desproporcionado para dirigir la atención del público.

Esto es algo que se percibe con mucha claridad en el caso de los políticos. Por más poder de decisión que tengan sobre la atención colectiva, los políticos siempre sienten que son víctimas de los caprichos de los medios de comunicación. El propio Abraham Lincoln hizo hincapié en este aspecto en su primer debate con Douglas, durante el que dijo la famosa frase: «El sentir popular lo es todo. Con su favor, nada puede fracasar; sin él, nada puede tener éxito».[54]

Lincoln pronunció estas palabras en el contexto de una crítica más amplia al papel negligente de Douglas con respecto a la conformación de la opinión pública. La postura de Douglas durante los debates sobre la cuestión de la esclavitud era que el Compromiso de 1850 y el fallo del caso Dred Scott eran leyes vigentes y que, gustase más o menos, había que aceptar que esa era la realidad y que dichas leyes formaban parte de ella y del mundo tal y como era. Lincoln, por el contrario, argumentaba que leyes como el Compromiso de Missouri eran fruto de la opinión pública, y que políticos destacados como el propio Stephen Douglas desempeñaban un papel activo a la hora de moldear esa opinión. No bastaba con decir que las cosas eran así y que no se podía hacer nada para cambiarlas; los políticos tenían tanto la oportunidad como el deber de usar su interlocución con el pueblo para mover la opinión pública en la dirección que consideraran más beneficiosa para la unión. «[Quien] moldea la opinión pública, va más allá de quien promulga leyes o pronuncia decisiones —argumentó Lincoln—. Ello debe tenerse en cuenta, así como el hecho adicional de que el juez Douglas es un hombre de gran influencia, tanta que muchos hombres profesan creer cualquier cosa solo con descubrir que el juez Douglas profesa creerla».[55]

Durante el proceso que culminó en el primer *impeachment* (proceso de destitución) de Donald Trump, Nancy Pelosi, la entonces presidenta de la Cámara de Representantes, invocó a menudo la cita de Lincoln sobre la importancia central del sentir popular para justificar el ritmo al que avanzaba el procedimiento, excesivamente lento para quienes la criticaban. Pelosi llegó a exhibir en su oficina una placa con dicha cita grabada. En parte, la congresista tenía razón, era peligroso desde el punto de vista político, e incluso democrático, destituir a un presidente electo en ejercicio sin el respaldo de la opinión pública. Pero en la invocación de Pelosi había también mucho de elusión de responsabilidades: «Muy bien, queréis destituir al presidente, pero es vuestro trabajo cambiar primero la opinión pública, y luego lo haremos».

A los políticos les encanta esa cita de Lincoln porque pueden utilizarla para decir casi lo contrario de lo que Lincoln pretendía: en lugar de expresar la idea de que los políticos tienen la responsabilidad de moldear el sentir popular, muchos interpretan ese sentir como una fuerza externa, algo con lo que tienen que lidiar, como si fuera el tiempo meteorológico. Es una postura muy conveniente para un político, porque —como ocurría con la posición de Douglas respecto al Tribunal Supremo— les exime de responsabilidad. Un político puede decir: Bueno, verá, la opinión pública no está de mi parte, así que, ¿qué quiere que haga?

Pero, aunque sea una forma de escurrir el bulto, puedo asegurar que esa sensación es auténtica. Ser político consiste en gran medida en lidiar con un paisaje atencional cuyas realidades más punzantes escapan a tu control. Como periodista cuyo trabajo consiste a su vez en entrevistar a políticos cada noche, puedo percibir lo frustrados y lo limitados que se sienten ante los vaivenes de los ciclos informativos y de la atención mediática. En muchas ocasiones, más de las que puedo referir, cuando he entrevistado a políticos sobre cuestiones difíciles y en apariencia irresolubles —por ejemplo, las altísimas tasas de violencia armada en Estados Unidos— y les he preguntado qué pueden hacer para abordarlas con el poder que tienen en tanto senadores, congresistas, alcaldes o gobernadores, ellos me devuelven la pelota diciendo que todo depende de la atención que los medios presten al tema. Pero si usted es un representante electo, les digo. Sí, responden, pero no podemos hacer nada si la opinión pública no se enfoca en este asunto.

Para los políticos de países democráticos como Estados Unidos, la atención resulta algo tan poderoso, que pueden perder de vista su propio poder. Se sienten impotentes y dependientes de los caprichos de un público cuya volátil atención es difícil de captar y aún más difícil de retener. Entiendo esa sensación, porque los que trabajamos en los medios de comunicación nos sentimos de la misma manera. He ahí, de hecho, la experiencia más común para quienes vivimos de las industrias de la atención o del debate público en la era de la atención: estar siempre persiguiendo dicha atención, sin llegar nunca a domeñarla.

En estas condiciones, la diferencia entre una figura mediática y un político se vuelve cada vez más tenue. Después de hacerse con el control de la Cámara de Representantes en 2022, la mayoría republicana creó una página web que servía de portal de acceso a los miembros de su bancada. Uno de los enlaces era a pódcast de dichos miembros, y había unos cuantos.[56] Matt Gaetz tiene su propio estudio de grabación de pódcast y, en ocasiones, incluso presenta programas en Newsmax.[57] Por regla general, y como sucede con la gente del mundo del espectáculo, una parte extraña de la psique de los políticos requiere siempre la atención ajena. Pero cuanto más nos adentramos en la era de la atención, más central se vuelve esa atención para el negocio de la política. ¿Por qué elegir entonces entre ser presentador de un pódcast o ser político cuando se puede ser ambas cosas? Y, en el fondo, ¿qué diferencia hay ya entre una cosa y la otra?

En la era de los pequeños donantes, la capacidad para llamar la atención es una de las habilidades principales para recaudar fondos y sostener una carrera política. Marjorie Taylor Greene, cuyas opiniones son extremas, ridículas y peligrosas, es una de las congresistas republicanas con mayor capacidad recaudatoria de toda la Cámara de Representantes.[58] Y no por casualidad. Cada vez que una de sus escandalosas declaraciones llama la atención de los medios, lo aprovecha para obtener dinero. La congresista demócrata Alexandria Ocasio-Cortez, que es, en esencia, lo opuesto a Marjorie Taylor Greene (una política seria e inteligente que cree en la república constitucional), tiene también un don especial para llamar la atención y una presencia muy eficaz en las redes sociales, lo que hace que su aparato de recaudación de fondos sea formidable para una miembro *junior* del Congreso.

Pero los incentivos ligados a la atención —y al dinero que esta genera— suelen entrar en conflicto con el propio ejercicio del gobierno. En el otoño de 2023, cuando una pequeña facción de republicanos inició con éxito un proceso para destituir al entonces presidente de la Cámara de Representantes, Kevin McCarthy, utilizando un procedimiento poco habitual (una moción para declarar vacante el cargo), varios de sus compañeros se opusieron a la iniciativa, denunciando que toda la operación no era más que un intento descarado de recaudar fondos por parte de Matt Gaetz, quien lideraba la maniobra. El congresista republicano de Luisiana, Garret Graves, criticó duramente los «mensajes de texto diciendo: "Eh, dame dinero [...] He presentado una moción para destituirlo". Usar actos oficiales, actos oficiales para recaudar fondos. Es repugnante. Esto es lo repugnante de Washington».[59] El día de la votación para echar a McCarthy, el congresista republicano por Dakota del Norte, Kelly Armstrong, expresó desde el atril de la Cámara el sentir general de muchos en su partido: «Seamos claros sobre por qué estamos aquí: porque la estructura de incentivos en esta ciudad está completamente rota. Ya no valoramos la lealtad, la integridad, la competencia ni la colaboración. En lugar de ello, nos hemos rebajado a un estado donde los clics, las apariciones en televisión y la búsqueda interminable de la más mediocre forma de celebridad impulsan un comportamiento pueril que está muy por debajo de la dignidad que reclama esta preciada institución».[60]

He de decir que resultaba chocante ver a los congresistas republicanos tan sorprendidos de que la actual iteración de su partido en la era de la atención se hubiera vuelto tan disfuncional. Después de todo, este episodio sucedió siete años después de la llegada de Donald Trump, un hombre que había hecho de perseguir «la más mediocre forma de celebridad» el proyecto definitivo de su estrafalaria y triste vida.

Cuando la atención se convierte en lo único que importa en la vida pública, otras formas de discurso público relacionadas con ella florecen como el moho y comienzan a apoderarse de todo lo demás. Hay tres tendencias en la esfera pública de la era de la atención que son particularmente comunes e insidiosas: el «troleo», el «ytumasismo» y el «conspiracionismo».

TROLEO

En otoño de 2022, a pocas semanas de las elecciones al Congreso de mitad de mandato, la cuenta oficial de Twitter de los republicanos en el Comité Judicial de la Cámara de Representantes publicó: «Kanye. Elon. Trump».[61] Nada más. Solo esos tres nombres. Era la expresión más concisa que se podía ofrecer de la cosmovisión dominante en la política conservadora. No contenía propuestas o recetas políticas, ni siquiera un eslogan. Solo tres personalidades, bastante diferentes en algunos aspectos, pero unidas por aquello que suscitaba la admiración del empleado que, cabe presumir, redactó el tuit. El mensaje permaneció fijado durante semanas, incluso cuando el rapero Kanye West (o Ye, como se hacía llamar entonces) se embarcó en una gira mediática cada vez más inquietante y desquiciada, en la que iba de un medio a otro despotricando sobre los judíos y expresando una y otra vez su admiración por Hitler. Al final, el tuit desapareció, pero el espíritu que lo animaba permanece. De hecho, mientras escribo estas líneas, ese espíritu parece cobrar cada vez más fuerza.

Se podría decir que lo que une a Musk, a West y a Trump es su habilidad para llamar la atención de manera constante, pero eso no es del todo cierto, ¿verdad? La cantante Taylor Swift también es muy buena consiguiendo atención, pero no encajaría en esa trinidad maldita porque su habilidad consiste en suscitar atención positiva. Swift es una estrella en el sentido tradicional. Musk, West y Trump, no. Son otra cosa. Son figuras polarizadoras en grado sumo, que parecen adictas a la controversia. Y, lo que es más importante, son los ejemplos absolutos de personas que se alimentan compulsivamente de atención negativa. Es decir: son troles.

Antes de que «trolear», derivado del inglés *trolling*, adquiriera su significado contemporáneo, el término describía en esa lengua un método de pesca. La táctica consistía en poner en el anzuelo un señuelo brillante y colorido que imitaba un apetitoso bocado de comida, y en moverlo en el agua describiendo círculos, con la esperanza de atraer a los peces hambrientos. En realidad, se trata de un truco «atencional»: intentas captar la atención del pez y activar su mecanismo de respuesta, de modo que, cuando el pez se da cuenta del error que ha cometido, ya es demasiado tarde.

En el siglo XX, los pilotos de combate usaban el término de forma metafórica para describir la acción de atraer adrede sobre uno mismo el fuego enemigo para alejarlo de un compañero. En otras palabras: una forma de distracción intencional. Mucho antes de que el *trolling* se convirtiera en una estrategia específica para captar la atención en internet, ya existían figuras públicas que buscaban la controversia de manera intencionada, ya fuera por alguna necesidad patológica profunda o por un simple cálculo comercial.

Pero es en la era de la atención cuando el troleo se ha convertido en una forma central de comunicación en la esfera pública. Parte de esta evolución tiene que ver con cómo afecta a la psique humana la interacción despersonalizada a través del tiempo y el espacio que caracteriza internet. Ya en los primeros foros de discusión de la red, aparecieron usuarios que disfrutaban provocando, gastando bromas pesadas e increpando con el único fin de generar una reacción. La diferencia básica entre la comunicación masiva de la red y la socialización «cara a cara» es que en la primera desaparecen los inhibidores habituales de las conductas antisociales. Desde el momento en que las otras personas no pueden verte ni saber quién eres, en esos espacios en línea puedes decir cosas que jamás te atreverías a decir, o siquiera pensar, en persona. Tus interlocutores consisten tan solo en una pequeña imagen de perfil y en un nombre de usuario, sin cuerpo, no son del todo «humanos». Esta forma de interacción social reemplaza la verdadera sustancia de la conexión humana —el reconocimiento, el amor— por una experiencia químicamente similar pero infinitamente menos gratificante: la atención. Debido a la planitud de la experiencia virtual, buscamos cualquier forma de atención y reaccionamos ante ella, incluso la atención negativa, porque es lo que más se aproxima a una conexión real. No sorprende que estos espacios generen comportamientos que, como los de un niño desadaptado, dependen de atraer atención negativa como una forma de sentir algo (ver capítulo 4).

La interacción en línea, que ahora representa una parte creciente —y en el caso de algunas personas, la mayoría— de nuestras interacciones humanas, se convierte entonces en una especie de versión en videojuego de una conversación, una experiencia *gamificada* con conexiones de entrada y de salida, tan mediada y desconectada de la realidad viva en la que otros seres humanos respiran, ríen y sufren, que humillar a alguien o insultarlo en redes viene a ser como disparar a un grupo de enemigos en el videojuego *Call of Duty*. En la propia red hay quienes se refieren a la gratificación que generan este tipo de interacciones como «puntos absurdos de internet» (*meaningless internet points*).

Nada de esto ocurre en espacios diseñados de forma neutral. Como sabemos, las plataformas donde acontecen la mayoría de estas interacciones están diseñadas para monetizar la atención. Funcionan, en un sentido financiero, a partir de lo que hacen los usuarios, y cuanto más llama la atención un usuario en una plataforma y más incita a la «interacción», más atención monetizable se genera para la plataforma y más dinero gana. Es parecido a cómo funciona la mafia: cada capo envía el dinero ganado con sus chanchullos hacia arriba en la escala jerárquica, hasta llegar al *capo dei capi*, el «capo de capos», que en este caso se correspondería con Mark Zuckerberg, Elon Musk o con quien sea que domine los mercados de atención cuando leas esta frase.

En cada nivel de este esquema, los creadores de contenido están impulsados por una necesidad psicológica profunda, por la presión social, por incentivos económicos o por alguna combinación espuria de las tres. Al final, lo único que importa es que, cuanto más capten tu atención, mejor le va al capo (y a sus accionistas).[62]

Volviendo a la metáfora original: si lo que estás pescando es atención, entonces el señuelo más efectivo, el más brillante y reluciente, el que resulta imposible ignorar, es ser descaradamente cruel, provocador u ofensivo. Y, como le sucede al pez que se lanza a por el señuelo, cuando alguien dice algo escandaloso o insultante activa una parte profunda de nuestro circuito neurobiológico de socialización que nos impulsa a responder —un impulso que a veces emerge incluso antes de tomar plena conciencia de lo que está ocurriendo. De modo que uno termina como el pobre pez: enganchado al anzuelo.

Si el pez supiera que el señuelo es en realidad un anzuelo, lo ignoraría. En nuestro caso, aunque sepamos que alguien nos está troleando, ignorarlo no resulta tan sencillo. Los trols especialmente dotados o de alto perfil —como la «trinidad trol» alabada en Twitter en su momento por los republicanos del Comité Judicial de la Cámara, por ejemplo— crean un dilema discursivo. Si los ignoras por completo, continúan diciendo y haciendo cosas desagradables, incómodas o incluso peligrosas, aprovechando el altavoz de las plataformas de las que disponen para promover repugnantes teorías de la conspiración, blanquear a Hitler o fomentar la intolerancia contra los musulmanes. Pero, si los condenas, les otorgas todavía más atención, que es lo que buscan, de modo que, de manera perversa, terminas contribuyendo a difundir sus mensajes enfermizos.

Este es el problema fundamental que Donald Trump ha presentado durante mucho tiempo a los medios. Un dilema que resulta familiar para quienquiera que haya tenido que lidiar con trols en cualquier entorno. En su libro sobre cómo gestionar conflictos interpersonales, Amanda Ripley utiliza el término «emprendedores del conflicto» para describir a personas que prosperan sembrando el drama y la discordia. Es evidente que internet constituye un espacio donde estas personas ejercen una influencia desproporcionada, a menudo provocando disputas y vertiendo insultos como medio para ampliar su alcance.[63]

Dado que comercian con el conflicto, y que el conflicto solo puede crearse en colaboración con otras personas que reaccionan a la provocación, la lección aprendida por las malas en los foros de internet que llevan lidiando con troles durante décadas es «No alimentes a los troles». No les prestes atención, porque se alimentan de ella, pero, si les privas de ella, se van.[64]

La lógica es convincente. Si alguien está desesperado por llamar la atención de la manera que sea, y nadie se la presta, se rendirá. Es el mismo consejo que los padres han dado a generaciones de niños que se enfrentan a acosadores en el patio del colegio: «Está intentando provocarte, no caigas en la provocación». Aun así, y como han señalado muchos periodistas especializados en cultura digital, ignorar a los troles también puede darles rienda suelta e incitarlos a escalar sus campañas de amenazas y acoso, algo que puede tener consecuencias en la vida real de las víctimas, quienes pueden sentir su seguridad amenazada e incluso verse obligadas a mudarse de casa.[65]

Desde mi privilegiada posición, en la que tengo que decidir cada día qué noticias cubrir, los troles constituyen uno de los mayores desafíos a los que me enfrento, si no el mayor. Pensemos en las decisiones editoriales que comporta cubrir la forma más horrible de troleo: un tiroteo masivo. Esta forma ritualizada de salvajismo estadounidense, que casi siempre termina con la muerte del autor, se origina en cada caso individual en una serie de factores específicos. Aun así, no cabe duda de que el fenómeno de los tiroteos masivos es producto, además del fácil acceso a las armas, de una especie de contagio social motivado por un oscuro deseo de atención. No es casual que un número perturbador de tiradores masivos inicien su deriva hacia el asesinato en masa en foros de internet dedicados al troleo. Espacios donde puede detectarse una línea oscura y enfermiza pero legible, que conecta el deseo de escandalizar a los *normies* (la gente corriente y moliente) mediante publicaciones en la red con el deseo de escandalizarlos en el mundo real mediante un espectacular asesinato masivo.[66]

Cada tiroteo de esta clase causa una nueva tragedia y un nuevo trauma, pero también un nuevo dilema para los periodistas que lo cubren. Que un individuo perturbado cometa un asesinato masivo constituye, casi por definición, una noticia. Pero cubrir las consecuencias de su acción, le da al asesino aquello que buscaba, siquiera sea de manera póstuma. Ello crea a su vez un incentivo para futuros asesinos que constatan que los actos de violencia extrema son un medio eficaz de obtener atención a una escala que, de otro modo, estaría por completo fuera de su alcance. Al mismo tiempo, ignorar un tiroteo masivo sería una negligencia periodística, por no decir un acto deshonroso y ofensivo hacia los familiares de las víctimas y las comunidades afectadas.

A lo largo de mis años como presentador de noticiarios en la televisión por cable, creo que se han realizado progresos notables para lidiar con esta realidad. Si antes era común sacar en pantalla la cara del tirador, junto con su nombre y biografía, ahora es práctica habitual evitar hacerlo en la medida de lo posible. Mencionamos el nombre y quizá mostramos una foto una sola vez, pero no hacemos de eso el centro de la cobertura como solíamos hacer, aunque cubramos el suceso y sus consecuencias. La idea es mantener la atención tan alejada del autor como sea posible.

Con todo, tengo que admitir que este tipo de ajuste necesario deja un sabor algo insatisfactorio: no resuelve realmente el dilema.

Seguirá habiendo tiroteos masivos y seguiremos cubriéndolos porque son noticia y, en alguna medida, esa atención, por más que la regulemos, resonará en el mundo con sus propias consecuencias.

Lo mismo sucede con formas menos destructivas y mortales de troleo. El troleo persistente, sobre todo el ejercido desde las más altas instancias, crea un dilema atencional para el que no hay una salida del todo limpia. Esa es la razón por la que florece en nuestra época. El troleo es una forma de discurso adaptada a la perfección a un entorno en el que la atención ya no es un medio para alcanzar otro fin comunicativo, sino un fin en sí misma.

YTUMASISMO (*WHATABOUTISM*)

Hasta donde puedo rastrear, la primera vez que se acuñó el término inglés *whataboutism* («ytumasismo») fue en una carta de un profesor de historia publicada en *The Irish Times* en 1974.[67] El profesor, residente en Irlanda del Norte, expresaba su frustración con los defensores del violento IRA Provisional, a quienes apodaba «los Whatabouts» (los «Y-tú-más»). «Estas son las personas —escribía— que responden a toda condena del IRA Provisional con un argumento destinado a demostrar una inmoralidad mayor por parte del "enemigo", y por lo tanto a defender la justa causa de los *provos*: "¿Qué pasa con el Domingo Sangriento, el internamiento, la tortura, la alimentación forzosa, la intimidación del ejército?". Cada llamamiento a poner fin a todo ello se responde del mismo modo: "¿Y qué pasa con el Tratado de Limerick, el tratado angloirlandés de 1921, con Lenadoon?"».

El término «whatabouts» fue adoptado por un columnista del mismo periódico unos días después, momento a partir del cual comenzó a popularizarse.[68] Más adelante, en la década de 1970, diplomáticos estadounidenses y occidentales comenzaron a usar el término *whataboutism* para describir un recurso retórico estándar soviético cuando se confrontaba a diplomáticos de la Unión Soviética citando los abusos de los derechos humanos cometidos en su país: «Cualquier crítica a la Unión Soviética (ya sea sobre Afganistán, la ley marcial en Polonia, el encarcelamiento de disidentes o la censura) —recordaba Edward Lucas, exjefe de la oficina de *The*

Economist en Moscú— era respondida con un "¿Y qué hay de...?" (el *apartheid* en Sudáfrica, los sindicalistas encarcelados, la Contra en Nicaragua, y así sucesivamente)».[69] Se trataba de un recurso tan típico de la propaganda soviética que incluso los propios rusos hacían bromas al respecto. Uno de esos viejos chistes soviéticos dice así: un oyente llama a un programa de radio ruso para preguntar sobre los salarios en Estados Unidos y el presentador, tras una larga pausa, le responde: «Allí linchan a los negros». El chiste hace referencia a la obsesiva insistencia de los funcionarios soviéticos en el racismo estadounidense para desviar las críticas a su propio sistema. Lucas explica que, para cuando se produjo el colapso de la Unión Soviética, la frase «se había convertido en una sinécdoque de la propaganda soviética en su conjunto».[70]

El «ytumasismo» ha llegado a verse como un truco retórico engañoso, una falacia clásica del tipo *tu quoque* («y tú más» o «mira quién habla»). Sin duda, muchas veces se emplea como una forma de evasión y de mala fe. Pero también es cierto que la capacidad para cuestionar a qué estamos prestando atención es vital para navegar en la era de la atención. El «ytumasismo» puede ser una estrategia cínica de actores poderosos que buscan eludir las críticas, o puede ser una forma de rebelión contra quien intenta controlar el espacio atencional, un intento de recuperar ese poder, acompañado del reconocimiento tácito de lo importante que es definir el foco de atención.

La realidad es que, en la era de la atención, todo el mundo juega a alguna forma de «¿y qué hay de...?», porque, a diferencia de lo que sucedía en los debates Lincoln-Douglas, el debate público actual rara vez gira en torno a un solo tema, con distintos puntos de vista discutiendo los méritos de una política específica. Más bien, la atención pública está dispersa y fragmentada, y las batallas ideológicas se libran como una lucha por establecer qué merece atención.

Compruebo esto a diario, cuando alzo la vista para contemplar las pantallas de televisión que hay en mi oficina con los tres principales canales de noticias por cable. A veces, como sucedió durante los días posteriores al ataque de Hamás a Israel el 7 de octubre de 2023, los tres canales cubren la misma noticia, aunque con sus respectivos enfoques editoriales. Pero lo normal es que sus emisiones no estén alineadas. La mayoría de las veces, si miro lo que está cubriendo Fox, resulta ser algo por completo distinto a lo que estamos cubriendo en MSNBC. Puede que yo esté abriendo mi programa con un avance sobre alguno de los casos penales contra Donald Trump, y ellos con imágenes de solicitantes de asilo en la frontera estadounidense. O que yo esté cubriendo el último episodio de caos en la Cámara de Representantes, donde los republicanos se han enredado en peleas intestinas sin precedentes en este siglo, y Fox esté informando sobre el caso penal contra el hijo de Joe Biden, Hunter Biden.

Aunque no puedo hablar por las otras cadenas —ni siquiera por las decisiones ajenas tomadas dentro de mi propio canal—, en lo que respecta a nuestro programa, puedo decir que estas diferencias tan marcadas en los enfoques son el resultado de decisiones tomadas de buena fe sobre lo que consideramos relevante y combinadas con juicios sobre lo que creemos que demanda la audiencia; es decir, sobre hacia dónde fluye la atención. El punto intermedio ideal lo constituyen las noticias que son importantes *per se* —como el futuro de la democracia estadounidense en una era en la que una de las dos principales coaliciones políticas se ha vuelto en su contra— y que, además, logran atraer y sostener la atención del público. Cuando encuentras ese punto de equilibrio, te mantienes ahí.

En una era caracterizada por la distracción, el foco es poder, y enfocarse de manera implacable en un tema es transmitir su importancia. Como cualquier poder, sin embargo, puede ser objeto de abusos atroces, con consecuencias desastrosas. Así, el foco puede ponerse, por ejemplo, en crímenes violentos cometidos por inmigrantes, en agresiones brutales cometidas por personas negras o en casos de hombres judíos acusados de conducta sexual depredadora.

Por citar un ejemplo particularmente destructivo, pensemos en la cobertura de la vacuna contra la COVID-19. Dado que se administraron cientos de millones de dosis de esa vacuna en Estados Unidos, y miles de millones en todo el mundo, cualquier medio malintencionado podría haber optado por dedicarse a cubrir noticias sobre episodios adversos —ya fueran directamente relacionados con la vacuna o no— acaecidos a personas tras ponerse la inyección. Bastaría con centrarse en ese enfoque para no tener que mentir de manera explícita sobre la vacuna. Bastaría, por ejemplo, con entrevistar a un piloto de avión que sufrió un paro cardiaco poco después de que las aerolíneas impusieran la vacunación obligatoria; o al padre de un deportista que sufrió un colapso en el campo pocos días después de haberse vacunado. Esa cobertura sostenida de las consecuencias negativas implícitas de la vacuna podría producir, por supuesto, la impresión falsa de que las vacunas eran inútiles y peligrosas. Pues a eso es exactamente a lo que se dedicaron varios personajes conocidos de la derecha, y sobre todo Tucker Carlson, que fue quien entrevistó al piloto que vinculó su paro cardiaco con la vacuna contra la COVID-19 que le habían obligado a ponerse.[71]

Esta clase de estrategia no opera en una sola dirección ideológica. Agentes de policía y otros defensores de la integridad de los cuerpos policiales estadounidenses señalan que, si bien el número de hombres negros desarmados abatidos por la policía en Estados Unidos es, tanto en cifras absolutas como en porcentaje de tiroteos con participación policial, bastante bajo (dieciocho de cada mil en el año 2020), esas muertes reciben una cobertura mediática muy desproporcionada.[72] Desde su punto de vista, ese enfoque constituye una forma de propaganda; al igual que la cobertura obsesiva de testimonios de personas que dicen haber experimentado efectos adversos de las vacunas genera una imagen en gran medida distorsionada —de hecho, falsa— de la realidad, sin necesidad de mentir.

Cuando leo comentarios de los espectadores o de otros espectadores de noticias sobre nuestra cobertura informativa, casi todas las críticas se centran en qué decidimos enfocarnos y en qué no. He llegado a creer que no existen criterios estándar u objetivos, que no hay ningún marco externo que puedas aplicar de forma fiable y precisa para determinar qué es merecedor de la atención pública. Es una cuestión de juicio, y los juicios siempre estarán abiertos a la crítica y al cuestionamiento. En un contexto donde hay una cantidad potencialmente infinita de cosas a las que prestar atención, no hay árbitro al que apelar, ni jueces fijos que determinen hacia dónde debe dirigirse la atención.

CONSPIRACIONISMO

La periodista de guerra Azmat Khan, ganadora del Premio Pulitzer, cuenta una historia que vivió en Irak en 2016, mientras cubría la guerra contra el ISIS. Iba integrada en una milicia chiita que se dirigía a una ciudad donde ISIS había utilizado armas químicas de baja intensidad. Durante el trayecto, el comandante de la milicia le preguntó qué pensaba del anuncio del presidente Obama de que Estados Unidos construiría una vivienda para cada sirio e iraquí que hubiera perdido su hogar a causa de los incesantes bombardeos aéreos de la coalición anti-ISIS. Cuando Khan expresó cierto escepticismo sobre la veracidad de la noticia, el comandante sacó su teléfono y le mostró un vídeo de Barack Obama con subtítulos en árabe. En el vídeo, y según los subtítulos, el entonces presidente estadounidense afirmaba sentirse tan culpable por todas las casas bombardeadas en Irak y Siria que lo atormentaban los remordimientos. «Luego se detenía a llorar y a limpiarse una lágrima del rostro —recuerda Khan— antes de proseguir: "Y construiré una casa para cada iraquí y sirio cuya casa he bombardeado. Porque, ¿sabéis?, a veces me siento tan triste por ello que quiero arrojarme desde la torre de Chicago"».[73]

Los subtítulos eran falsos. El vídeo mostraba a Obama hablando después del tiroteo ocurrido en la escuela de Newtown, donde veinte niños fueron asesinados a tiros en un colegio de primaria. En ese discurso, Obama mencionaba que casos de violencia armada como aquel acaecían todos los días en las calles de Chicago, de ahí la referencia en los subtítulos a la «torre de Chicago», pues, quien falsificó el vídeo sabía que tenía que incluir la palabra reconocible «Chicago».

Dicho vídeo es un ejemplo de lo que ahora llamamos «desinformación», un término escurridizo en grado exasperante. Alguien que con toda probabilidad sabía lo que estaba haciendo fabricó una traducción falsa y se tomó el tiempo de editar el vídeo y de publicarlo, con un propósito que no queda del todo claro. Y es comprensible que el comandante militar cayera en la trampa. El vídeo le había llegado a través de un grupo de WhatsApp en el que participaba, y él no hablaba inglés. ¿Cómo iba a darse cuenta del engaño?

En parte, el episodio es un caso de información «perdida en la traducción», pero contiene también una revelación decisiva a la que vuelvo una y otra vez: si Barack Obama hubiera dicho realmente lo que pone en los subtítulos falsos, semejante anuncio hubiera sido una bomba informativa en Estados Unidos y en todo el mundo. Y es que hay una razón por la que esa realidad fabricada se convirtió en un mensaje viral en el grupo de WhatsApp, una razón por la que el comandante chiita se sintió tan impactado que compartió la noticia con una periodista extranjera y hasta le mostró el vídeo. La cuestión es que la noticia falsa contenida en ese vídeo era mucho más atractiva y cautivadora que la realidad brutal y descarnada de la política desplegada por Estados Unidos para con los civiles atrapados en la zonas de bombardeos contra el ISIS, una política que consistía mayormente en un abandono cruel.

La realidad era sombría, despiadada y banal, pero la realidad alternativa presentada en alta definición en el vídeo manipulado era brillante y sorprendente. ¿Quién puede culpar al comandante por aferrarse a esa versión?

La adhesión persistente a creencias cuya falsedad puede probarse es tan antigua como la humanidad. El mundo es caótico, aleatorio e inescrutable y por eso buscamos la manera de darle sentido, ya sea recurriendo a los dioses, cuyos conflictos determinaban en tiempos nuestro destino, o a los «globalistas del Estado profundo» que ocupan hoy su propio Monte Olimpo en la imaginación de millones de personas. Tratamos de ordenar la realidad a partir de teorías populares y de narraciones culturales, aunque sea a costa de permanecer ciegos a lo que tenemos delante. Creamos historias para darle sentido a un mundo sin sentido y persistimos en contarlas incluso cuando todo a nuestro alrededor se derrumba. Nuestras teorías sobre el mundo, imbuidas de una causalidad impecable, hacen que el mundo parezca legible y nos aferramos a esa legibilidad, aunque sea a costa de nuestras vidas. Nunca dejamos de hacerlo. Nos aferramos hasta la muerte y, a veces, es esa misma ceguera la que nos conduce a ella.

Dicho esto, no creo que resulte muy controvertido sugerir que la era de la atención es terreno fértil para las teorías conspirativas. De forma notoria, uno de los dos grandes partidos políticos estadounidenses vive bajo una ilusión tan ampliamente compartida como peligrosa y violenta: que las elecciones de 2020 fueron objeto de un fraude sistemático y masivo, tan grande que logró alterar el resultado de una elección decidida por un margen de siete millones de votos.

Hay muchas razones sociológicas y psicológicas por las que la gente se adhiere a las teorías conspirativas. Para empezar, resulta mucho más reconfortante creer en cosas que confirman tus ideas previas («los demócratas son malos y Estados Unidos los rechaza») que enfrentarse a hechos que te obligan a revisar tu visión del mundo. Las teorías de la conspiración también ofrecen a sus adeptos la emoción que suscita todo conocimiento secreto y, como señala Naomi Klein en el magistral *Doppelganger*, la estimulante sensación de ser el héroe de la historia: el detective privado de una novela de misterio que va descubriendo verdades ocultas a través de un sinfín de pistas fáciles de pasar por alto.[74]

Además, en un mundo cada vez más complejo, en el que los fracasos de las élites dirigentes son constantes, el conspiracionismo ofrece una visión que puede resultar reconfortante de una manera perversa: la existencia de una élite oculta pero competente, que actúa con una eficacia despiadada y que cuenta con un plan secreto que sabe ejecutar con precisión. Sin embargo, cualquiera que haya sido testigo alguna vez del caos controlado que reina, por ejemplo, en una oficina electoral de condado o en las oficinas estatales de una campaña presidencial, sabe que resulta casi imposible imaginar un universo en el que ambas instancias puedan coordinarse de algún modo para robar una elección en un solo condado, no digamos ya para robarlas en decenas y decenas de condados a lo largo y ancho de varios estados.

Todo esto forma parte del fenómeno del conspiracionismo, pero creo que un aspecto poco valorado de las conspiraciones y de la fascinación que ejercen en el entorno atencional actual es que con frecuencia —por no decir casi siempre— resultan más atractivas que la propia realidad. En términos evolutivos, las informaciones falsas pero impactantes se imponen a las verdades mundanas. Y, en un entorno como el nuestro, donde la competencia por la atención es el factor que rige el funcionamiento de la esfera pública, es inevitable que se fabriquen cada vez más mensajes impactantes de esa clase.

El comandante de la milicia chiita en Irak que creía que Barack Obama había anunciado entre lágrimas un programa de reparaciones para los iraquíes bombardeados no se equivocaba al intuir que, de ser real, el anuncio constituía una noticia de enorme repercusión. Como periodista, diría que su criterio respecto a lo noticioso era excelente. El único problema era que la noticia no era cierta. Lo mismo puede decirse de casi todas las teorías de la conspiración —las prominentes y no tan prominentes— que circulan por internet, residencias universitarias o salones de bingo. Si alguna «cábala globalista» hubiera planeado la COVID-19 para imponer formas de gobierno tiránicas, se trataría de una noticia monumental —sería, quizá, la mayor historia de nuestro tiempo—. Si existiera un orden global secreto de élites poderosas que trafican con niños para abusar sexualmente de ellos y extraer compuestos químicos de sus cuerpos, como creen los seguidores de QAnon, también estaríamos ante una de las noticias más explosivas de la historia de Estados Unidos.

La misma dinámica se aplica a la teoría de la conspiración más peligrosa y con mayores consecuencias de nuestro tiempo: la falsa afirmación de Donald Trump de que en realidad ganó las elecciones de 2020 y que los resultados fueron manipulados en su contra. La historia del fraude electoral —una vasta y compleja conspiración en la que el fantasma de Hugo Chávez y, quizá, algunos agentes de inteligencia italianos logran, con la ayuda de los chinos, perpetrar con éxito un gigantesco fraude en una nación de trescientos treinta millones de personas para que Joe Biden sea elegido presidente cuando en realidad perdió las elecciones— sería, de ser cierta, una historia realmente llamativa. Desde luego, gran parte de su atractivo para los conservadores tiene que ver con el sesgo de confirmación: los reafirmaba en que su candidato era el ganador y en que su visión del mundo —en la que Donald Trump era un coloso adorado y Joe Biden un anciano senil y acabado— era cierta. Al final, estas teorías conspirativas tienen algo casi pegajoso desde el punto de vista atencional, porque dibujan un mundo que es, en sentido estricto, más noticiable y sorprendente que el mundo real en que vivimos.

Digámoslo de esta manera: si lo que Trump y sus abogados afirmaban fuera cierto, nos encontraríamos ante la noticia más importante en toda la historia del periodismo estadounidense, lo que hubiera justificado la gigantesca cobertura que le estaban dando los medios simpatizantes de Trump. Pero, sencillamente, no era verdad. La banal realidad es que Donald Trump tenía índices muy altos de rechazo, que era muy impopular y que perdió las elecciones por siete millones de votos debido a eso.

Una gran mentira suele ser más convincente que una lista de pequeñas verdades. Y el consumidor de una información determinada tiene dificultades para evaluar su credibilidad en el momento en que se encuentra con alguna nueva revelación o alegación impactante. La destrucción del antiguo sistema, hasta cierto punto cerrado, en el que existían guardianes de la información hace que la única razón para adherirse a la verdad estribe hoy en un conjunto más amplio de valores. O bien en una estrategia mercantil que considere que un exceso de mentiras, desinformación, etc. pueda resultar perjudicial en última instancia para monetizar la atención. Pero la desagregación de los mercados de atención ha eliminado los costes reputacionales en que incurrían los medios por no ser fiables. Si alguien se suscribe a un periódico y este proporciona de forma continua informaciones falsas, lo más probable es que esa persona acabe por cancelar la suscripción. Pero en la era del algoritmo, cada anzuelo informativo suele tener un origen desconocido. Quienes intentan que sus publicaciones se hagan virales no tienen que preocuparse por la reputación que sus acciones iterativas les granjearán a lo largo del tiempo. Su único objetivo es ganar el premio gordo de la atención y luego volver a pulsar el botón de la máquina tragaperras.

La política estadounidense siempre ha tenido un punto de locura, aunque la historia oficial sobre la nación que los estadounidenses aprenden en la escuela no suela reflejarlo. El relato popular es, en esencia, el de una república constitucional ininterrumpida que va perfeccionándose cada vez más a través de sucesivas reformas, sin sufrir ningún colapso ni caer nunca en la dictadura, el fascismo o los violentos reinos del terror por los que sí han pasado tantos otros países. Pero la verdad es mucho menos aseada: desde otra perspectiva, somos una nación que va enlazando un episodio tras otro de manía popular, fervor religioso, violencia racista y disturbios.

Dicho esto, da la sensación de que la política y la vida pública estadounidenses han perdido la poca cordura que pudieran haber tenido hace tan solo unas décadas. Hoy en día, mientras escribo estas líneas durante la campaña presidencial de 2024, el ámbito informativo está peor de lo que nunca lo haya visto. Ni siquiera puedo adivinar de dónde saca información un votante medio de, pongamos, veinte años, sobre el mundo, sobre el país y sobre los candidatos.

Y ello se debe a que, por lo que podemos deducir de los datos disponibles, la respuesta a esa pregunta son las plataformas: TikTok, YouTube, Instagram, Facebook y X. Pero ese dato no nos dice nada por sí solo, ya que dichas plataformas son solo subastas dinámicas de atención en las que se venden los ojos de los usuarios a los anunciantes en función del contenido que logre que los primeros se detengan al escrolear. A lo largo de los años, la mayoría de esas plataformas han hecho que sea cada vez más difícil, si no imposible, acceder a los datos que indican lo que la gente está viendo realmente. Son cajas negras.

La tiranía atencional parece haber devorado por completo a los informativos. De una forma u otra, estamos asistiendo a la erosión de los últimos vestigios de un régimen atencional funcional, aquel que regía la mecánica básica del proceso por el cual, digamos, los ciudadanos eligen cuál debe ser la única figura política que represente al país.

He aquí un ejemplo. Durante los primeros meses de 2024, la política de Joe Biden de dar pleno apoyo a la respuesta militar de Israel a la atrocidad cometida por Hamás el 7 de octubre comenzó a fracturar la coalición demócrata, a medida que se hacía evidente el monstruoso efecto de esa respuesta sobre los civiles de Gaza. En una encuesta, casi la mitad de quienes habían votado a Biden en 2020 afirmaba que Israel estaba cometiendo un genocidio; una mayoría considerable de votantes demócratas mostraba su repudio a la represalia de Israel y una mayoría de votantes de todos los colores desaprobaba la gestión de la crisis por parte de Biden. El asunto derivó en un problema político grave.

Todo esto sucedía en un año de elecciones presidenciales y el Partido Republicano ya tenía un candidato *de facto*: Donald Trump. En tales condiciones, cabría esperar un debate intenso sobre esta cuestión tan señera de la política exterior del país entre los dos aspirantes a la presidencia. Pero ¿cuál era la posición de Donald Trump sobre el apoyo de Estados Unidos a la ofensiva israelí en Gaza?

En gran medida, evitó articularla. Cuando se le preguntaba al respecto, se limitaba a responder: «Si yo fuera el presidente, esto nunca habría sucedido», y seguía adelante. Aunque era evidente que lo que Trump haría sería redoblar el apoyo al gobierno de Netanyahu y a su campaña militar (llegó a afirmar que había que permitirle «terminar el trabajo»), en su campaña, el candidato republicano no presentó ningún documento que aclarara su posición ni ofreció visión política alguna al respecto. Tan solo ofreció aspavientos retóricos y evasivas, a menudo contradictorios entre sí. En tales condiciones, ¿cómo pueden los votantes empezar siquiera a sopesar a quién votarán?

Retomemos el modelo de debate Lincoln-Douglas e imaginemos que Lincoln, en lugar de reclamar el fin de la expansión de la esclavitud y la anulación del fallo en el caso Dred Scott, se hubiera limitado a afirmar que «nada de esto estaría sucediendo si hubiera sido elegido senador por Illinois». En esas condiciones, no se puede ni tener un debate.

Si Trump pudo salirse con la suya se debe en parte al acusado deterioro de la capacidad que la prensa política tenía para dirigir la atención de la nación, de forma eficaz, hacia los problemas y las cuestiones importantes. En el pasado, el periodismo especializado en cobertura de campañas podía usar ese poder con fines que me parecían exasperantes —como centrarse en escándalos triviales o en cuestiones banales de la propia competición electoral—, pero como institución, lo que solía llamarse «prensa de campaña» o «prensa política nacional» tenía la capacidad de captar la atención del público. Ese poder determinaba cómo se desarrollaban las campañas y cómo actuaban los candidatos. Por poner un ejemplo: cuando, hace solo dieciséis años, en el verano de 2008, Vladimir Putin invadió Georgia, tanto John McCain como Barack Obama, los candidatos de sus respectivos partidos, adoptaron posiciones claras sobre cuál debía ser la respuesta. McCain adoptó una postura maximalista de confrontación y Obama hizo hincapié en la diplomacia y en la necesidad de trabajar con los aliados de Estados

Unidos para aislar a Rusia. Los equipos de campaña publicaron documentos que fijaban las posiciones de ambos candidatos y estos pronunciaron discursos y concertaron llamadas telefónicas con periodistas para exponer más a fondo su punto de vista y dar detalles.

En esencia, McCain y Obama estaban representando una versión del debate Lincoln-Douglas bajo el régimen atencional entonces vigente, el de la cobertura electoral tradicional: he aquí un tema actual y urgente y he aquí mi postura al respecto.

Pero eso ha desaparecido casi por completo. En su lugar tenemos un país lleno de megáfonos y un muro aplastante de ruido. Vivimos en un casino abierto veinticuatro horas al día y siete días a la semana, en un remolino de luces que parpadean incesantes ante nosotros. Y todo ello forma parte de un sistema diseñado al detalle para obtener beneficios económicos apartando nuestra atención de nosotros mismos. En estas condiciones, cualquier cosa que se asemeje remotamente a una deliberación democrática no solo parece imposible, sino una ocurrencia cada vez más absurda, como intentar meditar en un club de estriptis.

La era de la información prometía un acceso sin precedentes y permanente a cada pequeño fragmento del conocimiento humano, pero su cruda realidad es la de una vida mental colectiva que se tambalea de continuo al borde de la locura. Un mes después del inicio de la guerra entre Israel y Hamás en el otoño de 2023, y ante la avalancha de vídeos y de imágenes espeluznantes de muerte, destrucción y atrocidades —algunos reales, otros falsos, algunos verificados, otros no—, comenzó a circular por redes un tuit viral: «Perdón por no responder a tu mensaje, estoy procesando un bombardeo de información ininterrumpido las 24 horas del día con un cerebro diseñado para comer bayas en una cueva».[75]

Una de las condiciones necesarias para la cordura es la capacidad de ordenar los propios pensamientos, de controlar la propia mente, de enfocar el haz de la atención allí hacia donde queremos dirigirlo. Quienes lidian con formas agudas de enfermedad mental luchan a cada instante por ejercer este tipo de dominio sobre sus propios pensamientos frente a intrusiones, voces, apariciones y elementos de la psique que sienten como ajenos y que irrumpen en ella sin ser convocados. Nada describe mejor la naturaleza de la actual esfera pública: el alboroto constante y apremiante de una mente inquieta y desasosegada.

CAPÍTULO 8
RECONQUISTAR NUESTRA MENTE

Resulta difícil hoy en día escapar a una sensación generalizada de temor y fatalidad, sobre todo en internet. Los embriagadores inicios de la revista *Wired* en la década de 1990 o el triunfalismo propio de los albores de la red y de los blogs parecen ahora el fruto de un sueño febril o de la embarazosa ingenuidad juvenil. Cuando teníamos poco más de veinte años, muchos de mis compañeros de generación y yo creíamos de verdad en el poder de internet para alterar de manera decisiva la dinámica de poder de la vida política estadounidense. Estábamos enfadados, a veces desesperados, pero sentíamos al mismo tiempo que, al menos a nivel tecnológico, el futuro nos pertenecía. Ni la vieja guardia ni los titulares de prensa podían seguir nuestro ritmo. El viento soplaba a nuestro favor.

Hoy percibo las cosas de manera muy diferente. Cada nueva innovación tecnológica me produce un nudo en el estómago. Cada nuevo avance técnico se me antoja distópico y premonitorio. Me tienta pensar que solo es consecuencia de ese proceso conocido como «envejecer». Sí, cuando se es joven, los cambios son bienvenidos y emocionantes, pero, a medida que uno se va haciendo mayor, los cambios nos aterran. Es una historia tan vieja como el propio tiempo.

Creo, sin embargo, que hay algo más. Mis opiniones son compartidas por una gran parte de la población y los más jóvenes abrazan hoy algunas de las perspectivas más pesimistas sobre el futuro.[1] Esta sensación de fatalidad, de que el futuro será peor que el presente, afecta a la política y al clima tanto como a la tecnología y el rumbo que esta está adoptando.

En 2023, la American Dialect Society nombró *enshittification* («mierdificación» o «enmierdamiento») como palabra del año. El término fue acuñado por Cory Doctorow, teórico de la tecnología y uno de los primeros blogueros, para describir el proceso por el cual las plataformas pasan de prosperar a morir: «Primero, son buenas con sus usuarios; luego, abusan de los usuarios para que les vaya mejor a sus clientes comerciales; finalmente, abusan de esos clientes comerciales para quedarse con todo el valor. Entonces, mueren. Yo lo llamo *mierdificación*».[2]

Ese proceso se observa en todas partes. Internet empeora día a día: la experiencia, la sensación, la utilidad, todo. Los efectos sociales de la era de la atención están bien documentados y casi todos los datos de que disponemos apuntan en la misma dirección. Ha habido un fuerte aumento de la depresión y el suicidio no solo entre los adolescentes, sino también entre los niños. Los índices de felicidad llevan cayendo en todas las franjas de edad desde la adopción masiva de los teléfonos inteligentes en Estados Unidos, pero el declive es especialmente agudo entre los adolescentes.[3] Las personas interactúan cada vez menos de forma presencial y pasan cada vez más tiempo haciéndolo a través de sus dispositivos, un dato que va acompañado del descenso en el número de amigos.[4] El uso de los teléfonos móviles también tiene efectos perjudiciales en la población estudiantil de todo el mundo. Las puntuaciones en las pruebas estandarizadas han ido disminuyendo de manera significativa y global desde aproximadamente 2012 en diferentes sociedades con diferentes enfoques educativos. El culpable está bastante claro para el Programa para la Evaluación Internacional de Estudiantes (PISA, por sus siglas en inglés), la institución que recopila los datos y cuyos hallazgos resumía *The Atlantic*: «En resumen, los estudiantes que pasan más tiempo mirando su teléfono obtienen peores resultados en el colegio, distraen a los estudiantes que están a su alrededor y se sienten peor con su vida».[5]

Sea o no sea esta la única causa, lo cierto es que la vida en la era de la atención se caracteriza por un incremento de la ansiedad y la depresión, llevamos vidas más aislada y menos sociables. Tenemos menos amigos y los vemos menos. Tenemos que luchar para mantener la atención y poder leer en profundidad, para aprender cosas nuevas. La esfera política está cada vez más fracturada y polarizada y la información está cada vez más contaminada. Las cosas no pueden seguir así, ¿verdad? No, no creo que puedan. Existen formas de avanzar, caminos que se abren ante nosotros y que no se excluyen entre sí a la hora de lograr recuperar el control colectivo de nuestra propia mente.

Si la atención es la sustancia de la vida, preguntarnos a qué prestamos atención es, en realidad, preguntarnos en qué consiste nuestra vida. Y aquí llegamos a una cuestión fundamental, mucho más difícil de responder de lo que nos gustaría: ¿a qué queremos prestar atención? Si no existieran todas las tecnologías y corporaciones que compiten por ella, si nuestra atención no estuviera siendo extraída y mercantilizada, ¿a qué elegiríamos atender de forma voluntaria?

En la era de la atención son constantes las quejas sobre la brecha existente entre aquello a lo que queremos atender y aquello a lo que en realidad terminamos atendiendo. Uno se va de vacaciones con tres novelas nuevas y regresa habiendo leído apenas un tercio de una de ellas, porque se quedó atrapado la mayor parte del tiempo escroleando en Instagram. La incapacidad para leer aparece de manera recurrente en este tipo de quejas, al menos en mi experiencia. Todos —y me incluyo— nos quejamos de que ya no podemos leer libros largos. Sentimos que, aunque nuestras preferencias no han cambiado (aún nos gusta leer), algo ha cambiado en nuestro comportamiento. Y la razón de ese cambio es que alguien nos ha quitado algo. Alguien nos ha coaccionado de forma sutil e insidiosa.

O quizá la cuestión es que existen múltiples «yoes» que quieren cosas distintas: un yo que quiere leer y un yo que quiere escrolear. Aquí emerge una tensión que nos lleva de vuelta al inicio de este libro: existen diferentes aspectos del yo que pueden ser difíciles de conciliar. Por un lado, está lo que desea nuestro superyó (irse de vacaciones y leer novelas) y por otro lo que hace nuestro yo real (escrolear en Instagram). Como ocurre muy a menudo, lo que hacemos y lo que decimos que queremos hacer no coinciden. ¿Y quién puede decir cuál es nuestro deseo auténtico y verdadero?

Gran parte de los libros de autoayuda contemporáneos están orientados a cerrar esa brecha entre lo que decimos que deseamos y valoramos y nuestros actos. Podemos imaginar un proyecto similar, al menos a nivel individual, aplicado al plano más íntimo de nuestra vida interior, tal como esta discurre instante a instante. La solución —si es que hay alguna— a la alienación causada por esa distancia entre aquello a lo que atendemos y a lo que querríamos atender tal vez empiece por hacerse una sencilla pregunta: ¿qué queremos realmente?

Si tuvieras el control absoluto de tu atención, una especie de superpoder al estilo de los X-Men, que te permitiera enfocarte de forma sostenida y voluntaria en aquello que elijas y durante el tiempo que elijas, ¿qué harías con ese poder?

Creo que la mayoría de la gente daría respuestas bastante similares: me concentraría en mi familia, en mis amigos y seres queridos, en mis aficiones e intereses, en las cosas que me dan alegría, en proyectos personales —ya sea sacar fotos, hacer jardinería o construir una plataforma de madera para la terraza— que me brindan satisfacción.

Volvamos junto a nuestro héroe Ulises. Necesita que su tripulación preste atención a la navegación del barco porque sabe que su atención, la suya propia, será atraída por las sirenas. Por eso sella un compromiso, anticipándose al momento en que perderá el control sobre su atención.

Estos mecanismos de compromiso son fundamentales para modificar cualquier conducta personal: dejar de fumar, adoptar una rutina diaria de ejercicio... Existen distintos tipos de mercado atencional, mejores y peores a la hora de instigar esa clase de compromiso en nosotros. En su trayectoria actual, los mercados de la era de la atención son cada vez más rápidos y operan segundo a segundo para mantenernos revoloteando y picoteando, de modo que evitemos comprometernos.

Compárese, por ejemplo, la forma en que consumimos contenidos hoy en día, en plataformas como TikTok, Instagram Reels o incluso Netflix, con la forma en que lo hacían las generaciones anteriores. A riesgo de caer en la nostalgia (un peligro que acecha siempre cuando se escribe sobre tecnología y cultura humana), pensemos en los videoclubes. Desde finales de los años ochenta hasta principios de los dos mil, el videoclub fue una institución cultural y comercial importante en la vida estadounidense. Es posible que la mayoría de quienes lean esto lo recuerden, pero, para quienes no llegaran a conocerlo, la cosa funcionaba así: había una tienda en tu barrio con una videoteca física de cientos de cintas VHS distribuidas en estanterías. Al principio, los videoclubes eran negocios pequeños e independientes, regentados por familias, aunque con el tiempo la mayoría fue absorbida por el gigante empresarial Blockbuster, que en su apogeo llegó a tener nueve mil sucursales. Pero los locales anteriores a Blockbuster solían emplear a cinéfilos, frikis del séptimo arte que trabajaban allí por el privilegio de tener acceso libre y directo a semejante colección de películas, un acceso que mis hijos dan por sentado hoy en día.

Un sábado por la noche, por ejemplo, ibas al videoclub con la persona con la que ibas a ver la película: tu novio o tu novia, o, cuando eras más joven, tu madre o tu padre. A veces, se enviaba de expedición al videoclub a una pareja de entre un grupo de familiares o amigos, con la misión de elegir una película. ¡Era una gran responsabilidad! Tenías que elegir algo que no fuera infumable y que pudiera gustar a todos.

Una vez en el videoclub, no podías enviar mensajes ni llamar a los que estaban en casa y la oferta de películas era limitada, así que tenías que llegar a una decisión —una decisión que implicaba compromiso— sobre aquello a lo que ibas a dedicar tu atención durante dos horas cuando volvieras a casa. A veces, la película decepcionaba, o había quien la encontraba terrible. No había un sistema infalible para acertar. Pero el proceso requería una elección proactiva e intencionada, fruto de la decisión consciente de prestar atención a algo. Íbamos al videoclub y nos atábamos al mástil. Y luego veíamos la película, fuera buena o mala, profunda o banal.

Sé que no podemos volver atrás en el tiempo y que todo esto puede sonar a ensoñación descabellada, la de un hombre atrapado en su anhelo de retornar a días en los que las cosas eran menos complicadas. Pero creo de verdad que de esta historia puede extraerse una enseñanza crucial, aplicable a nuestro presente. No es que los videoclubes fueran ONG; dentro de ese periodo de la economía de la atención eran negocios que ofrecían un servicio a cambio de un precio, con el fin de obtener beneficios. El valor se creó a partir de una innovación tecnológica (la creación de los casetes VHS y, más adelante, de los DVD) y del conjunto de negocios que se desarrollaron en torno a esa tecnología.

Puede parecer por completo ingenuo intentar resucitar una tecnología obsoleta para salvarnos de la tiranía de los mercados de atención que hemos construido, pero creo que hay modelos útiles en otros sectores que sugieren que estas vías de escape van a volverse cada vez más populares, e incluso rentables, en los próximos años.

Pensemos en la trayectoria de los discos de vinilo. Durante décadas, los vinilos fueron el formato más popular para escuchar música, hasta que la aparición de los casetes trastocó por completo el mercado. Poco después llegaron los CD, que hicieron lo mismo con los casetes, y luego las descargas digitales, que a su vez desplazaron a los CD. Todos estos formatos fueron a su vez derrocados por los servicios de *streaming*. Sin embargo, hace década y media, un pequeño grupo de amantes de la música empezó a comprar vinilos de nuevo... desatando un fenómeno que no ha dejado de crecer desde entonces. Las tiendas de discos empezaron a reportar una sorprendente fortaleza económica, y durante diecisiete años consecutivos las ventas de vinilos crecieron año tras año (con algunos picos de crecimiento explosivo). En 2020, las ventas de vinilo se dispararon un 46,2 por ciento interanual y, al año siguiente, un 51,4 por ciento. A pesar de que el ritmo se ha desacelerado, en el último año del que tengo datos disponibles, 2023, se vendieron 41,3 millones de discos de vinilo, la cifra más alta desde 1991.[6]

Aunque se trate de una fracción diminuta de los ingresos totales por la venta de música —mercado dominado por las plataformas de *streaming*—, el vinilo es el formato más común en el que los compradores adquieren álbumes. Creo que nadie podía predecir algo así hace quince años, cuando la revolución del iPod comenzaba a despegar y el vinilo parecía algo tan anticuado como las máquinas de escribir.

Hay varias razones para este resurgimiento sorprendente. El formato físico y visual de un álbum de vinilo lo hace mucho más deseable y coleccionable como objeto. Los LP de vinilo también ofrecen una calidad de sonido muy superior a la de los archivos de audio comprimidos de los servicios de *streaming*. En última instancia, escuchar música en un tocadiscos libera además de la ansiedad de elección constante que va asociada a los formatos digitales, con los que uno puede decidir a cada instante saltar a la siguiente canción o dejar de escuchar lo que está escuchando. Cuando pones un álbum en un tocadiscos, comprometes tu atención en la escucha de ese álbum. Te atas al mástil.[7]

Para mí, el equivalente al vinilo en el ámbito de las noticias es el periódico en papel. Como consumidor voraz de información en línea, obsesionado como estoy además con evitar que se acumule papel en casa, pasé décadas leyendo noticias solo en pantalla. Nuestra familia estaba suscrita a varias revistas impresas y al suplemento dominical de *The New York Times*, pero casi todo lo que yo leía era en formato digital. Mientras escribía este libro, decidimos suscribirnos a la edición diaria en papel de *The New York Times* y no tardó en sorprenderme lo superior que es como producto.

Un periódico es, ante todo, una ingeniosa tecnología para dirigir la atención. Los editores toman decisiones sobre dónde colocar cada noticia, qué tamaño debe tener el titular, si debe ir acompañado de una foto o de varios artículos que ocupen varias páginas enteras del periódico. Estas señales atencionales reflejan la importancia editorial de cada pieza y su objetivo es hacer que el lector preste atención a cosas que, de otro modo, tal vez pasaría por alto —ya sea un reportaje fotográfico sobre la vida en un pequeño pueblo italiano que se está despoblando a gran velocidad, o una investigación a fondo sobre el trabajo infantil en Estados Unidos que ocupa toda una plana del diario.

Lo que más impacta cuando lees todos los días la edición en papel de un periódico es lo poco que se parece a la versión digital que encuentras a través de las redes sociales. En internet, las noticias que suelen recibir más atención son las que más soliviantan a los lectores: una columna singularmente provocadora en la sección de opinión o un artículo sobre «los jóvenes de hoy en día» en los campus universitarios. Pero en el periódico impreso, esos mismos artículos suelen aparecer en lugares mucho menos destacados, hacia el final del diario, a veces sin imágenes. Cuando *The New York Times* publica, por ejemplo, un gran reportaje sobre las elecciones en Indonesia, con impresionantes fotografías a todo color, al abrir el periódico físico sientes el impulso de leerlo. Pero no tardarás en advertir que nadie está hablando de eso en internet. Si visitas la pestaña en línea de «lo más leído» del propio medio, verás que lo que genera más tráfico y lo que se hace viral son los artículos polémicos o diseñados para provocar indignación (piezas que en inglés se denominan *rage bait*, «anzuelos de rabia»), y que rara vez figuran ahí reportajes sobre las elecciones en Indonesia o sobre compradores de oro en Egipto. Esa es la diferencia entre dirigir la atención mediante un proceso editorial intencional y dirigirla mediante mecanismos tipo casino, propios de las plataformas. Y esa diferencia está justo ahí, bien visible en blanco y negro: entre un método propio de la era previa a la economía de la atención, y su versión actual.

Leer el periódico en papel es un hábito de nicho, no tan distinto a comprar discos de vinilo. Las suscripciones a la edición impresa de *The New York Times* constituyen solo un 8 por ciento, aunque representan un tercio de los ingresos por suscripción (por lo que la desaparición de esos suscriptores supondría un revés empresarial muy preocupante). Sin embargo, mucha gente dará por hecho que el número de suscriptores en papel tenderá a cero. Pero ¿y si no es así? ¿Y si los periódicos impresos siguieran la misma trayectoria que los discos de vinilo?

Estas alternativas a los modelos dominantes del mercado de la atención pueden parecer modas pasajeras y marginales, propias de hípsteres, pero creo (y espero con fervor) que vamos a asistir a un crecimiento cada vez mayor de negocios, tecnologías y modelos de consumo que busquen escapar a la agotadora y asfixiante realidad de la mercantilización constante de nuestra atención, o subvertirla.

Para proyectar cómo podría producirse ese cambio, lo mejor es fijarse en el ejemplo de la producción industrial de alimentos y en cómo interactúa con nuestra herencia biológica. En la década de 1970, un pequeño pero heterogéneo grupo de personas, en su mayoría hippies, inició un movimiento para salirse del circuito dominante de la industria alimentaria corporativa. Algunos compraron tierras y empezaron a trabajarlas como parte de un movimiento de «regreso a la tierra». Otros abrieron pequeñas tiendas donde vendían comida saludable, cereales integrales y productos artesanales que no provenían de grandes agroindustrias ni se vendían en supermercados.

Estas pequeñas y peculiares tiendas de alimentos naturales estaban muy dispersas. No constituían ni de lejos un modelo de negocio lucrativo; constituían más bien una suerte de refugio frente al modelo dominante. Pero en 1978, dos jóvenes de veintitantos años pidieron dinero prestado a sus familias para abrir una tienda de alimentos naturales en Austin, Texas, que dos años más tarde se fusionó con otra tienda similar y fue rebautizada como Whole Foods. Hoy existen más de quinientas sucursales de Whole Foods en todo el país. Con el tiempo, la pequeña tienda hippie de productos naturales evolucionó hasta convertirse en un negocio gigantesco, que Amazon compró en 2017 por catorce mil millones de dólares.

Casi en el mismo momento en que se ponía en marcha Whole Foods, dos urbanistas de la ciudad de Nueva York tuvieron la idea de crear un mercado agrícola urbano en Manhattan, un espacio donde pudieran vender sus productos los agricultores de granjas familiares de los alrededores (de zonas como Long Island o el valle del Hudson).[8] En 1976 se inauguró el primer «mercado verde» (*greenmarket*) de Nueva York, en la intersección de la Segunda Avenida con la calle Cincuenta y nueve. Hoy existen unos cincuenta de estos mercados repartidos por toda la ciudad. En 1994 había unos mil ochocientos mercados agrícolas en todo el país; en 2019, el número había ascendido a ocho mil ochocientos, un crecimiento de más del 500 por ciento.[9]

El sector de la comida orgánica ha seguido una trayectoria similar. En la década de 1970, un pequeño grupo de agricultores fue pionero en lo que hoy conocemos como agricultura ecológica. Estos agricultores solían vender sus productos a tiendas de alimentos naturales. En 2002, el Departamento de Agricultura de Estados Unidos (USDA) estableció oficialmente la certificación ecológica y, en el plazo de una década, este sector se había convertido en un negocio de treinta mil millones de dólares. En 2022, había alcanzado los sesenta mil millones.

Es cierto que la mayoría de los estadounidenses no consume alimentos orgánicos, ni compran en Whole Foods o en mercados de agricultores locales y que, en términos relativos, estas son actividades comerciales pequeñas, o incluso de «nicho». Pero analizadas en conjunto, en términos absolutos, conforman mercados grandes, activos y en expansión. Ofrecen excelentes oportunidades de inversión y de beneficio, razón por la que atraen grandes cantidades de capital. También cabe señalar que, en líneas generales, este mercado contiene un componente socioeconómico muy marcado, ya que las personas que compran comida orgánica, que acuden a los mercados de agricultores locales y disfrutan de la experiencia «de la huerta a la mesa» suelen tener un poder adquisitivo por encima de la media.

Creo que, al igual que existen mercados alternativos de alimentos orgánicos, agricultura ecológica y productores locales, es muy probable que asistamos a la emergencia de un mercado atencional paralelo, con productos alternativos. No puedo decir con certeza qué forma adoptará dicho mercado, aunque ya hay algunos indicios de por dónde podrían ir los tiros, como la resistencia de muchos lectores a pasarse al libro electrónico o la continuidad de las suscripciones a la edición impresa de *The New York Times*. También son cada vez más los padres que toman medidas drásticas para prohibir las pantallas a sus hijos, así como los colegios que optan por lo mismo. Varias empresas han empezado a comercializar lo que han bautizado como «teléfonos tontos» (*dumphones* en inglés, en oposición a los *smartphones* o teléfonos inteligentes), teléfonos móviles equipados tan solo con las funciones más básicas, lo que evita llevar una máquina tragaperras atencional en el bolsillo.

Creo que es muy probable que surjan también todo tipo de equivalentes atencionales a los «mercados de agricultores», dirigidos a aquellos usuarios que quieran escapar a la mercantilización constante de su atención. Al principio, todo esto nos parecerá raro y excéntrico y se limitará a un ámbito pequeño y contracultural. Quien esté leyendo esto tal vez esté pensando: «¿Periódicos y libros en papel? ¿En serio?». Sí, en serio. No puedo predecir con exactitud qué formatos adoptará ese nuevo nicho, pero existe un hartazgo palpable de la alienación casi constante que implica el actual régimen atencional. Todo indica que la gente terminará optando por buscar salidas a ese sistema y uno de los axiomas del capitalismo estadounidense reza que allí donde existe una demanda del consumidor, habrá pronto negocios que corran a satisfacerla.

Podemos, por lo tanto, concebir formatos alternativos de mercados atencionales, pero ¿y si tuviéramos también espacios por completo libres de imperativos comerciales? La inmensa mayoría del tiempo que pasamos en línea transcurre en plataformas o espacios que buscan de manera activa mercantilizar y monetizar nuestra atención. Pero no siempre fue así. Las primeras versiones de internet —y sobre todo la que floreció a finales de los años noventa y en la primera década de los dos mil— se construyeron sobre estructuras no comerciales que permitían a los usuarios interactuar, crear comunidades, compartir, flirtear y conversar sin que existiera ningún interés económico de por medio. Vale la pena recordar que esa internet abierta y no comercial venció a una versión anterior totalmente monetizada: los llamados «jardines amurallados» (*walled gardens*) representados por America Online, Prodigy y CompuServe.

La internet no comercial utilizaba protocolos abiertos y enormes cantidades de trabajo voluntario para mantener foros y comunidades. Lo más parecido en la actualidad quizá sea Reddit, que durante años creció sin salir a bolsa, si bien con niveles de ingresos muy inferiores a los de gigantes como Facebook o Google. Veremos si ese espíritu persiste ahora que es una compañía cotizada, sometida a la presión de los accionistas.

Pero Reddit sigue siendo un negocio. El único espacio de verdad no comercial que nos queda hoy son algunos chats grupales, esos espacios donde los familiares comparten fotos de los nietos disfrazados de Halloween, los amigos de toda la vida se burlan de los respectivos equipos favoritos o intercambian consejos amorosos. Estos chats compartidos, en los que personas que se conocen se envían mensajes, memes, vídeos y bromas, son fuente de diversión, de chismorreo, de vínculo y, en ocasiones, también de dramas, si bien dramas propiamente humanos. No hay algoritmos que rijan el chat, ni anuncios. Si alguien reclama tu atención, se trata de una persona con la que tienes una relación real, no un desconocido que te está troleando. Estos son los únicos espacios que recrean la experiencia propia de la vieja internet no comercial y la sensación que procuraba poder intercambiar correos con amigos que estaban a horas de distancia cuando estabas en la universidad —una forma de conexión íntima y vital que era nueva a finales de los noventa.

En 2019, la revista *New York* titulaba un artículo: «Los chats grupales están haciendo que internet vuelva a ser divertido». El autor, Max Read, señalaba que el espíritu de ligereza y desenfado que durante tanto tiempo hizo de internet un lugar divertido seguía vivo y coleando en los chats grupales. «El mensaje paradigmático del chat grupal es uno que mi amigo Sam envió hace poco: "¿Quieres ver algo moderadamente gracioso?". En los chats grupales, la respuesta siempre es "sí"». No por casualidad, Read tiene una edad similar a la mía, así que comparte los mismos referentes que yo a la hora de imaginar otra versión posible de internet. Según él, el chat grupal se había convertido en «la alternativa clara al modo de organización social que ha definido internet durante la última década: la red social centrada en plataformas y basada en el feed».

Me he dado cuenta de que cada vez paso más tiempo en chats grupales y que estos me proporcionan un grado de satisfacción que últimamente me resulta más difícil obtener en las redes sociales. Y no soy el único. Adam Mosseri, responsable de Instagram en Meta, dijo en 2023 que el crecimiento que estaba experimentando la aplicación se producía gracias a las «historias» —que son semiprivadas— y a los mensajes directos (DM) y chats grupales de DM, donde los amigos pueden compartir fotos y vídeos de forma privada. «Si observas cómo pasan su tiempo los adolescentes en Instagram, verás que pasan más tiempo en los DM que en las historias [las publicaciones semiprivadas visibles solo para amigos], y más tiempo en las historias que en el feed [las publicaciones públicas]». De hecho, dijo Mosseri, el uso de los mensajes directos había crecido tanto y estos se había vuelto tan preponderantes que la empresa estaba concentrando cada vez más recursos en esa área.[10]

A priori, la distinción entre estas formas de compartir a través de la plataforma —el feed público, las historias semiprivadas y los DM privados— puede parecer trivial. Si estás cerca de alguien —pongamos que de un adolescente obsesionado con Instagram— que está siempre absorto en su teléfono, distraído y apenas presente, ¿qué más da si está en un grupo de DM o escroleando en Instagram Reels? Sin embargo, me resulta revelador que la generación nativa digital, la que ha crecido más inmersa en la experiencia alienante del capitalismo de la atención, esté demostrando con sus elecciones que prefiere espacios de comunicación simples, directos, sin algoritmos ni exposición pública. La gente busca conversar en chats grupales precisamente porque en ellos pueden resguardarse de los efectos más alienantes del capitalismo atencional actual.

Cuando pienso en los usos de la tecnología digital que más me gustan, me doy cuenta de que son aquellos que me permiten estar en contacto con personas con las que tengo relaciones reales, aunque estén lejos. En mi familia, como en muchas otras, tenemos varios chats grupales donde compartimos novedades y fotos de nuestros hijos. Seguir en Instagram a amigos de la universidad que publican fotos de sus vidas —las vacaciones en Florida con los más pequeños, la fiesta del aniversario de boda— me hace sentirme cerca de ellos y presente en su vida de un modo que no consigue ninguna otra cosa, salvo, quizá, vivir en la misma ciudad (¡y a veces ni eso!).

Se trata en todo caso, por supuesto, de ese «sueño de la conexión» que las empresas tecnológicas tanto han fomentado y monetizado. Durante años, la propuesta de valor de Facebook podría resumirse en una suerte de «ve fácilmente las fotos de tus nietos». Y ese modelo funcionó durante un tiempo, hasta que sucumbió a la lógica de mercado del *spam* y la degradación algorítmica (la «mierdificación»). Sin embargo, y del mismo modo que podemos quedar con nuestros amigos en un parque público o en la playa en lugar de hacerlo en un restaurante o en un centro comercial, deberíamos contar con espacios digitales no comerciales para establecer esa clase de conexiones.

No se trata de una fantasía utópica. Una de las aplicaciones de mensajería que más crece y que más se utiliza hoy en todo el mundo es Signal, una *app* con cifrado de extremo a extremo desarrollada y distribuida por una organización sin ánimo de lucro. «Como organización sin ánimo de lucro —dice su sitio web— no tenemos inversores ni miembros del consejo de administración centrados solo en los beneficios que nos presionen en tiempos difíciles para que "sacrifiquemos un poco de privacidad" con tal de alcanzar objetivos de crecimiento o rentabilidad». Asimismo, la firma rechaza de forma explícita las tácticas de marketing de crecimiento agresivo (*growth hacking*), así como los intentos de manipular y comercializar la atención de los usuarios mediante estrategias diseñadas para «mantener a la gente enganchada a los feeds y las notificaciones».[11] Signal es solo una aplicación y, aunque compite con gigantes corporativos, no necesita ser un unicornio. En el pasado, dispusimos hasta hace no tanto de este tipo de opciones no comerciales, hasta que fueron devoradas por las grandes plataformas. Es hora de recuperarlas.

No estamos condenados a vivir para siempre —ni siquiera durante mucho más tiempo— bajo la forma actual del capitalismo de la atención. Podemos construir formas alternativas de mercados de atención, instituciones distintas y empresas que generen modelos diferentes a los que hoy ejercen su dominio. También podemos crear espacios no mercantiles donde podamos prestarnos atención los unos a los otros, a nuestras aficiones, intereses y comunidades, sin que esa atención sea capturada, comprada o vendida. Existe incluso otro camino, todavía más radical, que depende de que las personas creen nuevas alternativas de forma voluntaria: podemos regular la atención.

A lo largo de este libro he comparado lo que está ocurriendo con la atención en el siglo XXI con lo que ocurrió con el trabajo en el siglo XIX. En ambos casos, algo que forma parte de nosotros, íntimo y propio, es transformado —mediante una serie de innovaciones tecnológicas, jurídicas y comerciales— en una mercancía que se extrae a cambio de un precio. Esta mercantilización ubicua ha transformado también los aspectos más privados y granulares de nuestra vida y provocado una alienación generalizada.

Los movimientos obreros surgieron en su día —junto con diversos pensadores y críticos reformistas y radicales, partidos y corrientes políticas— para hacer frente a esa alienación. Primero construyeron formas de solidaridad y de comunidad vertebradas por la resistencia a estas nuevas formas de vida explotadoras y después articularon el papel del Estado como agente regulador de aspectos clave del intercambio trabajo-salario.

Necesitamos algo similar para abordar la cuestión de la atención. Al igual que han surgido alternativas a las cadenas de supermercados y a la comida rápida, fruto de movimientos de resistencia ideológica profunda frente a la lógica del hipercapitalismo aplicada a la distribución de alimentos, surgirán también nuevos marcos y modelos de regulación de nuestra vida interior. Necesitamos un movimiento que resista la depredación del capitalismo de la atención, del mismo modo que el movimiento de regreso al campo, el movimiento ludita o los sindicatos resistieron en su día las formas de mercantilización y de alienación que les tocó enfrentar. En todas partes pueden apreciarse las señales que apuntan en esa dirección: ahí está el éxito rotundo que han cosechado críticas al modelo actual de atención como la recogida en el documental *El dilema de las redes sociales* o el libro *La generación ansiosa* de Jonathan Haidt. Pero también hay personas trabajando para crear un movimiento de base de resistencia atencional: la organización Friends of Attention y la escuela asociada, la Strother School of Radical Attention, son solo algunos de los grupos que están organizando una resistencia desde abajo al capitalismo de la atención tal como lo conocemos hoy.[12] Creo que son iniciativas fundamentales y que todo aquel que esté de acuerdo con el planteamiento central de este libro debería considerar la opción de unirse a ellas.

Si miramos atrás, hacia los movimientos obreros del siglo XIX, veremos que defendieron dos formas tan rudimentarias como fundamentales de regulación: la prohibición del trabajo infantil y la limitación de la jornada laboral. Ninguna de estas restricciones parecía algo evidente ni de sentido común en su momento, al menos no para los magnates industriales ni los políticos que las combatieron. Hicieron falta una enorme movilización política, una gran agitación social y una gran capacidad de persuasión para que los gobiernos se decidieran a prohibir el trabajo infantil y a imponer límites a la jornada laboral.

¿Y si pensáramos la atención en términos parecidos? No es una analogía perfecta, claro está, pero las similitudes son múltiples. En el ámbito jurídico estadounidense, uno de los mayores desafíos a la hora de regular la atención es que está profundamente entrelazada con la libertad de expresión. La Primera Enmienda ofrece, con razón, una protección muy sólida a la expresión y cualquier intento de regular la atención —por ejemplo, establecer cómo pueden o no pueden operar las redes sociales— plantea de manera inevitable graves interrogantes constitucionales. Pero existen formas de regular la atención que podrían sortear esa cuestión, imponiendo limitaciones no vinculadas al contenido ni a puntos de vista y cuya aplicación sea generalizada y neutral.

Ya existen proyectos de ley, tanto en los parlamentos estatales como en el Congreso de Estados Unidos, que proponen establecer una edad mínima legal para el uso de redes sociales. Aunque los detalles varían, en términos generales se trata de una iniciativa sensata que aborda un problema evidente. Como sociedad y como gobierno, podemos determinar que la atención de los menores no sea vendida ni mercantilizada de la forma agresiva y alienante en que lo hacen las plataformas y redes sociales hoy en día. Así como no permitimos que un niño de doce años pueda firmar un contrato laboral, también podemos establecer que no puede dar su consentimiento, en sentido pleno, a la explotación de su atención de la manera en que, por ejemplo, Instagram la explota.

¿Y qué hay de los adultos? ¿Y si decidiéramos aplicar a la atención las lecciones básicas del derecho laboral y, sencillamente, imponer límites a la cantidad de atención que puede ser monetizada por parte de las plataformas? Podríamos delinear algunas propuestas básicas al respecto: fijar legalmente un límite de horas de consumo de pantalla de móvil, o tal vez establecer una regulación específica para cada aplicación. De inmediato surgirían, no obstante, problemas tanto logísticos —¿cómo responder a un correo de trabajo mientras haces un recado si descubres que has agotado tu tiempo de pantalla?— como políticos y filosóficos, más profundos: ¿No serían esas restricciones un atentado intolerable contra nuestras preciadas libertades? Imagina que estás enfermo o recuperándote de una operación y que quieres pegarte un atracón de diez horas de Netflix, pero que existe un tope legal que te lo impide, impuesto por el Gran Hermano. ¡Sería algo intolerable en un país libre!

Sin embargo, es aquí donde conviene recordar que fue esa misma lógica —la de que el gobierno no puede interferir en una transacción económica entre adultos que consienten— la que alimentó una de las decisiones más polémicas y tristemente célebres de la historia de la Corte Suprema de Estados Unido: la sentencia en el caso «Lochner contra Nueva York». En 1899, Joseph Lochner, propietario de una panadería, fue condenado por violar una ley estatal que limitaba la jornada laboral de los panaderos a un máximo de sesenta horas semanales. Lochner apeló ante la Corte Suprema, de orientación conservadora, que anuló la ley del estado de

Nueva York. El tribunal dictaminó que esa ley violaba los derechos sustantivos de Lochner protegidos por la cláusula del debido proceso de la Decimocuarta Enmienda, y, en especial, su libertad de contratar. «El derecho general a hacer un contrato relacionado con su negocio forma parte de la libertad individual protegida por la Decimocuarta Enmienda de la Constitución Federal. En virtud de esa disposición, ningún Estado puede privar a una persona de su vida, su libertad o su propiedad sin el debido proceso legal. El derecho a comprar o vender fuerza de trabajo forma parte de esa libertad protegida por esta enmienda, salvo en circunstancias que lo excluyan».[13]

Este caso emblemático dio nombre a todo un periodo de la jurisprudencia de la Corte Suprema, durante el cual numerosos proyectos progresistas que intentaban regular el capitalismo industrial fueron anulados bajo la misma lógica. Dicha era se prolongó hasta 1937, cuando la Corte Suprema cambió de signo durante el New Deal, lo que allanó el camino para una nueva etapa caracterizada por la protección del trabajo, de los consumidores y del medioambiente.

Soy plenamente consciente de que una regulación estricta de los mercados de atención, como la que implicaría la imposición de un tope horario, enfrentaría una fuerte oposición legal y política. Pero tal vez estemos viviendo el equivalente a la era del caso Lochner en lo que respecta a la atención. Se percibe que esta etapa está tocando a su fin y que el poder del capitalismo de la atención es tan abrumador que el Estado acabará encontrando modos de someterlo. En el caso de la plataforma TikTok, esos temores se han expresado en términos de seguridad nacional, deslizando la idea de que una empresa china, vinculada al Gobierno de su país, no debería poder recabar y explotar la atención y los datos de millones de estadounidenses. Al mismo tiempo, en varios estados, legisladores conservadores y republicanos han promovido proyectos de ley para establecer edades mínimas en redes sociales, con el fin de proteger a los jóvenes estadounidenses de contenidos inapropiados.

Estos esfuerzos por regular la mercantilización de nuestra atención se pueden observar también desde otro prisma. Uno de los primeros lemas que impulsaron la jornada laboral de ocho horas decía: «Ocho horas para trabajar, ocho para dormir y ocho para lo que queramos». Hoy parece que ese tiempo nos está siendo arrebatado cada vez en mayor medida, que no disponemos libremente de él. Que nos hurtan el control sobre nuestra propia mente. Porque, ¿estamos dedicando de verdad las preciosas horas de nuestra vida consciente y no laboral a hacer «lo que queramos»? ¿O la lógica conquistadora del capitalismo ha penetrado hasta nuestros momentos más calmos e íntimos? No tenemos por qué aceptar esto. Las cosas no tienen por qué ser así. Necesitamos utilizar todas las herramientas y estrategias imaginables para recuperar nuestra voluntad, para construir un mundo en el que dirijamos nuestra atención hacia donde nosotros —un «nosotros» consciente, deliberado— queramos dirigirla. Un mundo donde podamos vivir y desarrollarnos como seres humanos plenos, como almas libres, desatadas del mástil y sin tapones en los oídos, de modo que podamos escuchar el rumor del oleaje y regresar a casa para estar junto a las personas a las que amamos, lejos y a salvo del canto de las sirenas.

AGRADECIMIENTOS

Ante todo, quiero dar las gracias a mi agente, Will Lippincott, quien me animó, me empujó y me acompañó para lograr que este libro saliera de mí y llegara al mundo. Es mi socio profesional más antiguo y de mayor confianza y, sin su atención firme y constante, este libro no existiría. Scott Moyers es tan extraordinario editor como todo el mundo dice: su rigor y su entusiasmo fueron esenciales para que el libro se convirtiera en la mejor versión de sí mismo. Helen Rouner cuidó el manuscrito con un celo ejemplar, y Danielle Plafsky y Gail Brussel movieron cielo y tierra para que el libro publicado fuera un éxito.

Durante la investigación previa, tuve la suerte de contar con una ayuda excepcional. Liam Bendicksen es tan friki como brillante, además de absurdamente joven, y fue quien me proporcionó la asistencia necesaria en la documentación para la redacción de este texto extenso y complejo. Sencillamente, este libro no existiría sin él y sin su labor. Isabel Cristo, otra persona deslumbrante, con un talento prodigioso, se encargó de la verificación de datos. Creo que es la mejor verificadora con la que he trabajado, lo cual no es decir poco, pues llevo escribiendo más de veinte años. Sospecho que oiremos hablar mucho de Isabel y de Liam en el futuro: son auténticas estrellas.

Ekin Tünçok, doctoranda en Cognición y Percepción en la Universidad de Nueva York (NYU), tuvo la amabilidad de dedicar su tiempo a revisar el texto junto a Isabel para garantizar que no hubiera errores en las secciones dedicadas a la bibliografía psicológica sobre la atención. Por supuesto, cualquier error que pudiera contener el texto final es responsabilidad exclusivamente mía.

Eric Klinenberg es a la vez amigo y mentor intelectual. Me animó con este proyecto desde el principio y organizó un seminario en el Institute for Public Knowledge de Nueva York que constituyó un punto de inflexión en el rumbo del libro. Estoy agradecido a Caitlin Petre, Matthew McCreery Wolfe, Caitlin Zaloom, Patrick Le Galès, John Jost, Natasha Dow Schüll, Susan Murray, Paul DiMaggio, Jonathan Metzl, Neil Gross, Rodney Benson, Samuel DeJohn, Isabelle Caraluzzi, Bruce Robbins y a mi viejo y querido amigo Jeffrey Lane, quienes leyeron los primeros capítulos y aportaron comentarios tan agudos como esclarecedores.

Una de mis amigas más antiguas es Zoe Sherman, quien da la casualidad de que lleva muchos años pensando en profundidad y de manera brillante sobre la cuestión de la atención. Tuve la suerte de poder compartir ideas con ella durante varias caminatas largas e inspiradoras. Jonathan Lewinsohn, Andrew Marantz y Rich Yeselson, todos ellos brillantes, cultos y formidables a su manera (un gestor de fondos de inversión, un redactor de *The New Yorker* y un intelectual del mundo sindical entran en un bar y...), leyeron borradores tempranos del libro y aportaron observaciones absolutamente cruciales. Este libro es mucho mejor gracias a sus notas.

El equipo del programa *All In* toleró generosamente que dedicara parte de mi tiempo a este libro, y la cadena MSNBC, bajo la dirección de Rashida Jones, sigue siendo un hogar profesional inmejorable.

Cuando tienes tres hijos, escribir un libro requiere una auténtica comunidad de apoyo. Nada de esto habría sido posible sin Lydia Duquette y Luisa Neira Bustamante, personas extraordinarias y amorosas cuidadoras de nuestros pequeños. Tenemos la suerte de tener cerca a mis padres, Geri y Roger Hayes, profundamente implicados en nuestras vidas y en las de nuestros hijos. Su ayuda, junto con la de mis suegros, Mary y Andy Shaw, nos facilita no solo la vida familiar, sino también el hacer frente —con algo de humor— a nuestros compromisos profesionales, a veces excesivos en grado casi cómico. Les estamos enormemente agradecidos.

Finalmente, la persona que hace que todo esto sea posible es, por supuesto, mi brillante esposa, Kate Shaw, capaz de hacer diez cosas a la vez, todas ellas a la perfección. Como en todos mis proyectos profesionales, me brindó un apoyo emocional y un refuerzo intelectual que resultaron fundamentales cada vez que era presa de la frustración o de la impaciencia. Desde los diecinueve años, no he escrito nada importante que no pase por sus ojos, y espero no tener que hacerlo nunca.

NOTAS

CAPÍTULO 1: EL CANTO DE LAS SIRENAS

1. Homero, *Odisea*, trad. José Manuel Pabón, Madrid, Biblioteca Clásica Gredos, 1993, p. 286 (vv. 37-46).
2. Ralph Ellison, *El hombre invisible*, trad. Andrés Bosch, Barcelona, Lumen, 1984, p. 273; William Shakespeare, *La comedia de los enredos*, ed. Edu Robsy, textos.info, Menorca, 2018, p. 27.
3. James Joyce, *Ulises*, trad. José Salas Subirats, Ciudad de México, Fundación Carlos Slim, 2022, p. 575.
4. Jonathan Manning, «The Haunting History of the Air-Raid Siren», *National Geographic*, 17 de marzo de 2022, consultado el 1 de marzo de 2024; Robert T. Beyer, *Sounds of Our Times: Two Hundred Years of Acoustics*, Nueva York, Springer, 1999, p. 30.
5. John Robison, *A System of Mechanical Philosophy*, vol. 4, ed. David Brewster, Cambridge, Cambridge University Press, 2015, pp. 404-405.
6. Kevin Desmond, *Gustave Trouve: French Electrical Genius (1839-1902)*, Jefferson (North Carolina), McFarland, 2015, p. 106.
7. Evan Williams, «Fire Truck Sirens: A Tale of the Wail», *Toronto Star*, 8 de enero de 2022, consultado el 3 de marzo de 2024, <www.thestar.com/autos/fire-truck-sirens-a-tale-of-the-wail/article_e8c6878e-edfa- 54c9-b31c-8d9664b8acd6.html>.
8. William James, *Principios de Psicología* (1890), vol. 1, trad. Agustín Bárcena, Ciudad de México, Fondo de Cultura Económica, 1989, p. 320.
9. *Ibid.*, vol. 2, p. 1003.
10. Platón, *Fedro*, trad. Armando Poratti, Madrid, Istmo, 2010 p. 207.
11. «How Using Facebook Could Raise Your Risk of Cancer», *Daily Mail*, 19 de febrero de 2009, consultado el 19 de febrero de 2024,

<www.dailymail.co.uk/health/article-1149207/How-using-Facebook-raise-risk-cancer.html>.

12 Nicholas Kardaras, «It's "Digital Heroin": How Screens Turn Kids into Psychotic Junkies», *New York Post*, 27 de agosto de 2016, consultado el 19 de febrero de 2024, <https://nypost.com/2016/08/27/its-digital-heroin- how-screens-turn- kids-into-psychotic-junkies/>.

13 Jericka Duncan, «Teens on Social Media Go from Dumb to Dangerous», CBS News, 28 de abril de 2016, consultado el 19 de febrero de 2024, <www.cbsnews.com/news/teens-on-social-media-from-dumb-to- dangerous/>.

14 Jean M. Twenge, «Have Smartphones Destroyed a Generation?», *The Atlantic*, septiembre de 2017, consultado el 18 de febrero de 2024, <www.theatlantic.com/magazine/archive/2017/09/has-the-smartphone- destroyed-a-generation/534198/>.

15 Candice L. Odger, «The Great Rewiring: Is Social Media Really Behind an Epidemic of Teenage Mental Illness?», *Nature*, 29 de marzo de 2024, consultado el 9 de septiembre de 2024, <www.nature.com/articles/d41586-024-00902-2>.

16 Mike Allen, «Sean Parker Unloads on Facebook: "God Only Knows What It's Doing to Our Children's Brains"», *Axios*, 9 de noviembre de 2017, consultado el 19 de febrero de 2024, <www.axios.com/2017/12/15/sean-parker-unloads-on-facebook-god-only-knows-what-its-doing-to-our-childrens-brains-1513306792.>

17 Nellie Bowles, «A Dark Consensus About Screens and Kids Begins to Emerge in Silicon Valley», *The New York Times*, 26 de octubre de 2018, consultado el 18 de febrero de 2024, <www.nytimes.com/2018/10/26/style/phones-children-silicon-valley.html>.

18 Stanley Cohen, *Demonios populares y «pánicos morales»: Delincuencia juvenil, subculturas, vandalismo, drogas y violencia*, trad. Victoria de los Ángeles Boschiroli, Barcelona, Gedisa, 2027, p. 1.

19 Joseph Leeds, *Concerning Printed Poison*, autopublicado, Joseph Leeds, 1885, p. 9.

20 Robert Ferrari, «Do Radio Noises Cause Illness?», *The New York Times*, 28 de julio de 1929, consultado el 19 de febrero de 2024, <https://timesmachine.nytimes.com/timesmachine/1929/07/28/107103487.html?pageNumber=130>.

21 Randall Munroe, «The Pace of Modern Life», *xkcd*, consultado el 19 de febrero de 2024, <https://xkcd.com/1227>.

22 Stewart A. Robertson, «The Teaching of English in Schools Which Study No Foreign Language», *Journal of Education* 38, n.º 453, 1907, p. 288.

23 Henry David Thoreau, *Walden*, trads. Javier Alcoriza y Antonio Lastra, epublibre, p. 58.

24 Johann Hari, *Stolen Focus: Why You Can't Pay Attention—and How to Think Deeply Again*, Nueva York, Crown, 2022. [Hay trad. cast.: *El valor de la atención: Por qué nos la robaron y cómo recuperarla*, trad. Juanjo Estrella González, Barcelona, Península, 2023].

25 Jacobo I de Inglaterra y VI de Escocia, *A Counterblaste to Tobacco*, Londres, R.B., 1604.

26 Véase, p. ej., «Smoking and Health: Report of the Advisory Committee to the Surgeon General of the Public Health Service», US Department of Health, Education, and Welfare, 1 de enero de 1964, consultado el 28 de febrero de 2024, <www.govinfo.gov/content/pkg/GPO-SMOKINGANDHEALTH/pdf/GPO-SMOKINGANDHEALTH.pdf>.

27 La firma del Acuerdo Marco de Conciliación (Master Settlement Agreement) conllevó, sin duda, un giro decisivo en este sentido. Véase, por ejemplo, Barry Meier, «Cigarette Makers and States Draft a $206 Billion Deal», *The New York Times*, 14 de noviembre de 1998, consultado el 28 de febrero de 2024, <www.nytimes.com/1998/11/14/us/cigarette-makers-and-states-draft-a-206-billion-deal.html>.

28 Ellen Barry, «Researchers Say Social Media Warning Is Too Broad», *The New York Times*, 19 de junio de 2024, <www.nytimes.com/2024/06/19/health/social-media-kids-mental-health.html>.

29 «1961 Assets», CNN, consultado el 18 de febrero de 2024, <https://money.cnn.com/magazines/fortune/fortune500_archive/assets/1961/>.

30 Andrea Murphy y Matt Schifrin, eds., «The Global 2000-2024», *Forbes*, 6 de junio de 2024, consultado el 9 de septiembre de 2024, <www.forbes.com/lists/global2000/>.

31 Lawrence Lessig, *Cultura libre. Cómo los grandes medios usan la tecnología y las leyes para encerrar la cultura y controlar la creatividad,* <https://www.articaonline.com/wp-content/uploads/2011/07/Cultura-Libre-Lawrence-Lessig.pdf>.

32 Klein, Melanie, *No Logo. El poder de las marcas*, Barcelona, Paidós, 2001, pp. 22-23

33 «Melamine-Contaminated Pet Food Recall of 2007», LA County Department of Public Health, consultado el 29 de septiembre de 2024, <http://publichealth.lacounty.gov/vet/petfoodrecall2007.htm>.

34 Barry C. Lynn, *Cornered: The New Monopoly Capitalism and the Economics of Destruction,* Hoboken (New Jersey), Wiley, 2010, p. 4.

35 *Idem.*

36 Walter Lippmann, *El público fantasma*, trad. César García Muñoz, Pamplona, Genueve Ediciones, 2011, p. 35.

37 José Ortega y Gasset, *La rebelión de las masas*, Ciudad de México, La Guillotina, 2010, pp. 101-102.

38 *Cit.* en Marshall McLuhan, *Comprender los medios de comunicación. Las extensiones del ser humano*, Barcelona, Paidós, 1996, p. 41.

39 Neil Postman, *Amusing Ourselves to Death: Public Discourse in the Age of Show Business*, Nueva York, Penguin, 2006, edición Kindle, pp. 92-93. [Hay trad. cast.: *Divertirse Hasta Morir: El discurso público en la era del «show business»*, trad. Enrique Odell, Barcelona, Ediciones de la Tempestad, 2012].

40 Correspondencia electrónica personal con Bill McKibben.

41 Jeremy Barr, «Some Conservative Media Hosts Ridiculed Biden's Warnings of a Russian Attack. Now They Say It's His Fault», *Washington Post*, 24 de febrero de 2022, consultado el 19 de febrero de 2024, <www.washingtonpost.com/media/2022/02/24/media-fox-biden-blame/>.

42 Tucker Carlson, «Tucker: This Is the Single-Most Damaging Thing Any American President Has Ever Done», Fox News, 11 de marzo de 2022, consultado el 1 de febrero de 2024, <www.foxnews.com/opinion/tucker-damage-president-biden-russia-ukraine-putin>.

43 Karl Marx, *Manuscritos: economía y filosofía*, trad. Francisco Rubio Llorente, Madrid, Alianza, 1980, p. 109.

44 William Shakespeare, *Julio César*, trad. Luis Astrana Marín, Madrid, Calpe, 1921, p. 109.

CAPÍTULO 2: LA MÁQUINA TRAGAPERRAS Y EL TÍO SAM

1 Herbert Simon, «Designing Organizations for an Information-Rich World», en *Computers, Communications, and the Public Interest*, ed.

Martin Greenberger, Baltimore, Johns Hopkins University Press, 1971, p. 40.

2 Frank Wolkenberg, «Out of a Darkness», *New York Times Magazine*, 11 de octubre de 1987, consultado el 19 de febrero de 2024, <www.nytimes.com/1987/10/11/magazine/out-of-a-darkness.html>.

3 William James, *op. cit.*, vol. 1, p. 320.

4 *Idem.*

5 F. H. Bradley, «Is There Any Special Activity of Attention?», en *Mind* 11, n.º 43, 1886, pp. 305-323.

6 Bernhard Hommel *et al.*, «No One Knows What Attention Is», *Attention, Perception, & Psychophysics* 81, 2019, p. 2288.

7 William James, *op. cit.*, vol. 1, p. 320.

8 Christopher Chabris y Daniel Simons, *The Invisible Gorilla: And Other Ways Our Intuitions Deceive Us*, Nueva York, Crown, 2010, pp. 5-6. [Hay trad. cast.: *El gorila invisible: Cómo nuestras intuiciones nos engañan*, trad. Gabriela Ferrari, Barcelona, RBA, 2011].

9 Véase, p. ej., Ula Cartwright-Finch y Nilli Lavie, «The Role of Perceptual Load in Inattentional Blindness», *Cognition* 102, n.º 3, 2007, pp. 321-340.

10 Siri Carpenter, «Sights Unseen», *Monitor on Psychology* 32, n.º 4, abril de 2001, p. 54, <www.apa.org/monitor/apr01/blindness>.

11 E. Colin Cherry, «Some Experiments on the Recognition of Speech, with One and with Two Ears», *Journal of the Acoustical Society of America* 25, n.º 5, 1953, pp. 975-979.

12 Kimron L. Shapiro, Judy Caldwell y Robyn E. Sorensen, «Personal Names and the Attentional Blink: A Visual "Cocktail Party" Effect», *Journal of Experimental Psychology: Human Perception and Performance* 23, n.º 2, 1997, pp. 504-514.

13 Neville Moray, «Attention in Dichotic Listening: Affective Cues and the Influence of Instructions», *Quarterly Journal of Experimental Psychology* 11, n.º 1, 1959, p. 56.

14 *Idem.*

15 *Ibid.*, p. 59.

16 *Ibid.*, p. 60.

17 Noelle Wood y Nelson Cowan, «The Cocktail Party Phenomenon Revisited: How Frequent Are Attention Shifts to One's Name in an Irrelevant Auditory Channel», *Journal of Experimental Psychology* 21, n.º 1, 1995, pp. 255-260.

18 P. Tacikowski *et al.*, «Is It About the Self or the Significance? An fMRI Study of Self-Name Recognition», *Social Neuroscience* 6, n.º 1, 2011, pp. 98-107.

19 Hongsheng Yang *et al.*, «The Cognitive Advantage for One's Own Name Is Not Simply Familiarity: An Eye-Tracking Study», *Psychonomic Bulletin & Review* 20, 2013, p. 1178.

20 Sigmund Freud, *El yo y el ello*, Madrid, Alianza, 2009, p. 27.

21 Adam Phillips, *Attention Seeking*, Nueva York, Farrar, Straus & Giroux, 2022, p. 7, edición Kindle.

22 Yuval Noah Harari, *Sapiens. De animales a dioses,* Barcelona, Debate, 2014, p. 22.

23 *Idem.*

24 Tony Haile, «What You Think You Know About the Web Is Wrong», *Time*, 9 de marzo de 2014, consultado el 20 de febrero de 2024, <https://time.com/12933/what-you-think-you-know-about-the-web-is-wrong/>.

25 Bill Peterson, «Ex-Hostage Calls Being American "Dangerous"», *Washington Post*, 17 de diciembre de 1984, consultado el 20 de febrero de 2024, <www.washingtonpost.com/archive/politics/1984/12/18/ex-hostage-calls-being-american-dangerous/29e99318-6fa6-4b67-bac4-c544226fafbc/>.

26 Tim O'Brien, *Las cosas que llevaban los hombres que lucharon*, trad. Elvio E. Gandolfo, Anagrama, Barcelona, 2011, p. 30.

27 Laith Al-Shawaf, «The Evolutionary Psychology of Hunger», *Appetite* 105, 2016, p. 592.

28 Amy K. Sutton and Michael J. Krashes, «Integrating Hunger with Rival Motivations», *Trends in Endocrinology and Metabolism* 31, n.º 7, 2020, p. 495.

29 Aron Ralston, *Between a Rock and a Hard Place*, Nueva York, Atria, 2004, p. 212.

30 Peter de Lissovoy, «Hunger Strike, Albany, GA, 1963», Civil Rights Movement Archive, consultado el 20 de febrero de 2024, <www.crmvet.org/nars/peter5.htm>.

31 Michael Moss, *Hooked: Food, Free Will, and How the Food Giants Exploit Our Addictions*, Nueva York, Random House, 2021, p. 61.

32 Michael Pollan, *El dilema del omnívoro. En busca de la comida perfecta*, trad. Raúl Nagore, Barcelona, Debate, p. 218.

33 Éxodo 3:8, *Sagrada Biblia*, versión oficial de la Conferencia Episcopal Española, Biblioteca de Autores Cristianos, 2001, edición ePUB.

34 Michael Moss, *Adictos a la comida basura. Cómo la industria manipula los alimentos para que nos convirtamos en adictos a sus productos*, trad. Mar Vidal, Barcelona, Deusto, 2016, p. 51.

35 William of Rubruck, *The Journey of William of Rubruck to the Eastern Parts of the World, 1253-1255, as Narrated by Himself, with Two Accounts of the Earlier Journey of John of Pian de Carpine*, Londres, Bedford Press, 1942, p. 85.

36 Eric R. Kandel, «The Molecular Biology of Memory Storage: A Dialogue Between Genes and Synapses», *Science* 294, 2001, p. 1031.

37 Vicky McKeever, «This Eight-Year-Old Remains YouTube's Highest-Earner, Taking Home $26 Million in 2019», CNBC, 20 de diciembre de 2019, consultado el 20 de febrero de 2024, <www.cnbc.com/2019/12/20/ryan-kaji-remains-youtubes-highest-earner-making-26-million-in-2019.html>.

38 Ryan's World, «HUGE EGGS Surprise Toys Challenge with Inflatable Water Slide», YouTube, 13 de abril de 2016, <https://www.youtube.com/watch?v=jjd-BeTX6U0>.

39 Jay Caspian King, «The Boy King of YouTube», *The New York Times Magazine*, 5 de enero de 2022, consultado el 20 de febrero de 2024, <www.nytimes.com/2022/01/05/magazine/ryan-kaji-youtube.html>.

40 James Poniewozik, «The Tick, Tick, Tick of the Times», *Time*, 24 de noviembre de 2010, consultado el 22 de febrero de 2024, <https://content.time.com/time/specials/packages/article/0,28804,2032304_2032745_2032850,00.html>.

41 Natasha Dow Schüll, *Addiction by Design: Machine Gambling in Las Vegas*, Princeton University Press, Princeton (New Jersey), 2014, p. 81.

42 *Ibid.*, p. 80.

43 *Ibid.*, p. 81.

44 *Ibid.*, p. 6.

45 *Ibid.*, p. 2.

46 En marzo de 2024, varios demandantes presentaron una demanda contra diversos desarrolladores de videojuegos, acusándolos de «aprovecharse del sistema de recompensas químicas del cerebro de los usuarios». Las empresas desarrolladoras, por su parte, sostienen que sus videojuegos constituyen una forma de expresión protegida por

la Constitución. Para más información, ver Tyler Wilde, «You Can't Sue Us for Making Games "Too Entertaining", Say Major Game Developers in Response to Addiction Lawsuits», PC Gamer, 27 de marzo de 2024, <www.pcgamer.com/gaming-industry/video-game-addiction-lawsuit-motion-to-dismiss/>.

47 habie147, «Why Is Warzone So Addicting», YouTube, 19 de septiembre de 2020, <www.youtube.com/watch?v=3Q76bULxMs8>.

48 Brian Fung, «Humankind Has Now Spent More Time Playing Call of Duty Than It Has Existed on Earth», *Washington Post*, 13 de agosto de 2013, consultado el 22 de febrero de 2024, <www.washingtonpost.com/news/the-switch/wp/2013/08/13/humankind-has-now-spent-more-time-playing-call-of-duty-than-it-has-existed-on-earth/>.

49 David Vergun, «WWII Posters Aimed to Inspire, Encourage Service», US Department of Defense, 16 de octubre de 2019, consultado el 22 de febrero de 2024, <www.defense.gov/News/Feature-Stories/story/Article/1990131/wwii-posters-aimed-to-inspire-encourage-service>.

50 Antonio García Martínez, *Chaos Monkeys: Obscene Fortune and Random Failure in Silicon Valley*, HarperCollins, Nueva York, 2018, p. 38.

51 Tristan Harris, «How Technology Is Hijacking Your Mind—from a Magician and Google Design Ethicist», Medium, 18 de mayo de 2016, consultado el 22 de febrero de 2024, <https://medium.com/thrive-global/how-technology-hijacks-peoples-minds-from-a-magician-and-google-s-design-ethicist-56d62ef5edf3>.

CAPÍTULO 3: LAS RAÍCES DEL MAL

1 Timothy D. Wilson *et al.*, «Just Think: The Challenges of the Disengaged Mind», *Science* 345, 2014, pp. 75-77.

2 Blaise Pascal, *Pensamientos*, trad. J. Llansó, Madrid, Alianza, 1996, p. 56.

3 *Ibid.*, p. 57.

4 *Ibid.*, p. 56.

5 *Ibid.*, p. 57.

6 Marshall Sahlins, *Economía de la Edad de Piedra*, trads. Emilio Muñiz y Erna Rosa Fondevila, Madrid, Akal, 1977, p. 27.

7 *Ibid.*, p. 49.

8 Frederick D. McCarthy y Margaret McArthur, «The Food Quest and the Time Factor in Aboriginal Economic Life», en *Records of the American- Australian Scientific Expedition to Arnhem Land*, vol. 2, *Anthropology and Nutrition*, ed. Charles P. Mountford, Melbourne, Melbourne University Press, 1960, p. 193.

9 Edward M. Curr, *Recollections of Squatting in Victoria: Then Called the Port Phillip District (from 1841 to 1851*, Melbourne, George Robertson, 1883, p. 240.

10 Pierre Biard, «Relation of New France, of Its Lands, Nature of the Country, and of Its Inhabitants, also, of the Voyage of the Jesuit Fathers to Said Country, and of Their Work There up to the Time of Their Capture by the English», en *The Jesuit Relations and Allied Documents: Travels and Explorations of the Jesuit Missionaries in New France, 1610- 1791*, vol. 3, ed. Reuben Gold Thwaites, Cleveland, Burrows Brothers Company, 1897, p. 86.

11 Michael Cepek, correo electrónico enviado al autor, 29 de agosto de 2022.

12 Michael Cepek, correo electrónico enviado al autor, 29 de agosto de 2022.

13 Matti Eräsaari, «"Wasting Time" the Veratan Way», *HAU: Journal of Ethnographic Theory* 7, n.º 2, 2017, p. 325.

14 Michael Cepek, correo electrónico enviado al autor, 29 de agosto de 2022.

15 Yasmine Musharbash, «Boredom, Time, and Modernity: An Example from Aboriginal Australia», *American Anthropologist* 109, n.º 2, 2007, p. 310.

16 William Park, «What Can Different Cultures Teach About Boredom», BBC News, 10 de diciembre de 2020, consultado el 3 de marzo de 2024, <www.bbc.com/travel/article/20201209-what-can-different-cultures-teach-about-boredom>.

17 Karl Marx y Friedrich Engels, *La ideología alemana*, trad. Wenceslao Roces, Barcelona, Grijalbo, 1974, p. 34.

18 John Maynard Keynes, *Ensayos de persuasión*, vol. 2, trad. Jordi Pascual, Barcelona, Folio, 1997, p. 328.

19 Esta es una lectura decididamente no feminista de la misma condición que Betty Friedan abordaría treinta años después en *La mística de la feminidad*. Keynes, *ibid.*, p. 329.

20 *Ibid.*, p. 330.

21 *Ibid.*, p. 329.

22 Thorstein Veblen, *Teoría de la clase ociosa*, trad. Carlos Mellizo, Madrid, Alianza, 2014, p. 4.

23 Pamela Hutchinson, «A Window on Infinity: Rediscovering the Short Films of the Lumière Brothers», *The Guardian*, 23 de mayo de 2016, consultado el 4 de marzo de 2024, <www.theguardian.com/film/2016/may/23/rediscovering-lumiere-brothers-early-cinema-pioneers>.

24 David A. Horowitz, «An Alliance of Convenience: Independent Exhibitors and Purity Crusaders Battle Hollywood, 1920-1940», *The Historian* 59, n.º 3, 1997, p. 553.

25 «History of Commercial Radio», Federal Communications Commission, 17 de octubre de 2023, consultado el 1 de julio de 2024, <www.fcc.gov/media/radio/history-of-commercial-radio>.

26 «CBS Says 25,217,000 Heard Truman Friday», *The New York Times*, 26 de mayo de 1946, consultado el 4 de marzo de 2024, <https://timesmachine.nytimes.com/timesmachine/1946/05/26/121024140.html?pageNumber=24>.

27 «MTP at 70: Martha Rountree Blazes a Trail», NBC News, 6 de noviembre de 2017, consultado el 4 de marzo de 2024, <www.nbcnews.com/storyline/meet-the-press-70-years/mtp-70-martha-rountree-blazes-trail-n817941>.

28 «1960 Census of Housing, Advanced Report: Housing Equipment», US Census Bureau, mayo de 1962, consultado el 4 de marzo de 2024, <www.census.gov/history/pdf/1960tv-homeequip.pdf>. (Los datos correspondientes a 1950 pueden encontrarse aquí: <www.census.gov/history/pdf/1950tvsinkfridge.pdf>).

29 Postman, *op. cit.*, pp. 3-4.

30 David Foster Wallace, *La broma infinita*, trad. Javier Calvo, Madrid, Debolsillo, 2008, p. 260.

31 Hari, *op. cit.*, p. 121.

32 *Idem.*

33 Keynes, *op. cit.*, vol. 2, p. 332.

34 Michael Cepek, correo electrónico enviado al autor, 29 de agosto de 2022.

35 John Geirland, «Go with the Flow», *Wired*, 1 de septiembre de 1996, consultado el 28 de febrero de 2024, <www.wired.com/1996/09/czik/>.

36 Søren Kierkegaard, *Escritos. O lo uno o lo otro. Un fragmento de vida*, vol. 2.1, trads. Begonya Saez Tajafuerce y Darío González, Madrid, Trotta, 2006, pp. 293-294.

37 *Ibid.*, p. 294.

38 *Ibid.*, p. 296.

39 *Ibid.*, p. 297.

40 *Ibid.*, p. 298.

41 Robert Wright, *Why Buddhism Is True: The Science and Philosophy of Meditation and Enlightenment*, Nueva York, Simon & Schuster, 2018, p. 255. [Hay trad. cast.: *Por qué el budismo es verdad: la ciencia y filosofía de la meditación y la iluminación*, trad. Diego Merino Sancho, Santiago de Chile, Gala Ediciones, 2018].

42 Kierkegaard, *op. cit.*, p. 299.

43 *Idem.*

44 James. *op. cit.*, p. 321.

45 Hari, *op. cit.*, p. 93.

46 Jenny *How to Do Nothing: Resisting the Attention Economy*, Brooklyn (Nueva York), Melville House, 2019, p. 23. [Hay trad. cast.: *Cómo no hacer nada. Resistirse a la economía de la atención*, trad. Juanjo Estrella, Barcelona, Ariel, 2021].

47 Jean-Paul Sartre, *A puerta cerrada. La mujerzuela respetuosa. Los secuestrados de Altona*, trad. Aurora Bernárdez, Buenos Aires, Losada, 1979, p. 55, edición digital Librodot.

CAPÍTULO 4: ATENCIÓN SOCIAL

1 «Child Maltreatment, 2022», US Department of Health and Human Services, 29 de enero de 2024, consultado el 4 de marzo de 2024, <www.acf.hhs.gov/sites/default/files/documents/cb/cm2022.pdf>.

2 «Neglect», Harvard University Center on the Developing Child, consultado el 24 de febrero de 2024, <https://developingchild.harvard.edu/science/deep-dives/neglect/>.

3 Pascal, *op. cit.*, p. 57.

4 Richard Vaux, «The Pennsylvania Prison System», *Proceedings of the American Philosophical Society* 21, n.º 116, 1884, pp. 651-664.

5 William Crawford, *Report of William Crawford, Esq., on the Penitentiaries of the United States, Addressed to His Majesty's*

Principal Secretary of State for the Home Department, Londres, 1834, p. 9.

6 Alexis de Tocqueville, *On Democracy, Revolution, and Society*, eds. John Stone y Stephen Mennell, Chicago, University of Chicago Press, 1982, p. 311.

7 *Idem.*

8 Charles Dickens, *American Notes for General Circulation*, Londres, Chapman & Hall, 1842, p. 121. [Hay trad. cast.: *Notas de América*, trad. Beatriz Iglesias Lamas, Barcelona, B de Bolsillo, 2012].

9 William Blake, «A Sentence Worse Than Death», en *Hell Is a Very Small Place: Voices from Solitary Confinement*, eds. Jean Casella, James Ridgeway y Sarah Shourd, Nueva York, New Press, 2016, p. 29.

10 Nelson Mandela, *El largo camino hacia la libertad*, trads. Antonio Resines y Herminia Bevia, Madrid, Aguilar, 2023, p. 239.

11 *Idem.*

12 *Idem.*

13 John T. Cacioppo y William Patrick, *Loneliness: Human Nature and the Need for Social Connection*, Nueva York, Norton, 2008, p. 7.

14 *Ibid.*, p. 15.

15 Amelia Worsley, «Ophelia's Loneliness», *ELH* 82, n.º 2, 2015, p. 546.

16 William Shakespeare, *Hamlet*, trads. Manuel Ángel Conejero y Genaro Talens, Madrid, Cátedra, 1995, p. 343.

17 K. D. M. Snell, «The Rise of Living Alone and Loneliness in History», *Social History* 42, n.º 1, 2017, p. 5.

18 Eric Klinenberg, *Going Solo: The Extraordinary Rise and Surprising Appeal of Living Alone*, Nueva York, Penguin Press, 2012, p. 6.

19 Esteban Ortiz-Ospina, «Loneliness and Social Connections», *Our World in Data*, 10 de diciembre de 2019, consultado el 24 de septiembre de 2024, <https://ourworldindata.org/social-connections-and-loneliness>.

20 *Idem.*

21 Snell, *op. cit.*, p. 8.

22 Jena McGregor, «This Former Surgeon General Says There's a "Loneliness Epidemic and Work Is Partly to Blame"», *The Washington Post*, 4 de octubre de 2017, consultado el 26 de febrero de 2024, <www.washingtonpost.com/news/on-leadership/wp/2017/10/04/this-former-surgeon-general-says-theres-a-loneliness-epidemic-and-work-is-partly-to-blame/>.

23 «Our Epidemic of Loneliness and Isolation», US Surgeon General, 3 de mayo de 2023, consultado el 26 de febrero de 2024, <www.hhs.gov/sites/default/files/surgeon-general-social-connection-advisory.pdf>.
24 Cacioppo y Patrick, *op. cit.*, pp. 7-8.
25 Véase, p. ej., Nancy Kanwisher y Galit Yovel, «The Fusiform Face Area: A Cortical Region Specialized for the Perception of Faces», *Philosophical Transactions of the Royal Society* B 361, n.º 1476, 2006, pp. 2109-2128.
26 Véase, p. ej., Marco Iacoboni *et al.*, «Grasping the Intentions of Others with One's Own Mirror Neuron System», *PLoS Biology* 3, n.º 3, 2005, e79.
27 Kate Schweitzer, «Tina Fey Perfectly Explains How "Having a Teenage Daughter Is Like Having an Office Crush"», PopSugar, 24 de mayo de 2021, consultado el 26 de febrero de 2024, <www.popsugar.com/family/tina- fey-compares-having-teenage-daughter-to-office-crush-48337557>.
28 R. I. M. Dunbar, «Gossip in Evolutionary Perspective», *Review of General Psychology* 8, n.º 2, 2004, p. 100.
29 *Ibid.*, p. 102.
30 *Idem.*
31 *Idem.*
32 Leo Braudy, *The Frenzy of Renown: Fame and Its History*, Nueva York, Vintage, 1997, p. 3.
33 *Ibid.*, p. 32.
34 Rob Goldberg, «Kevin Durant Responds to Multiple Trash-Talking Fans on Twitter», Bleacher Report, 18 de junio de 2017, consultado el 26 de febrero de 2024, <https://bleacherreport.com/articles/2716427-kevin-durant-responds-to-multiple-trash-talking-fans-on-twitter>.
35 Francesca Gariano, «The 10 Most Shocking Speeches from Golden Globes History», Today.com, 27 de febrero de 2021, consultado el 26 de febrero de 2024, <www.today.com/popculture/10-most-shocking-speeches-golden-globes-history-t210224>.
36 *Los Simpson*, «Bart, el asesino», temporada 3, episodio 4, Disney+ video, 23:45, emitido originalmente en Fox, 10 de octubre de 1991.
37 Jean-Paul Sartre, *El ser y la nada*, trad. Juan Valmar, Buenos Aires, Losada, 1943, p. 374.

38 Alexis C. Madrigal, «Before It Conquered the World, Facebook Conquered Harvard», *The Atlantic*, 4 de febrero de 2019, consultado el 26 de febrero de 2024, <www.theatlantic.com/technology/archive/2019/02/and-then-there-was-thefacebookcom/582004/>.

39 El inversor más influyente en los inicios de Facebook, Peter Thiel, estudió con el teórico francés René Girard y con frecuencia atribuye al pensamiento de este una gran influencia en su formación. La idea central de Girard es que «el ser humano es una criatura que no sabe qué desear y que recurre a los demás para decidirlo. Deseamos lo que otros desean porque imitamos su deseo». No es difícil advertir que Facebook es una máquina diseñada exactamente según esa lógica.

40 Arthur Miller, *Muerte de un viajante. Algunas conversaciones privadas en dos actos y un réquiem*, trad. Jordi Fibla, Barcelona, Tusquets, 2015, p. 30.

41 *Ibid.*, p. 50.

42 John Lahr, «Arthur Miller and the Making of Willy Loman», *New Yorker*, 17 de enero de 1999, consultado el 26 de febrero de 2024, <www.newyorker.com/magazine/1999/01/25/making-willy-loman>.

43 Rebecca Jennings, «Everyone's a Sellout Now», *Vox*, 1 de febrero de 2024, consultado el 26 de febrero de 2024, <www.vox.com/culture/2024/2/1/24056883/tiktok-self-promotion-artist-career-how-to-build-following>.

44 Epicteto, *Disertaciones por Arriano*, trad. Paloma Ortiz García, Madrid, Gredos, 1993, p. 121.

45 Epicteto, *El arte de vivir. Manual de vida*, trad. Magdalena Holguín, Bogotá, Norma, 1995, p. 74.

46 Epicteto, *Disertaciones por Arriano*, trad. Paloma Ortiz García, Madrid, Gredos, 1993, p. 144.

47 Alexandre Kojève, *Introducción a la lectura de Hegel,* trad. Andrés Alonso Martos, Madrid, Trotta, 2013, p. 53.

48 *Ibid.*, p. 214.

49 *Idem.*

50 *Ibid.*, p. 66.

51 Raj Patel, *Stuffed and Starved: The Hidden Battle for the World Food System*, Brooklyn (Nueva York), Melville House, 2012.

52 Elon Musk (@ElonMusk), «The amount of attention on me has gone supernova, which super sucks. Unfortunately, even trivial articles about me generate a lot of clicks :(Will try my best to be heads down focused on doing useful things for Civilization [La cantidad

de atención prestada a mi persona ha escalado nivel supernova, lo cual es una mierda. Por desgracia, incluso los artículos más triviales sobre mí generan muchísimos clics :(Intentaré con todas mis fuerzas mantener un perfil bajo y concentrarme en hacer cosas útiles para la civilización]», X, 25 de julio de 2022, consultado el 26 de febrero de 2024, <https://twitter.com/elonmusk/status/1551698120328749056>.

53 Jonathan Weil, «Elon Musk Sold Tesla Shares Before Company Acknowledged Weakness», *The Wall Street Journal*, 20 de enero de 2023, consultado el 26 de febrero de 2024, <www.wsj.com/articles/elon-musk-sold-tesla-shares-before-company-acknowledged-weakness-11674177642>.

CAPÍTULO 5: ALIENACIÓN

1 Sabawoon Samim, «New Lives in the City: How Taleban Have Experienced Life in Kabul», Afghanistan Analysts Network, 2 de febrero de 2023, consultado el 28 de enero de 2024, <www.afghanistan-analysts.org/en/reports/context-culture/new-lives-in-the-city-how-taleban-have-experienced-life-in-kabul/>.

2 *Idem*.

3 Karl Marx y Friedrich Engels, *Manifiesto Comunista*, trad. Pedro Ribas, Madrid, Alianza, 2019, pp. 58-59.

4 Karl Marx, *Trabajo asalariado y capital. Salario, precio y ganancia*, Ciudad de México, Centro de Estudios Socialistas Carlos Marx, 2010, p. 129.

5 Karl Marx, *Manuscritos: economía y filosofía*, trad. Francisco Rubio Llorente, Madrid, Alianza, 1980, pp. 105-106.

6 Yann Moulier- Boutang, *Cognitive Capitalism*, Polity Press, Cambridge (RU), 2011; Claudio Bueno, *The Attention Economy: Labour, Time and Power in Cognitive Capitalism*, Lanham (Maryland), Rowman & Littlefield, 2016.

7 Tim Wu, *The Attention Merchants: The Epic Scramble to Get Inside Our Heads*, Nueva York, Knopf Doubleday, 2017, p. 12, edición Kindle. [Hay trad. cast.: *Comerciantes de atención: La lucha épica por entrar en nuestra cabeza*, trad. Paula Zumalacárregui Martínez, Madrid, Capitán Swing, 2020].

8 *Ibid.*, p. 13.

9 Christine H. Carpenter, «The Spectre of Ingleton; or the Forest Mystery», *New York Sun*, 21 de noviembre de 1859, consultado el 7 de febrero de 2024, <https://chroniclingamerica.loc.gov/lccn/sn83030272/1859-11-21/ed-1/seq-1/>.

10 Este era el modelo también en el Reino Unido. Kevin Williams, *Read All About It!: A History of the British Newspaper*, Nueva York, Routledge, 2009, p. 64.

11 En la actualidad, la oposición de muchos directivos de empresa al trabajo en remoto proviene de un temor persistente: el miedo a que permitir que los empleados trabajen fuera de la mirada vigilante de los gerentes eche por tierra todos estos avances.

12 Seamus Kirst, «What Are Nielsen Ratings and How Are They Calculated?», *Forbes*, 18 de diciembre de 2015, consultado el 7 de febrero de 2024, <www.forbes.com/sites/seamuskirst/2015/12/18/what-are-nielsen-ratings-and-how-are-they-calculated/?sh=10ed8c8456e0>.

13 Tony Magilo, «How Nielsen Has Built a TV Ratings Monopoly Nearly as Old as TV», *TheWrap*, 26 de abril de 2016, consultado el 7 de febrero de 2024, <www.thewrap.com/nielsen-tv-ratings-new-threats-history/>.

14 *Idem.*

15 Masha Abarinova, «Nielsen Regains Media Rating Council Accreditation for National TV Ratings», *StreamTV Insider*, 17 de abril de 2023, consultado el 7 de febrero de 2024, <www.streamtvinsider.com/video/nielsen-regains-media-rating-council-accreditation-national-tv-ratings>.

16 Dan Clarendon, «Why Have TV Networks Turned Against Nielsen Ratings?», *TV Insider*, 28 de julio de 2021, consultado el 7 de febrero de 2024, <www.tvinsider.com/1006916/tv-network-nielsen-ratings-vab-mrc-accreditation/>.

17 Raquel Harris, «Byron Allen's Media Group Files Lawsuit Against Nielsen for Fraud in Ratings; Seeks Billions in Damages», *Forbes*, 23 de marzo de 2022, consultado el 7 de febrero de 2024, <www.forbes.com/sites/forbestheculture/2022/03/23/byron-allens-media-group-files-lawsuit-against-nielsen-for-fraud-in-ratings-seeks-billions-in-damages/?sh=31b1b891728f>.

18 Tim Hwang, *Subprime Attention Crisis*, Nueva York, Farrar, Straus & Giroux, 2020, pp. 42-43, edición Kindle.

19 Suzanne Vranica y Jack Marshall, «Facebook Overestimated Key Video Metric for Two Years», *The Wall Street Journal*, 22 de septiembre de 2016, consultado el 7 de febrero de 2024, <www.wsj.com/articles/facebook- overestimated-key-video-metric-for-two-years-1474586951>.

20 Alexandra Bruell, «Fraudulent Web Traffic Continues to Plague Advertisers, Other Businesses», *The Wall Street Journal*, 28 de marzo de 2018, consultado el 7 de febrero de 2024, <www.wsj.com/articles/fraudulent-web-traffic-continues-to-plague-advertisers-other-businesses-1522234801>.

21 Hwang, *op. cit.*, p. 87.

22 Karl Polanyi, *La gran transformación*, trads. Julia Várela y Fernando Álvarez-Uría, Madrid, La Piqueta, 1989, p. 131; Zoe Sherman, *Modern Advertising and the Market for Audience Attention: The US Advertising Industry's Turn-of-the-Twentieth-Century Transition*, Abingdon, Routledge, 2020, p. 3.

23 Polanyi, *op. cit.*, p. 131.

24 Para un tratamiento más amplio de la teoría de Polanyi aplicada a la era digital, véase Dean Curran, "Polanyi's Discovery of Society and the Digital Phase of the Industrial Revolution", *European Journal of Social Theory* 27, n.º 1, 2024, pp. 78-96.

25 American Academy of Sleep Medicine, «Are You TikTok Tired? 93 % of Gen Z Admit to Staying Up Past Their Bedtime Due to Social Media», 7 de septiembre de 2022, consultado el 28 de mayo de 2024, <https://aasm.org/are-you-tiktok-tired-93-of-gen-z-admit-to-staying-up-past-their-bedtime-due-to-social-media/>.

26 «Mobile Fact Sheet», Pew Research Center, 21 de enero de 2024, consultado el 7 de febrero de 2024, <www.pewresearch.org/internet/fact-sheet/mobile/>.

27 Jia Tolentino, «How CoComelon Captures Our Children's Attention», *New Yorker*, 10 de junio de 2024, <https://www.newyorker.com/magazine/2024/06/17/cocomelon-children-television-youtube-netflix>.

28 Laura Ceci, «Number of YouTube Kids Mobile App Downloads Worldwide from 2016 to 2023», Statista, 4 de marzo de 2024, consultado el 28 de mayo de 2024, <www.statista.com/statistics/1251942/global-youtube- kids-app-downloads/>.

29 Wu, *op. cit.*, p. 22.

30 Frank Maguire, «New Research: Understanding Consumer Behaviors During TV Commercial Breaks», Sharethrough, 10 de febrero de 2022, consultado el 3 de julio de 2024, <www.sharethrough.com/blog/new-research-understanding-consumer-behaviors-during-tv-commercial-breaks>.

31 Brian Flood, «Fox News Celebrates 25 Years Since Rupert Murdoch's Vision Debuted on Air», Fox News, 4 de octubre de 2021, consultado el 7 de febrero de 2024, <www.foxnews.com/media/rupert-murdoch-fox-news>.

32 Nicholas Confessore, «How Tucker Carlson Reshaped Fox News—and Became Trump's Heir», *The New York Times*, 30 de abril de 2022, consultado el 7 de julio de 2024, <www.nytimes.com/2022/04/30/us/tucker-carlson-fox-news.html>.

33 Brian Stelter, *Hoax: Donald Trump, Fox News, and the Dangerous Distortion of Truth*, Nueva York, Atria, 2020.

34 Sarah Ellison, Paul Farhi y Jeremy Barr, «Fox News Feared Losing Viewers by Airing Truth About Election, Documents Show», *Washington Post*, 17 de febrero de 2023, consultado el 7 de febrero de 2024, <www.washingtonpost.com/media/2023/02/17/fox-news-dominion-ratings-fear/>.

35 Amanda Terkel y Jane C. Timm, «See What Fox News Tried to Redact in the Dominion Defamation Case», NBC News, 14 de abril de 2023, consultado el 7 de febrero de 2024, <www.nbcnews.com/media/see-fox-news-tried-redact-dominion-defamation-case-rcna77481>.

36 Kevin Young, «Moon Shot: Race, a Hoax, and the Birth of Fake News», *The New Yorker*, 21 de octubre de 2017, consultado el 7 de febrero de 2024, <www.newyorker.com/books/page-turner/moon-shot-race-a-hoax-and-the-birth-of-fake-news>.

37 Ryan Smith, «Bo Burnham Goes Viral over Social Media Rant Amid Elon Musk Twitter Buyout», *Newsweek*, 3 de noviembre de 2022, consultado el 7 de febrero de 2024, <www.newsweek.com/bo-burnham-social-media-rant-video-elon-musk-twitter-1756570>.

38 Émile Durkheim, *Las formas elementales de la vida religiosa*, trad. Ramón Ramos, Madrid, Akal, 1982.

39 Lincoln Caplan, «The Walkman», *The New Yorker*, 13 de septiembre de 1981, <www.newyorker.com/magazine/1981/09/21/the-walkman>.

40 Tom Zito, «Stepping to the Stereo Strut», *Washington Post*, 12 de mayo de 1981, consultado el 28 de enero de 2024, <www.washing

tonpost.com/archive/lifestyle/1981/05/12/stepping-to-the-stereo-strut/c810a6d9-c054-4b2b-b150-db330cdd08a6/>.

41 *Idem.*

42 Rebecca Tuhus-Dubrow, «The Gadget That Broke Humanity», *Boston Globe*, 1 de septiembre de 2017, consultado el 28 de enero de 2024, <www.bostonglobe.com/ideas/2017/09/01/the-gadget-that-broke-humanity/NS9wsBmtIMHQmrEvRRmtZL/story.html>.

43 Phil Patton, «Humming Off Key for Two Decades», *The New York Times*, 29 de julio de 1999, <https://archive.nytimes.com/www.nytimes.com/library/tech/99/07/circuits/articles/29walk.html>.

44 *Idem.*

45 Erik Barnouw, *Tube of Plenty: The Evolution of American Television*, Oxford, Oxford University Press, 1990, p. 114.

46 Elena Ferrante, *La amiga estupenda*, trad. Ernesto Cardenal Inaugura, Barcelona, Lumen, 2011, p. 200.

47 «U.S. Census Bureau History: Philo Farnsworth and the Invention of Television», US Census Bureau, consultado el 28 de enero de 2024, <www.census.gov/history/www/homepage_archive/2023/september_2023.html>.

48 Arthur C. Clarke, *Profiles of the Future: An Inquiry into the Limits of the Possible*, Nueva York, Harper & Row, 1973, p. 38. [Hay trad. cast.: *Perfiles del futuro: investigación sobre los límites de lo posible*, trad. Joaquín Adsuar Ortega, Barcelona, Caralt, 1977].

CAPÍTULO 6: EL AMANECER DE LA ERA DE LA ATENCIÓN

1 Alvin Toffler, *La tercera ola*, trad. Adolfo Martín, Bogotá, Círculo de Lectores, 1980.

2 *Ibid.*, p. 9.

3 La expresión «era de la información» apareció por primera vez en 1960, en una pequeña publicación técnica cuyo autor fundaría más tarde una empresa de vigilancia y acabaría dirigiendo el desarrollo de sistemas de inteligencia y reconocimiento del Pentágono. Al hablar del crecimiento del poder computacional y de sus importantes aplicaciones tanto militares como civiles, el autor señalaba: «Los espectaculares logros actuales y previstos en el campo de la información darán paso al reconocimiento público de una "era de la

información”, si bien es probable que bajo un nombre más simbólico». Pero en efecto fue esa denominación, y no otra, la que hizo fortuna.

4 Andrew Blum, *Tubos: de cómo seguí un cable estropeado y descubrí las interioridades de Internet*, trad. Juanjo Estrella, Barcelona, Ariel, 2012.

5 Christof Rühl y Titus Erker, «Oil Intensity: The Curiously Steady Decline of Oil in GDP», Center on Global Energy Policy, 9 de septiembre de 2021, <www.energypolicy.columbia.edu/wpcontent/uploads/2021/09/LongTermOilIntensity_CGEP_Report_111122.pdf>.

6 En el momento de escribir estas líneas, la explosión tanto del mercado de criptomonedas como del uso de los modelos de lenguaje de gran tamaño (LLM) amenaza con revertir esta tendencia, dado el ingente consumo energético preciso para el funcionamiento de ambos.

7 «Job Polarization», Federal Reserve Bank of St. Louis, 28 de abril de 2016, consultado el 4 de septiembre de 2024, <https://fredblog.stlouisfed.org/2016/04/job-polarization/>.

8 David Carr, «The Coolest Magazine on the Planet», *The New York Times*, 27 de julio de 2003, consultado el 28 de mayo de 2024, <www.nytimes.com/2003/07/27/books/the-coolest-magazine-on-the-planet.html>.

9 Andras N. Zsidó, Diana T. Stecina, Rebecca Cseh y Michael C. Hout, «The Effects of Task-Irrelevant Threatening Stimuli on Orienting-and Executive Attentional Processes Under Cognitive Load», *British Journal of Psychology* 113, n.º 2, 2022, pp. 412-433, <https://doi.org/10.1111/bjop.12540>.

10 Alvin Toffler, *El shock del futuro*, trad. J. Ferrer Aleu, Barcelona, Plaza & Janés, 1973, p. 248.

11 *Ibid.*, p. 250.

12 Herbert A. Simon, «Designing Organizations for an Information-Rich World», en *Computers, Communications, and the Public Interest*, ed. Martin Greenberger, Baltimore, Johns Hopkins University Press, 1971, pp. 40-41.

13 *Ibid.*, p. 42.

14 *Ibid.*, p. 43.

15 *Ibid.*, p. 44.

16 Chris Whipple, *The Gatekeepers: How the White House Chiefs of Staff Define Every Presidency*, Nueva York, Crown, 2017.

17 Simon, *op. cit.*, p. 47.

18 Jay Yarow, «Jony Ive: This Is the Most Important Thing I Learned from Steve Jobs», *Business Insider*, 10 de octubre de 2014, consultado el 8 de enero de 2024, <www.businessinsider.com/jony-ive-this-is-the-most-important-thing-i-learned-from-steve-jobs-2014-10>.

19 Simon, *op. cit.*, p. 44.

20 Robert M. Solow, «We'd Better Watch Out», *The New York Times Book Review*, 12 de julio de 1987, p. 36.

21 Robert J. Gordon, *The Rise and Fall of American Growth*, Princeton (New Jersey), Princeton University Press, 2016, p. 575, edición Kindle.

22 El historiador económico Robert J. Gordon explica que, si bien la rápida y masiva industrialización que siguió a la guerra de Secesión estadounidense produjo un siglo «de revolución en Estados Unidos» que liberó a «los hogares de una rutina diaria agotadora, caracterizada por el engorroso trabajo manual, las tareas domésticas extenuantes, la oscuridad, el aislamiento y la muerte prematura [...] el crecimiento económico desde 1970 ha sido a un tiempo deslumbrante y decepcionante. Esta paradoja se resuelve cuando reconocemos que los avances producidos desde 1970 han tendido a canalizarse hacia una esfera limitada de la actividad humana relacionada con el entretenimiento». (Gordon, *op. cit.*, p. 2).

23 «Link Best Practices for Google», Google, actualizado 20 de diciembre de 2023, consultado el 3 de febrero de 2024, <https://developers.google.com/search/docs/crawling-indexing/links-crawlable>.

24 «About Google», Google, consultado el 28 de enero de 2024, <https://about.google/>.

25 «Google Introduces New Pricing for Popular Self-Service Online Advertising Program», Google, 20 de febrero de 2022, consultado el 28 de mayo de 2024, <http://googlepress.blogspot.com/2002/02/google-introduces-new-pricing-for.html>; «Google Launches Self-Service Advertising Program», Google, 23 de octubre de 2000, consultado el 28 de mayo de 2024, <http://googlepress.blogspot.com/2000/10/google-launches-self-service.html>.

26 Google Adwords Keyword Planner (la herramienta online gratuita puede encontrarse aquí: <https://ads.google.com/home/tools/keyword-planner/>) muestra que el término clave «mesothelioma lawyer» («abogado mesotelioma») puede costar a los anunciante entre 55 dólares y 233 dólares por clic. Ver también Carl Bialik,

«Lawyers Bid Up Value of Web-Search Ads», *The Wall Street Journal*, 8 de abril de 2004, consultado el 5 de julio de 2024, <www.wsj.com/articles/SB108137355250477123>.

27 United States Securities and Exchange Commission, Form 10-K, Google Inc., «Item 6—Selected Financial Data», <www.sec.gov/Archives/edgar/data/1288776/000119312505065298/d10k.htm#toc10062_9>.

28 Shoshana Zuboff, *La era del capitalismo de la vigilancia*, trad. Albino Santos Mosquera, Barcelona, Paidós, 2020.

29 Larry Page and Sergey Brin, «Letter from the Founders», *The New York Times*, 29 de abril de 2004, consultado el 28 de enero de 2024, <www.nytimes.com/2004/04/29/business/letter-from-the-founders.html>.

30 Google Inc., Form S-1 (registrado el 29 de abril de 2004), US Securities and Exchange Commission, <www.sec.gov/Archives/edgar/data/1288776/000119312504073639/ds1.htm>, consultado el 3 de febrero de 2024.

31 Jake Lingeman, «Here's Every Three-Row EV You Can Buy, Now and Soon», *Newsweek*, 11 de noviembre de 2022, consultado el 28 de enero de 2024, <www.newsweek.com/heres-every-three-row-ev-you-can-buy-now-soon-1758289>.

32 Finn Brunton, *Spam: A Shadow History of the Internet*, Cambridge (Massachusetts), MIT Press, 2013, p. 565, edición Kindle.

33 *Monty Python's Flying Circus*, serie 2, episodio 12, «Spam», protagonizado por John Cleese, Graham Chapman y Terry Jones, emitido el 15 de diciembre de 1970, en sindicación televisiva, BBC, 27:00.

34 Brunton, *op. cit.*, p. 35.

35 *Ibid.*, p. 36.

36 Finn Brunton, «Spam» en *The SAGE Handbook of Web History*, eds. Niels Brügger e Ian Milligan, Thousand Oaks (California), SAGE, 2019, p. 565.

37 Sharael Feist, «The Father of Modern Spam Speaks», CNET, 16 de marzo de 2002, consultado el 28 de enero de 2024, <www.cnet.com/tech/tech-industry/the-father-of-modern-spam-speaks/>.

38 Laurence A. Canter y Martha S. Siegel, *Cómo hacerse rico con las autopistas de la información. Guía para vender en internet y otros servicios en línea*, Madrid, Exitliber, 1997.

39 Justin M. Rao y David H. Reiley, «The Economics of Spam», *Journal of Economic Perspectives* 26, n.º 3, 2012, p. 87.

40 Tom Curry, «How Dean Uses the Power of the Web», NBC News, 23 de octubre de 2003, consultado el 29 de mayo de 2024, <www.nbcnews.com/id/wbna3340001>.

41 Alexis C. Madrigal, «Hey, I Need to Talk to You About This Brilliant Obama Email Scheme», *The Atlantic*, 29 de noviembre de 2012, consultado el 29 de mayo de 2024, <www.theatlantic.com/technology/archive/2012/11/hey-i-need-to-talk-to-you-about-this-brilliant-obama-email-scheme/265725/>.

42 «Is Slack Better Than Email?», Slack, consultado el 28 de enero de 2024, <https://slack.com/why/slack-vs-email>.

43 Alicia Liu, «Death By a Thousand Pings: The Hidden Side of Using Slack», Medium, 20 de marzo de 2018, consultado el 28 de enero de 2024, <https://medium.com/counter-intuition/the-hidden-side-of-using-slack-2443d9b66f8a>.

44 Wu, *op. cit.*, p. 22.

45 *Ibid.*, pp. 22-23.

46 Aaron Gordon, «How We Ended Up with All This Junk Mail», *Vice*, 15 de octubre de 2020, consultado el 29 de mayo de 2024, <www.vice.com/en/article/889wyv/how-we-ended-up-with-all-this-junk-mail>, en alusión al libro sobre el servicio postal de Estados Unidos *Neither Snow Nor Rain*, de Devin Leonard.

47 Brunton, *op. cit.*, p. 566.

48 Yusef Mehdi, «Announcing the Next Wave of AI Innovation with Microsoft Bing and Edge», Microsoft, 4 de mayo de 2023, consultado el 29 de mayo de 2024, <https://blogs.microsoft.com/blog/2023/05/04/announcing-the-next-wave-of-ai-innovation-with-microsoft-bing-and-edge/>.

49 Ezra Klein, «Beyond the 'Matrix' Theory of the Mind», *The New York Times*, 28 de mayo de 2023, <www.nytimes.com/2023/05/28/opinion/artificial-intelligence-thinking-minds-concentration.html>.

50 Donella H. Meadows *et al.*, *Los límites del crecimiento: informe al Club de Roma sobre el Predicamento de la Humanidad*, trad. M.ª Soledad Loaeza de Graue, Ciudad de México, Fondo de Cultura Económica, 1972, p. 40.

51 «The Amazon in Crisis: Forest Loss Threatens the Region and the Planet», World Wildlife Fund, 8 de noviembre de 2022, 28 de enero de 2024, <www.worldwildlife.org/stories/the-amazon-in-crisis-forestloss-threatens-the-region-and-the-planet>.

52 Meadows *et al.*, *op. cit.*, p. 78.

53 «Your Mind Is Being Fracked», *The Ezra Klein Show*, 31 de mayo de 2024, <www.nytimes.com/2024/05/31/opinion/ezra-klein-podcast-d-graham-burnett.html>.

54 «New Perspectives on Human Multitasking», *Psychological Research* 82, 2018, pp. 1-3, <https://link.springer.com/article/10.1007/s00426-018-0970-2>; J. M. Watson y D. L. Strayer, «Supertaskers: Profiles in Extraordinary Multitasking Ability», *Psychonomic Bulletin & Review* 17, 2010, pp. 479-85, <https://doi.org/10.3758/PBR.17.4.479>.

55 Michael Goldhaber, «The Attention Economy and the Net», *First Monday* 2, n.º 4, 1997, consultado el 4 de febrero de 2024, <https://doi.org/10.5210/fm.v2i4.519>.

56 *Idem.*

57 *Idem.*

58 *Idem.*

59 C. Wright Mills, *La élite del poder*, trads. Florentino M. Torner y Ernestina de Champourcín, Ciudad de México, Fondo de Cultura Económica, 2013.

60 Kate Conger y Lauren Hirsch, «Elon Musk Completes $44 Billion Deal to Own Twitter», *The New York Times*, 27 de octubre de 2022, consultado el 4 de octubre de 2024, <www.nytimes.com/2022/10/27/technology/elon-musk-twitter-deal-complete.html>.

61 Gareth Vipers, «Twitter Is Now Worth a Third of What Musk Paid for It, Fidelity Says», *The Wall Street Journal*, 31 de mayo de 2023, consultado el 2 de febrero de 2024, <www.wsj.com/articles/twitter-is-now-worth-a-third-of-what-musk-paid-for-t-fidelity-says-e66f61db>.

62 Tom Murray, «Mandy Patinkin Has Perfect Response to Elon Musk Using The Princess Bride quote», *Independent*, 18 de mayo de 2023, consultado el 2 de febrero de 2024, <www.independent.co.uk/arts-entertainment/films/news/mandy-patinkin-princess-bride-elon-musk-b2341121.html>.

63 Zoë Schiffer, «Elon Musk Attacked My Article Accusing Him of Gaming Twitter's Algorithm for More Attention. In Some Ways, It Gave Him Exactly What He Wanted», *Business Insider*, 15 de febrero de 2024, <www.businessinsider.com/musk-changed-twitter-algorithm-tweets-didnt-get-attention-book-2024-2>; Zoë Schiffer,

Extremely Hardcore: Inside Elon Musk's Twitter, Nueva York, Portfolio, 2024.

CAPÍTULO 7: ATENCIÓN PÚBLICA

1 Allen C. Guelzo, «Houses Divided: Lincoln, Douglas, and the Political Landscape of 1858», *Journal of American History* 94, n.º 2, 2007, pp. 391-417.
2 Allen C. Guelzo, *Lincoln and Douglas: The Debates that Defined America*, Nueva York, Simon & Schuster, 2008, p. xii.
3 *Idem.*
4 Postman, *op. cit.*, p. 48.
5 «Lincoln-Douglas Debates of 1858», Northern Illinois University Digital Library.
6 «The Freeport Doctrine», US National Park Service, <www.nps.gov/liho/learn/historyculture/freeport-doctrine.htm>.
7 Algo que se debe en parte también al hecho de que los reporteros reconstruían los discursos a partir de las notas que tomaban en vivo, no había transcripciones oficiales.
8 *The Lincoln-Douglas Debates*, eds. Rodney O. Davis y Douglas L. Wilson, Champaign, University of Illinois Press, 2008, p. 134.
9 Henry Robert, *Robert's Rules of Order Newly Revised*, 12.ª edición, Nueva York, Public Affairs, 2020.
10 Henry Petroski, «Henry Martyn Robert», *American Scientist* 84, n.º 2, 1996, p. 106.
11 Graham A. Peck, «New Records of the Lincoln-Douglas Debate at the 1854 Illinois State Fair: The Missouri Republican and the Missouri Democrat Report from Springfield», *Journal of the Abraham Lincoln Association* 30, n.º 2, 2009, pp. 25-80.
12 Loren Lind, «Speed and Journalism», *Queen's Quarterly* 108, n.º 3, 2001, pp. 346-355.
13 *Idem.*
14 Ello no quiere decir que las respectivas posturas hayan resistido bien el paso del tiempo. Es evidente que las justificaciones de la esclavitud que esgrime Douglas son moralmente repugnantes. Al mismo tiempo, en un momento dado, Lincoln se extiende a la hora de asegurar a la audiencia blanca que no tiene ningún interés en una

verdadera igualdad entre estadounidenses blancos y negros, y hace una serie de bromas sobre lo absurda que sería la idea de que él contrajera matrimonio con una mujer negra.

15 James Baldwin, *Notes of a Native Son*, Boston, Beacon, 1984, pp. 13-14.

16 Postman, *op. cit.*, p. 92.

17 Postman, *op. cit.*, p. xvi.

18 George Orwell, *Nineteen Eighty-Four*, Londres, Secker & Warburg, 1949. [Hay trad. cast.: *Mil novecientos ochenta y cuatro*, trad. Olivia de Miguel, Barcelona, Círculo de Lectores, 2003].

19 Aldous Huxley, *Brave New World*, Londres, Chatto & Windus, 1932. [Hay trad. cast.: *Un mundo feliz*, trad. Ramón Hernández, Barcelona, Planeta DeAgostini, 2006].

20 Postman, *op. cit.*, p. xxi.

21 Esta crítica se volvió aún más influyente cuando, pocos años después, cayeron los regímenes comunistas en Europa del Este. Puede argumentarse que el actual Partido Comunista Chino ha logrado sintetizar esos dos modelos en uno nuevo, implacablemente eficaz: el PCC restringe de manera estricta ciertos tipos de información mediante el Gran Cortafuegos y un sofisticado sistema de vigilancia, mientras permite al mismo tiempo que los ciudadanos chinos accedan a la plétora de distracciones y trivialidades —pan y circo— que ofrece la internet moderna. TikTok es en origen una aplicación china.

22 George Saunders, *The Braindead Megaphone: Essays*, Nueva York, Riverhead, 2007.

23 *Ibid.*, pp. 3-4.

24 Lily Rothman, «The Scathing Speech That Made Television History», *Time*, 9 de mayo de 2016, consultado el 2 de febrero de 2024, <https://time.com/4315217/newton-minow-vast-wasteland-1961-speech/>.

25 Cabe señalar que la cita original parece atribuible en realidad a Tim Sullivan, influyente político estadounidense del Partido Demócrata y figura clave dentro de Tammany Hall, la legendaria maquinaria política clientelista demócrata que dominó la política neoyorquina durante buena parte del siglo XIX y principios del XX. William Safire, *Safire's Political Dictionary*, Nueva York, Oxford University Press, 2008, p. 583.

26 Es de recibo admitir que, entre sus muchas otras actividades, Barnum también ocupó un cargo electo y sirvió durante cuatro periodos en

la Legislatura de Connecticut. Así que el éxito político del showman no es del todo un producto de la era de la atención.

27 Tim Miller, correo electrónico enviado al autor, 1 de octubre de 2023.

28 Jim Norman, «Solid Majority Still Opposes New Construction on Border Wall», Gallup, 4 de febrero de 2019, consultado el 2 de febrero de 2024, <https://news.gallup.com/poll/246455/solid-majority-opposes-new-construction-border-wall.aspx>.

29 Alexandra Marquez, «Poll: Republicans Have Advantages on Immigration, Crime and the Economy», NBC News, 26 de septiembre de 2023, consultado el 2 de febrero de 2024, <www.nbcnews.com/meet-the-press/first-read/poll-republicans-advantages-immigration-crime-economy-rcna117054>.

30 Brent Kendall, «Trump Says Judge's Mexican Heritage Presents "Absolute Conflict"», *The Wall Street Journal*, 3 de junio de 2016, consultado el 2 de febrero de 2024, <www.wsj.com/articles/donald-trump-keeps-up-attacks-on-judge-gonzalo-curiel-1464911442>.

31 Steven Shepard, «Poll: Majority of Voters Back Trump Travel Ban», *Politico*, 5 de julio de 2017, consultado el 2 de febrero de 2024, <www.politico.com/story/2017/07/05/trump-travel-ban-poll-voters-240215>.

32 Frank Newport *et al.*, «"Email" Dominates What Americans Have Heard About Clinton», Gallup, 19 de septiembre de 2016, consultado el 2 de febrero de 2024, <https://news.gallup.com/poll/195596/email-dominates-americans-heard-clinton.aspx>.

33 Lydia Saad, «Biden and Trump Evenly Matched in U.S. Favorable Ratings», Gallup, 9 de enero de 2024, consultado el 2 de febrero de 2024, <https://news.gallup.com/poll/548138/american-presidential-candidates-2024-election-favorable-ratings.aspx>.

34 Jeffrey M. Jones, «Last Trump Job Approval 34 %, Average is Record-Low 41 %», Gallup, 18 de enero de 2021, consultado el 6 de julio de 2024, <https://news.gallup.com/poll/328637/last-trump-job-approval-average-record-low.aspx>.

35 Andrew Prokop, «The GOP Had Terrible Senate Candidates and It Really Did Sink Them», *Vox*, 16 de noviembre de 2022, consultado el 2 de febrero de 2024, <www.vox.com/policy-and-politics/2022/11/16/23458896/republicans-senate-candidate-quality-trump>.

36 Isabelle Schmeler, «Katie Hobbs Sticks with No-Debate Stance, Says Kari Lake Wants a "Spectacle"», NBC News, 21 de octubre de 2022, consultado el 2 de febrero de 2024, <www.nbcnews.com/meet-the-press/meetthepressblog/katie-hobbs-sticks-no-debate-stance-says-kari-lake-wants-spectacle-rcna53511>.

37 Jonathan Weisman, «Vivek Ramaswamy, Wealthy Political Novice Who Aligned with Trump, Quits Campaign», *The New York Times*, 15 de enero de 2024, consultado el 2 de febrero de 2024, <www.nytimes.com/2024/01/15/us/politics/vivek-ramaswamy-drops-out.html>.

38 Peter Hamby, «Death of a Salesman», *Puck*, 16 de octubre de 2023, consultado el 2 de febrero de 2024, <https://puck.news/death-of-a-salesman/>.

39 *Idem.*

40 Thomas Hobbes, *Leviatán. O la materia, forma y poder de una república eclesiástica y civil*, trad. Manuel Sánchez Sarto, Ciudad de México, Fondo de Cultura Económica, 1980, p. 102.

41 Fue el Consejo de Supervisión (Oversight Board) el que revisó (o inició) la expulsión de Trump de la plataforma después del 6 de enero de 2021. Véase, por ejemplo, «Trump and Facebook's Mutual Decay», *The Atlantic*, 25 de enero de 2023, consultado el 2 de febrero de 2024, <www.theatlantic.com/technology/archive/2023/01/meta-reinstates-trump-facebook-instagram-accounts-ban/672845/>.

42 «Monetary Policy: What Are Its Goals? How Does It Work», US Federal Reserve, consultado el 2 de febrero de 2024, <www.federalreserve.gov/monetarypolicy/monetary-policy-what-are-its-goals-how-does-it-work.htm>.

43 Yonette Joseph y Eric Schmitt, «What to Know About the Titan Submersible», *The New York Times*, 20 de junio de 2023, consultado el 2 de febrero de 2024, <www.nytimes.com/2023/06/20/us/missing-submarine-titanic-search.html>.

44 Olivia B. Waxman, «Baby Jessica's Rescue from a Well Capped Off a Terrifying Week in U.S. History», *Time*, 16 de octubre de 2017, consultado el 2 de febrero de 2024, <https:// time.com/4980689/baby-jessica-30th-anniversary/>; Maureen Corrigan, «The Incredible Story of Chilean Miners Rescued from the "Deep Down Dark"», NPR News, 29 de octubre de 2014, consultado el 2 de

febrero de 2024, <www.npr.org/2014/10/29/359839104/the-incre dible-story-of-chilean-miners-rescued-from-the-deep-down-dark>; Dave Davies, «Documentary Follows the Divers Who Risked It All in the Thailand Cave Rescue», NPR News, 11 de octubre 2021, consultado el 2 de febrero de 2024, <www.npr.org/2021/10/11 /1043363760/thailand-cave-rescue-documentary-film>.

45 Matina Stevis-Gridneff y Karam Shoumali, «Everyone Knew the Migrant Ship Was Doomed. No One Helped», *The New York Times*, 1 de julio 2023, consultado el 2 de febrero de 2024, <www.nytimes.com/2023/07/01/world/europe/greece-migrant-ship.html>.

46 Alex Shephard, «The Media Cares More About the Titanic Sub Than Drowned Migrants», *The New Republic*, 20 de junio de 2023, consultado el 2 de febrero de 2024, <https://newrepublic.com/ar ticle/173808/media-cares-titanic-sub-drowned-migrants>.

47 Ogi Ogas y Sai Gaddam, *A Billion Wicked Thoughts: What the Internet Tells Us About Sex and Relationships*, Nueva York, Penguin, 2012.

48 Walter Lippmann, *Men of Destiny*, Nueva York, Macmillan, 1927, p. 236.

49 «NASA Announces Summer 2023 Hottest on Record», US National Aeronautics and Space Administration, 14 de septiembre de 2023, consultado el 3 de febrero de 2024, <www.nasa.gov/news-re lease/nasa-announces-summer-2023-hottest-on-record>.

50 Victoria Bisset, «Maui Police Identify the 100th, Last Known, Victim of the Lahaina Fires», *The Washington Post*, 27 de enero de 2024, consultado el 3 de febrero de 2024, <www.washingtonpost.com/na tion/2024/01/27/wildfire-maui-lahaina-victims-lydia-coloma/>; «Hurricane Hilary in Death Valley National Park», US National Park Service, consultado el 3 de febrero de 2024, <www.nps.gov/deva/learn/nature/hilary.htm>.

51 *No mires arriba* [*Don't Look Up*], dirigida por Adam McKay, Netflix Los Ángeles, 2021.

52 «US Open Semi-final Interrupted as Climate Protester Glues Feet to Floor in Stands», *The Guardian*, 7 de septiembre de 2023, consultado el 3 de febrero de 2024, <www.theguardian.com/sport/2023/sep/08/us-open-2023-semi-final-climate-protester-glues-feet>.

53 Jack Guy e Inke Kappeler, «Renowned Conductor Allows Climate Activists to Address Crowd at Swiss Music Festival», CNN, 11 de septiembre de 2023, consultado el 3 de febrero de 2024, <www.cnn.

com/style/article/vladimir-jurowski-protesters-climate-scli-intl/index.html>.

54 «First Debate: Ottawa, Illinois», US National Park Service, consultado el 3 de febrero de 2024, <www.nps.gov/liho/learn/historyculture/debate1.htm>.

55 *Idem.*

56 «Member's Podcasts», House GOP (bancada republicana de la Cámara de Representantes), consultado el 3 de febrero de 2024, <www.gop.gov/member-podcast/>.

57 William Vaillancourt, «Matt Gaetz Shows Up on Newsmax—as a Guest Host», *The Daily Beast*, 26 de mayo de 2003, consultado el 3 de febrero de 2024, <www.thedailybeast.com/matt-gaetz-shows-up-on-newsmax-as-a-guest-host>.

58 Olivia Beavers y Melanie Zanona, «MTG's Eye-Popping Fundraising Haul», *Politico*, 7 de abril de 2021, consultado el 3 de febrero de 2024, <www.politico.com/newsletters/huddle/2021/04/07/mtgs-eye-popping-fundraising-haul-492390>.

59 Ryan Tarinelli, «House Republican Infighting Turns Raw During McCarthy Floor Debate», *Roll Call*, 3 de octubre de 2023, consultado el 3 de febrero de 2024, <https://rollcall.com/2023/10/03/house-republican-infighting-turns-raw-during-mccarthy-floor-debate/>.

60 *Idem.*

61 Amanda Terkel y Garrett Haake, «House Judiciary Republicans Delete "Kanye. Elon. Trump". Tweet as Rapper Praises Hitler», NBC News, 1 de diciembre de 2022, consultado el 3 de febrero de 2024, <www.nbcnews.com/politics/congress/house-judiciary-republicans-delete-kanye-elon-trump-tweet-rapper-prais-rcna59654>.

62 Para un tratamiento extraordinario, en formato libro, sobre cómo funcionan estas dinámicas, véase Andrew Marantz, *Anti-Social: Online Extremists, Techno-Utopians, and the Hijacking of the American Conversation*, Nueva York, Penguin, 2019. [Hay. trad. cast.: *Antisocial: la extrema derecha y la «libertad de expresión» en internet*, trad. Lucía Barahona, Madrid, Capitán Swing, 2021].

63 Amanda Ripley, *High Conflict: Why We Get Trapped and How We Get Out*, Nueva York, Simon & Schuster, 2021.

64 Sí, la metáfora «alimentarse» opera aquí un poco a la inversa si tenemos en cuenta que el término inglés *trolling* hace referencia en origen a un método de pesca. Sin embargo, con el tiempo, *trolling*

derivó en el apelativo *trolls* —en alusión a las desagradables criaturas que viven bajo los puentes en los cuentos de hadas nórdicos— para describir a las personas que se conducen de ese modo en internet y que se «alimentan» de la energía negativa.

65 Olivia Solon y Brandy Zadrozny, «Trolls Turned 911 into a Weapon. Now Cops Are Fighting Back», NBC News, 22 de diciembre de 2019, consultado el 7 de julio de 2024, <www.nbcnews.com/news/all/trolls-turned-911-weapon-now-cops-are-fighting-back-n1105991>.

66 Angela Nagle, *Kill All Normies: Online Culture Wars from 4Chan and Tumblr to Trump and the Alt-Right*, Alresford (Reino Unido), Zero Books, 2017. [Hay trad. cast.: *Muerte a los* normies*: las guerras culturales en Internet que han dado lugar al ascenso de Trump y la* alt-right, trad. Hugo Camacho, San Cugat del Vallès, Orciny Press, 2018].

67 Tracy Bowell, «Whataboutisms: The Good, the Bad and the Ugly», *Informal Logic* 43, n.º 1, 2023, pp. 102-103.

68 Patsy McGarry, «In a Word… Whataboutism», *The Irish Times*, 8 de julio de 2017, consultado el 3 de febrero de 2024, <www.irishtimes.com/culture/in-a-word-whataboutism-1.3129364>.

69 Edward Lucas, «Whataboutism», *The Economist*, 31 de enero de 2008, consultado el 3 de febrero de 2024, <www.economist.com/europe/2008/01/31/whataboutism>.

70 *Idem.*

71 *Tucker Carlson Tonight*, Fox News, 31 de enero de 2023, consultado el 7 de julio de 2024, <https://grabien.com/file?id=1794829>.

72 «Fatal Force», *The Washington Post*, base de datos sobre tiroteos con participación policial, consultado el 7 de julio de 2024, <www.washingtonpost.com/graphics/investigations/police-shootings-database/>.

73 Columbia School of Journalism, «Resilience in Journalism and Free Speech in the Age of Social Media», YouTube, 20 de mayo de 2023, consultado el 29 de mayo de 2024, <www.youtube.com/watch?v=JIfp2KcAKFc>.

74 Naomi Klein, *Doppelganger: A Trip into the Mirror World*, Farrar, Straus & Giroux, Nueva York, 2023, p. 240, edición Kindle. [Hay trad. cast.: *Doppelganger: Un viaje al mundo del espejo*, trads. Ana Pedrero Verge e Ignacio Villaro Gumpert, Barcelona, Paidós, 2024].

75 Janel Comeau (@VeryBadLlama), «hey sorry I missed your text, I am processing a non-stop 24/7 onslaught of information with a brain designed to eat berries in a cave», X, 26 de septiembre de 2023, consultado el 3 de febrero de 2024, <https://twitter.com/VeryBadLlama/status/1706859631098630633>.

CAPÍTULO 8: RECONQUISTAR NUESTRA MENTE

1 *World Happiness Report 2024*, Wellbeing Research Centre, Universidad de Oxford, 20 de marzo de 2024, consultado el 4 de septiembre de 2024, <http://doi.org/10.18724/whr-f1p2-qj33>.
2 Cory Doctorow, «The "Enshittification" of TikTok», *Wired*, 23 de enero de 2023, consultado el 23 de septiembre de 2024, <www.wired.com/story/tiktok-platforms-cory-doctorow/>.
3 Jean M. Twenge, «The Sad State of Happiness in the United States and the Role of Digital Media», *World Happiness Report*, 20 de marzo de 2019, consultado el 29 de mayo de 2024, <https://worldhappiness.report/ed/2019/the-sad-state-of-happiness-in-the-united-states-and-the-role-of-digital-media/>.
4 Daniel A Cox, «The State of American Friendship: Change, Challenges, and Loss», Survey Center on American Life, 8 de junio de 2021, consultado el 7 de julio de 2024, <www.americansurveycenter.org/research/the-state-of-american-friendship-change-challenges-and-loss/>.
5 Derek Thompson, «It Sure Looks Like Phones Are Making Students Dumber», *The Atlantic*, 19 de diciembre de 2023, consultado el 29 de mayo de 2024, <www.theatlantic.com/ideas/archive/2023/12/cell-phones-student-test-scores-dropping/676889/>.
6 «One of Every 15 Vinyl Albums Sold in the U.S. in 2023 Was by Taylor Swift», *Billboard*, 16 de enero de 2024, consultado el 29 de septiembre de 2024, <www.billboard.com/pro/taylor-swift-vinyl-albums-sold-2023-total/>.
7 Felix Richter, «Despite Comeback, Vinyl Is Still Far from Its Glory Days», Statista, 19 de abril de 2024, consultado el 29 de mayo de 2024, <www.statista.com/chart/7699/lp-sales-in-the-united-states/>; Keith Caulfield, «U.S. Vinyl Album Sales Rise for 17th Straight Year—but Growth Is Slowing», *Billboard*, 11 de enero de 2023,

consultado el 29 de mayo de 2024, <www.billboard.com/pro/vinyl-album-sales-rise-growth-slowing/>; Felix Richter, «From Tape to Tidal: 4 Decades of U.S. Music Sales», Statista, 24 de junio de 2022, consultado el 29 de mayo de 2024, <www.statista.com/chart/17244/us-music-revenue-by-format/>.

8 Albert Amateau, «Seeds of Today's Greenmarket Were Planted in '76», *amNY*, 23 de octubre de 2014, consultado el 6 de julio de 2024, <www.amny.com/news/seeds-of-todays-greenmarket-were-planted-in-76/>.

9 Economic Research Service, US Department of Agriculture, «Growth in the Number of U.S. Farmers Markets Slows in Recent Years», consultado el 29 de mayo de 2024, <www.ers.usda.gov/data-products/chart-gallery/gallery/chart-detail/?chartId=104402>.

10 «Instagram CEO: Why You Don't See Your Friends' Posts Anymore», TikTok, 28 de julio de 2023, consultado el 29 de mayo de 2024, <www.tiktok.com/@20vc_tok/video/7260934323824610565?lang=en>.

11 Meredith Whittaker y Joshua Lund, «Privacy Is Priceless, but Signal Is Expensive», Signal, 16 de noviembre de 2023, <https://signal.org/blog/signal-is-expensive/>.

12 Para más información sobre la asociación Friends of Attention y la Strother School of Radical Attention, véase <www.friendsofattention.net/> y <www.schoolofattention.org/>.

13 Lochner v. New York, 198 U.S. 45 (1905), National Constitution Center, <https://constitutioncenter.org/the-constitution/supreme-court-case-library/lochner-v-new-york>.

BIBLIOGRAFÍA SELECTA

BRAUDY, LEO, *The Frenzy of Renown: Fame and Its History*, Vintage, Nueva York, 2017.

BRUNTON, FINN, *Spam: A Shadow History of the Internet*, Cambridge (Massachusetts), Cambridge University Press, 2015.

BURNETT, D. GRAHAM y STEVIE KNAUSS, eds., *12 Theses on Attention*, Princeton (New Jersey), Princeton University Press, 2022.

BURNETT, D. GRAHAM y JUSTIN E. H. SMITH, eds., *Scenes of Attention: Essays on Mind, Time, and the Senses*, Nueva York, Columbia University Press, 2023.

CSIKSZENTMIHALYI, MIHALY, *Flow: The Psychology of Optimal Experience*, Nueva York, Harper Perennial, 2008. [Hay trad. cast.: *Fluir: una psicología de la felicidad*, trad. Nuria López Buisán, Barcelona, Kairós, 2012].

DAVENPORT, THOMAS H. y JOHN C. BECK, *The Attention Economy: Understanding the New Currency of Business*, Boston, Harvard Business School Press, 2002. [Hay trad. cast.: *La economía de la atención: el nuevo valor de los negocios*, trad. Joan Carles Guix, Barcelona, Paidós, 2002].

DOW SCHÜLL, NATASHA, *Addiction by Design: Machine Gambling in Las Vegas*, Princeton (New Jersey), Princeton University Press, 2014.

EYAL, NIR, *Hooked: How to Build Habit-Forming Products*, Nueva York, Portfolio, 2014. [Hay trad. cast.: *Enganchado (*Hooked*): Cómo construir productos y servicios exitosos que formen hábitos*, trad. Alfredo Osorio, Sunshine Business Dev, 2014].

FRENKEL, SHEERA y CECILIA KANG, *An Ugly Truth: Inside Facebook's Battle for Domination*, Nueva York, Harper, 2021. [Hay trad.

cast.: *Manipulados: la batalla de Facebook por la dominación mundial*, trad. Teófilo de Lozoya, Barcelona, Debate, 2021].

GOLDHABER, MICHAEL, «The Attention Economy and the Net», *First Monday* 2, n.º 4, abril de 1997, <https://doi.org/10.5210/fm.v2i4.519>.

HAIDT, JONATHAN, *The Anxious Generation: How the Great Rewiring of Childhood Is Causing an Epidemic of Mental Illness*, Nueva York, Penguin Press, 2024. [Hay trad. cast.: *La generación ansiosa: Por qué las redes sociales están causando una epidemia de enfermedades mentales entre nuestros jóvenes*, trad. Verónica Puertollano López, Madrid, Deusto, 2024].

HARARI, YUVAL NOAH, *Sapiens: A Brief History of Humankind*, Nueva York, Signal Books, 2018. [Hay trad. cast.: *Sapiens. De animales a dioses: Una breve historia de la humanidad*, trad. Joandomènec Ros i Aragonés, Barcelona, Debate, 2014].

HARI, JOHANN, *Stolen Focus: Why You Can't Pay Attention—and How to Think Deeply Again*, Nueva York, Crown, 2022. [Hay trad. cast.: *El valor de la atención: Por qué nos la robaron y cómo recuperarla*, trad. Juanjo Estrella González, Barcelona, Península, 2023].

HUXLEY, ALDOUS, *Brave New World*, Londres, Chatto & Windus, 1932. [Hay trad. cast.: *Un mundo feliz*, trad. Ramón Hernández, Barcelona, Planeta DeAgostini, 2006].

HWANG, TIM, *Subprime Attention Crisis*, Nueva York, Farrar, Straus & Giroux, 2020, edición Kindle.

JAMES, WILLIAM, *The Principles of Psychology*, 2 vols., Nueva York, Dover, 1950. [Hay trad. cast.: *Principios de Psicología*, 2 vols., trad. Agustín Bárcena, Ciudad de México, Fondo de Cultura Económica, 1989].

KEYNES, JOHN MAYNARD, *Essays in Persuasion*, Nueva York, Classic House, 2009. [Hay trad. cast.: *Ensayos de persuasión*, trad. Jordi Pascual, Barcelona, Folio, 1997].

KIERKEGAARD, SØREN, *Either/Or: A Fragment of Life*, Nueva York, Penguin, 1992, edición Kindle. [Hay trad. cast.: *Escritos. O lo uno o lo otro. Un fragmento de vida,* trads. Begonya Saez Tajafuerce y Darío González, Madrid, Trotta, 2006].

KLEIN, NAOMI, *Doppelganger: A Trip into the Mirror World*, Nueva York, Farrar, Straus & Giroux, 2023, edición Kindle. [Hay trad.

cast.: *Doppelganger: Un viaje al mundo del espejo*, trads. Ana Pedrero Verge e Ignacio Villaro Gumpert, Barcelona, Paidós, 2024].

— *No Logo*, Nueva York, Picador, 2009. [Hay trad. cast.: *No Logo. El poder de las marcas*, Barcelona, Paidós, 2001].

KOJÈVE, ALEXANDRE, *Introduction to the Reading of Hegel: Lectures on the Phenomenology of Spirit*, ed. Allan Bloom, trad. James H. Nicholas, Jr, Ithaca (Nueva York), Cornell University Press, 1980. [Hay trad. cast.: *Introducción a la lectura de Hegel*, trad. Andrés Alonso Martos, Madrid, Trotta, 2013].

LIPPMANN, WALTER, *The Phantom Public*, Nueva York, Macmillan, 1927. [Hay trad. cast.: *El público fantasma*, trad. César García Muñoz, Pamplona, Genueve Ediciones, 2011].

MANDELA, NELSON, *Long Walk to Freedom: The Autobiography of Nelson Mandela*, Boston, Back Bay Books, 1995. [Hay trad. cast.: *El largo camino hacia la libertad*, trads. Antonio Resines y Herminia Bevia, Madrid, Aguilar, 2023].

MARANTZ, ANDREW, *Antisocial: Online Extremists, Techno-Utopians, and the Hijacking of the American Conversation*, Nueva York, Penguin, 2020. [Hay trad. cast.: *Antisocial: la extrema derecha y la «libertad de expresión» en internet*, trad. Lucía Barahona, Madrid, Capitán Swing, 2021].

MARX, KARL, *Capital: A Critique of Political Economy*, vol. 1., trad. Ben Fowkes, Nueva York, Penguin, 1992. [Hay trad. cast.: *El capital. Crítica de la economía política*, ed. y trad. Pedro Escarón, Siglo XXI, Madrid, 2017].

— *Economic and Philosophic Manuscripts of 1844*, Mineola (Nueva York), Dover, 2012. [Hay trad. cast.: *Manuscritos: economía y filosofía*, trad. Francisco Rubio Llorente, Madrid, Alianza, 1980].

MARX, KARL y FRIEDRICH ENGELS, *The German Ideology*, Nueva York, Prometheus Books, 1998. [Hay trad. cast.: *La ideología alemana*, trad. Wenceslao Roces, Barcelona, Grijalbo, 1974].

MILLER, ARTHUR, *Death of a Salesman: Certain Private Conversations in Two Acts and a Requiem*, Nueva York, Penguin, 1976. [Hay trad. cast.: *Muerte de un viajante. Algunas conversaciones privadas en dos actos y un réquiem*, trad. Jordi Fibla, Barcelona, Tusquets, 2015].

MOSS, MICHAEL, *Hooked: Food, Free Will, and How the Food Giants Exploit Our Addictions*, Nueva York, Random House, 2022.

ODELL, JENNY, *How to Do Nothing: Resisting the Attention Economy*, Brooklyn, Melville House, 2019. [Hay trad. cast.: *Cómo no hacer nada. Resistirse a la economía de la atención*, trad. Juanjo Estrella, Barcelona, Ariel, 2021].

PASCAL, BLAISE, *Pensées*, trad. W. F. Trotter, Pacific Publishing, 2004. [Hay trad. cast.: *Pensamientos*, trad. J. Llansó, Madrid, Alianza, 1996].

PETRE, CAITLIN, *All the News That's Fit to Click: How Metrics Are Transforming the Work of Journalists*, Princeton (New Jersey), Princeton University Press, 2021.

PHILLIPS, ADAM, *Attention Seeking*, Nueva York, Farrar, Straus & Giroux, 2022, edición Kindle.

POSTMAN, NEIL, *Amusing Ourselves to Death: Public Discourse in the Age of Show Business*, Nueva York, Penguin, 2006, edición Kindle. [Hay trad. cast.: *Divertirse Hasta Morir: El discurso público en la era del «show business»*, trad. Enrique Odell, Barcelona, Ediciones de la Tempestad, 2012].

SARTRE, JEAN-PAUL, *Being and Nothingness*, trad. Sarah Richmond, Nueva York, Routledge, 2018. [Hay trad. cast.: *El ser y la nada*, trad. Juan Valmar, Buenos Aires, Losada, 1943].

SAUNDERS, GEORGE, *The Braindead Megaphone: Essays*, Nueva York, Riverhead, 2007.

SCHWARTZ, CASEY, *Attention: A Love Story*, Nueva York, Pantheon, 2020.

SHERMAN, ZOE, *Modern Advertising and the Market for Audience Attention*, Nueva York, Routledge, 2020.

SIMON, HERBERT A., «Designing Organizations for an Information-Rich World», en *Computers, Communications, and the Public Interest*, ed. Martin Greenberger, Baltimore, Johns Hopkins University Press, 1971, pp. 38-72.

SMITH, BEN, *Traffic: Genius, Rivalry, and Delusion in the Billion-Dollar Race to go Viral*, Nueva York, Penguin Press, 2023.

TOFFLER, ALVIN, *Future Shock*, Nueva York, Random House, 1970. [Hay trad. cast.: *El shock del futuro*, trad. J. Ferrer Aleu, Barcelona, Plaza & Janés, 1973].

— *The Third Wave*, Nueva York, Random House, 1980. [Hay trad. cast.: *La tercera ola*, trad. Adolfo Martín, Bogotá, Círculo de Lectores, 1980].

TOLENTINO, JIA, *Trick Mirror: Reflections on Self-Delusion*, Nueva York, Random House, 2019. [Hay trad. cast.: *Falso espejo: Reflexiones sobre el autoengaño*, trad. Juan Trejo, Barcelona, Planeta, 2020].

WEBSTER, JAMES, *The Marketplace of Attention: How Audiences Take Shape in a Digital Age*, Cambridge (Massachusetts), MIT Press, 2016.

WILLIAMS, JAMES, *Stand Out of Our Light: Freedom and Resistance in the Attention Economy*, Cambridge (Massachusetts), Cambridge University Press, 2018. [Hay trad. cast.: *Clics contra la humanidad. Libertad y resistencia en la era de la distracción tecnológica*, trad. Álex Gibert, Barcelona, Gatopardo, 2021].

WU, TIM, *The Attention Merchants: The Epic Scramble to Get Inside Our Heads*, Nueva York, Vintage, 2017, edición Kindle. [Hay trad. cast.: *Comerciantes de atención: La lucha épica por entrar en nuestra cabeza*, trad. Paula Zumalacárregui Martínez, Madrid, Capitán Swing, 2020].

ZUBOFF, SHOSHANA, *The Age of Surveillance Capitalism: The Fight for a Human Future at the New Frontier of Power*, Nueva York, Public Affairs, 2018. [Hay trad. cast.: *La era del capitalismo de la vigilancia*, trad. Albino Santos Mosquera, Barcelona, Paidós, 2020].

ÍNDICE ALFABÉTICO

«Para viajar lejos no hay mejor nave que un libro».

EMILY DICKINSON

Gracias por leer este libro.

En **penguinlibros.club** encontrarás las mejores recomendaciones de lectura.

Únete a nuestra comunidad y viaja con nosotros.

penguinlibros.club